Alfred the Ghost

Published by Skapago Publishing, Furth im Wald, Germany.
1st edition published in November 2018

Links published in this book are accessible at the time of publication. The publisher cannot guarantee accessibility in the future.

Picture credits:
All photographies and illustrations © Daniela Skalla except:
Chapter 1, young couple in a café: © StockRocket – Fotolia.com
Chapter 2, café: © ekaterina_belova – Fotolia.com
Chapter 2, cabin interior: © mashiki – Fotolia.com
Chapter 2, kid at school: © Tomasz Trojanowski – Fotolia.com
Chapter 3, dial plate: © luna – Fotolia.com
Chapter 4, young man looking at camera and holding phone © cristalov – Fotolia.com
Chapter 5, boy taking away a ball from a girl © topvectors – Fotolia.com
Chapter 5, father Christmas © János Korom Dr., https://www.flickr.com/photos/korom/6354427503/, CC BY-SA 2.0
Chapter 6, young man looking into an empty fridge © photoschmidt – Fotolia.com
Chapter 8, furniture © muchmania – Fotolia.com
Chapter 10, man with skull mask welcoming to haunted house © steheap – Fotolia.com
Chapter 12, items in a cupboard © Abdulrahman Aburahmah
Chapter 14, map of Europe © kebox – Fotolia.com
Chapter 15, choir © Rudie – Fotolia.com
Chapter 15, man singing in the bathroom © koldunova – Fotolia.com
Chapter 16, cargo train for transportation of ore at the station in Riksgränsen, 1903, photo: Oscar Halldin
Chapter 16, vector illustration of 9 joy icons line style © gingerwisl – Fotolia.com
Chapter 17, old man, © Alinalina, https://www.flickr.com/photos/alinalina/103758444/, CC BY 2.0
Chapter 18, northern lights © den-belitsky – Fotolia.com
Chapter 19, kids in the park © Rawpixel.com– Fotolia.com
Chapter 20, people with clothes © Abdulrahman Aburahmah
Chapter 22, wedding stationery mockup © Anja Kaiser– Fotolia.com

ISBN: 978-3-945174-10-4

Alfred the Ghost

Learn Swedish. Enjoy the Story. Part 1 – Swedish Course for Beginners

by
Werner Skalla

Story by
Joacim Eriksson

With contributions by
Johanna Sainitzer
Basma Jabbar
Niclas Ericsson
Catarina Mikkonen

Photography & illustrations by
Daniela Skalla

Cover designed by
Abdulrahman Aburahmah

Skapago Publishing
www.skapago.eu/alfred
www.skapago.media

Contents

Congratulations!

You have decided to learn Swedish:

a great idea!

Mistackes

You won't believe how many times we read through this book before we dared to publish it. Still, we cannot guarantee that the book contains no mistakes. Should you find one, please send an e-mail to alfred@skapago.eu. Alfred will send you a personal thank you message!

The best Swedish textbook ever?

When we started working on this book, our ambition was to make the best Swedish textbook ever, but well, let's keep our feet on the ground. Let us know what you think! Are there exercises you don't like, explanations you don't understand, texts that are boring, images you find ugly? If you have comments or ideas for improvement, or if you just want to say hello to Alfred — don't hesitate and send an e-mail to: alfred@skapago.eu

Things to help you

You will find texts from the book as audio files, pronunciation explanations on video, additional exercises, a vocabulary trainer, tests, and much more – most of it for free, at .

People to help you

It might be difficult for you to learn a new language all on your own. Personally I believe you should get support from a teacher.

Now, you might accuse me of being biased and just want to sell you our courses since Skapago is also an online language school. So I'll be the first to admit that other schools have great teachers, too, so feel free to get in touch with one of our competitors.

Our teachers will talk to you through Skype and use a video conference, so you can join our live individual classes wherever you are in the world. They have co-created this book, and you can schedule a free demo lesson here: www.skapago.eu

Ready for chapter 1?

Let's do this!

Resources you will need:

- **audio files**
- **pronunciation videos**
- **... and much more**

for free & up to date

at

www.skapago.eu/alfred/bonus

Click here!

For learning the correct pronunciation of these words, please check the pronunciation section on www.skapago.eu/alfred/bonus.

Anders	*male first name*
kommer [å]	comes
med [me(d)]	with
en	a
kista [tj-]	trunk
han	he
tittar	looks
på	at
Carina	*female first name*
hon	she
sitter	is sitting
på	*here:* on
golvet [å]	the floor
och [å]	and
är [ä:(r)]	is
trött	tired
ler	smiles
tack	thanks
varsågod [vasj1ågo(d)]	you're welcome
du	you
ja	yes
jag [ja:]	I
är	*here:* am
så	so
lycklig [-li]	happy
nu	now
bor	live
vi	we
i	in
ett	a
hus	house
också [å-]	also

Kiruna, 1969

Anders kommer med en kista. Han tittar på Carina. Hon sitter på golvet och är trött.

Carina ler.

Carina: Tack Anders!

Anders: Varsågod.

Carina: Du ...

Anders: Ja?

Carina: Jag är så lycklig. Nu bor vi i ett hus!

Anders ler också.

What to do with this text

- Listen to it a few times and read along. You will find the audio files at www.skapago.eu/alfred/bonus.
- Try to understand the words. Then look them up in the word lists.
- Try to understand the whole sentences. If you want, translate them to your own language.
- Read the text aloud several times and make sure you are pronouncing everything correctly using the audio files.

Anders kommer med en kista.

Verbs and pronouns

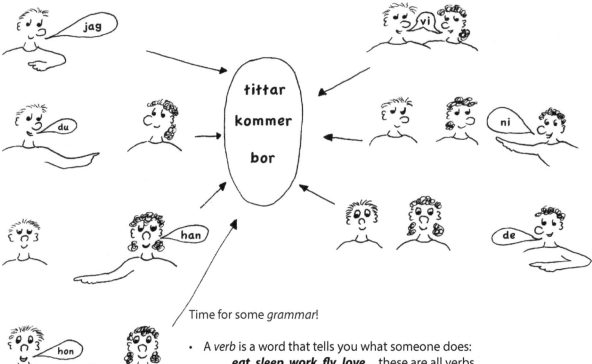

Time for some *grammar*!

- A *verb* is a word that tells you what someone does:
  eat, **sleep**, **work**, **fly**, **love** ... these are all verbs.
- A *pronoun* is a word that replaces a person or a thing:
  I, **you**, **he**, **she** ...
- When we combine pronouns and verbs, we basically only allow certain endings, e.g. **I drink – he drinks**

But in Swedish, things are easier! We have only one form for each verb and each tense. So regardless of who does what, we always use the same form for the verb.

In the present tense, this form usually ends with **-ar**, **-er** or just **-r**.
Determining which of the three can be a bit tricky, but for now it's fine if you remember that you use the **-r** ending to talk about something that is happening at this moment. You will always find the *present tense* form in the word list.

Some remarks about the pronouns:
- Swedish has two ways of saying **you**: for one person you say **du** – for several people you say **ni**.
- The Swedish pronoun for **them** is written **de**. Note that you pronounce it quite different from what you would expect: namely **[dom]**.
- There is a pronoun for things, too, but you will learn about that in chapter 2 .

Sentence order

In Swedish sentences, the *verb* is always the second piece of information you get. This is the most important rule in Swedish sentence structure. So, if nothing else sticks in your mind, remember this!

> Han tittar på Carina.
> Anders kommer med en kista.
> Nu bor vi i ett hus!

Genders

natural gender	male	female	no gender (things)		
gram. gender					
common gender (utrum)	en man: han	en kvinna: hon	en kista: den	en man	a man
				en kvinna	a woman
neuter gender (neutrum)	ett barn: han	ett barn: hon	ett hus: det	ett barn	a child

In Swedish we have two ways of translating the word **a** (as in **a house**):
* **en**, e.g. **en kista** (**a box**)
* **ett**, e.g. **ett hus** (**a house**)

You cannot just choose which one you want to use – unfortunately you will have to learn this by heart for every single noun*. You cannot say ~~ett kista~~ – it's just wrong.

So you will always learn **a house** → **ett hus**, not just **house** → **hus**.

---

*A *noun* is a word that stands for a specific thing or person, e.g. **cheese**, **newspaper**, **teacher**, **Anders** ... in contrast to a *pronoun* that replaces a noun – e.g. **he** (pronoun) instead of **Mark** (noun).

Why does Swedish do that?

Well, in Swedish we have a difference between the
- *natural gender*, representing the sex of a person/animal as it appears in real life (i.e. *male/female* persons, and things – like in English: **he**/**she**/**it**), and the
- *grammatical gender*, that is exclusively a category in a language. We have two grammatical genders in Swedish: *common gender*, in Swedish **utrum**, and *neuter gender*, in Swedish **neutrum**. Perhaps you know this concept from another language, like German, French, Spanish, or Russian. But in Swedish you still have a 50/50 chance for getting it right!

You cannot predict the grammatical gender when you know the natural gender. For example **ett barn**/*a child* can be *male* or *female* (boy or girl) but the grammatical gender is *neuter*.

For human beings (and sometimes animals) you still use the natural gender, i.e. male and female pronouns though.

> En kvinna **sitter på golvet.** Hon **sitter på golvet.**
> En man **kommer med en kista.** Han **kommer med en kista.**

So to sum up:
- Every *noun* has a grammatical gender – either **utrum** or **neutrum**. This determines whether we say **en** or **ett**. You have to learn the grammatical gender by heart.
- People also have a natural gender, and this determines which *pronoun* we use (**han** or **hon**). For things we use the pronouns **den** and **det**. You will learn this in chapter 2.

Hello & goodbye

Hej (hej)!	hello
Hejdå!	goodbye

Tack

In Swedish there is no simple translation for the English word *please*. However, the Swedish word **tack** is used even more often – you can thank another person even in advance. For example if you order something at a cafe: **Jag vill gärna ha en kaffe, tack!** So if you want to be polite (while ordering or buying something in a store), you add **tack** to your sentences. Here you see some phrases with **tack**:

tack	thank you
tack så mycket	thank you very much
tack ska du ha	thank you very much
tusen tack	thanks a lot
varsågod	here you are
Det var så lite så!	You're welcome!
tack för senast	thanks for the last time *(you say it when you meet someone again after a while, e.g. after having been invited to an event/a birthday party. **A while** can be a week, a month ...)*

Snälla is also a word that you use if you want to be polite. Just like **tack** you can apply it in different ways and especially if you are asking for something.

snälla	please
var snäll och ...	be so kind as to ...
är du snäll.	be a darling/friend.
tack snälla!	Thanks, that's very kind!

1. Fill in the right pronouns.

Är ____ lycklig? – Ja, ____ är lycklig.

Anders ler. ____ är lycklig.

Carina sitter på golvet. ____ är trött.

"Nu bor ____ i ett hus!"

Jag tittar på Anders och Carina. ____ ler.

2. Put the words in the right order to build a correct sentence.

Example: på, Carina, golvet, sitter → Carina sitter på golvet.

a) trött, är, Carina

b) ler, och, lycklig, Anders, är

c) Carina, i, hus, Anders, och, bor, ett

d) på, tittar, han, Carina

e) kommer, kista, han, en, med

3. Put *now* (nu) in front of every sentence you just built and see how the word order changes.

4. Here you have four pictures. Build a sentence for each picture that describes what you see.

More exercises online at www.skapago.eu/alfred/bonus

There is not much space here. That's because I encourage you to write the exercises on a separate piece of paper and *not* into the book. That way you can do them again if you get them wrong or when you want to repeat them (yes, you should do that). You can find the solutions on page 227.

2

Anders: Var vill du ha kistan?
Carina: Där borta.

Han lyfter kistan och bär den till väggen.

Anders: Vad har du i kistan egentligen?
Carina: Bara böcker.
Anders: Bara böcker? Den är ju så tung!
Carina: Är du också trött, älskling?
Anders: Ja. Det är så sent! Jag vill sova snart!

Han tittar i kartongen igen.

var [va:]	where
att vilja, jag vill	want
att ha, jag har	to have
där (borta)	(over) there
att lyfta, jag lyfter	to pick up
att bära, jag bär	to carry
den	it (*see grammar explanation*)
till	to
en vägg	wall
vad [va:]	what
egentligen [ejentlijen]	actually
bara	just/only
en bok, böcker	a book, books
ju	*see explanation*
tung	heavy
en älskling	darling
det [de]	it (*see grammar explanation*)
sent	late
att sova, jag sover [så-]	to sleep
snart [snat]	soon

Anders öppnar en kartong.

Anders: Här har jag ett ljus. Kan du ställa det på bordet?
Carina: Javisst!

Han tittar i kartongen igen.

Carina: Anders ... Jag kan inte öppna kistan. Var är nyckeln till kistan?
Anders: Ursäkta?
Carina: Nyckeln. Var är den?
Anders: Jag vet inte. Ligger den på bordet?
Carina: Nej, den ligger inte på bordet.

Carina hör något.

Carina: Anders!
Anders: Vad är det?
Carina: Det är något vid fönstret.
Anders: Det är nog bara vinden.

att öppna, jag öppnar	to open
en kartong [-ång]	cardboard box
här	here
ett ljus [j-]	light, *here:* candle
att kunna, jag kan	to be able to, can
att ställa, jag ställer	to put
ett bord [bo:d]	table
javisst	of course
igen [ijen]	again
inte	not
en nyckel	key
till	*here:* for
ursäkta [sj1-]	sorry
att veta, jag vet	to know
att ligga, jag ligger	to lie
nej	no
att höra, jag hör	to hear
något	something
vid	by/near/at
ett fönster, fönstret	window
nog	probably
en vind	wind

How to learn new words

- not too many: 5-7 words per day is a good start if you are only studying a little every day
- but you should repeat every day
- if you want, write the words on flashcards: Swedish on one side, English on the other. look at the English word first and try to remember the Swedish translation – not the other way around
- put difficult words aside so that you can repeat them more often
- learn words in a context: e.g. how they are used in the story
- ... or try our vocabulary trainer at www.skapago.eu/alfred/bonus

Two verbs in one sentence

You learned about *verbs* in the first chapter. When you have two verbs in one sentence, the second verb will be used in a form called the *infinitive*, which is the basic form of the verb, the one you would find in a dictionary, without any special ending.

If English is your first language, this might be confusing. The word **wait** is just the same in **I wait** and **I have to wait**, isn't it? But replace **I** with **he**, and you will see the difference:

    he waits
    he has to wait

This **-s** ending is actually the same as the Swedish **-r** ending – except in Swedish, we use it for *all* the personal pronouns, not only for **he/she/it**. Remember that there are a few verbs that do not have an **-r** ending, like **jag kan** and **jag vill**.

    Jag vill (sova) snart!   or
    Kan du (ställa) det på bordet?

As we learned in chapter 1 you use the ending **-r**, **-er**, or **-ar** to build the *present tense* form. Which ending you have to choose to get from infinitive to present tense can be a bit tricky, so we always provide the infinitive and the present tense form in the word list.

Questions

We have two types of questions. Let's start with the ones where you can answer **yes** or **no**. In these questions, the *verb* comes first.

    Kan du ställa det på bordet?   →   Ja/Javisst!
    Ligger den på bordet?   →   Nej.

In questions with question words, we have the question word first (pretty logical, isn't it?).

    Var vill du ha kistan?
    Var är den?
    Vad har du i kistan egentligen?
    Vad är det?

Definite article

In Swedish we have no simple word for *the*. Instead, we put *the* at the end of the word it belongs to, as you can see in the following example:

a table   → **ett bord**
the table   → **bordet**

If you come from a country where there is no difference between *a table* and *the table* (like Russia, Poland and so on), this might be a little complicated. Basically the difference here is as shown in the image: if we mean any table, we say **ett bord** (*a table*). If we are talking about a certain table (for example the only one in the room, or a table we have just mentioned before), we say **bordet** (*the table*).

ett bord

bordet

Next step: bear in mind that in Swedish we have genders (see chapter 1). That means that not only do we have two translations for the English *a*, we also have two translations for the English *the*. Again, the gender is linked to the word, so:

- neuter words end in -(e)t
    ett **bord**   → **bordet**
- common gender words end in -(e)n
    en **kartong**   → **kartongen**

As you can see -**et** and -**en** become part of the word. That works great with words that end with a *consonant* like **kartong** or **bord**, but when the word ends with a *vowel* something else happens. We don't want two vowels next to each other, so we simply leave out the **e**:

en **kista**   → **kistan**

Something similar happens with words like **nyckel** and **fönster**. If you put -**en** or -**et** at the ending you will get an extra syllable with another **e**. That's really a lot of **e**s at the end of the word and we don't want that, so one of them has to go.

After some time of reading and learning you will get a feeling for it, so don't worry too much about it – even if you make a mistake and have an **e** too much, that's no problem at all.

en **nyckel**   →   **nyckeln**
ett **fönster**   →   **fönstret**

Altogether, learning genders is important because you want to get this right in the long run, but it should never stop you from speaking Swedish because if you make a mistake and say wrong things like **fönsteren** or **ett kista**, people will still understand you without any issues.

Den/det

When we talk about people, we use **han** for male and **hon** for female.
Of course we can talk about things, too, but remember, in Swedish even things
have a (grammatical) gender – they can be **utrum** (common gender) or **neutrum**
(neutral gender).

Therefore, we have two different words for the English *it*:

- We use **den** for common gender things.
    Anders lyfter kistan **och bär** den **till väggen.**
- We use **det** for neuter gender things.
    Anders har ett ljus. **Han ställer** det **på bordet.**

Sometimes we don't know which word *it* is actually referring to. Then again, we
do not know the gender of this thing either. In this case we use **det**: For example
it is late (what is *it* referring to here? We have no idea ...) translates to Swedish **det
är sent**.

One thing about pronunciation: in the word **det** we don't pronounce the **t**.

Spicing up phrases: ju, nog

Ju and **nog** are two words that are used frequently in the Swedish language. Even
though they are small words, they can have a huge impact on the meaning of a
sentence. In general, try to think about it like this:

- **ju** expresses *surprise* and *intensifies* what you want to say
- **nog** expresses *probability* and *weakens* what you want to say

Kistan är tung!	The trunk is heavy!
Kistan är ju tung!	The trunk is really heavy!
Jag kan lyfta kistan.	I can pick up the trunk.
Jag kan ju lyfta kistan.	I can pick up the trunk for sure.
Anders vet inte var nyckeln är.	Anders doesn't know where the key is.
Anders vet nog inte var nyckeln är.	Anders probably doesn't know where the key is.
Det är bara vinden.	It's just the wind.
Det är nog bara vinden.	It's probably just the wind.

That might sound a little confusing now, but after some time of learning Swedish you will get a feeling for these kind of small words in the language. You don't have to use them yourself if you are in doubt, but at least you know what they mean when you read or hear them.

I don't understand

Jag förstår inte.	I don't understand.	**att förstå, jag förstår**	to understand
Jag pratar/förstår bara lite svenska.	I only speak/understand a little Swedish.	**att prata, jag pratar**	to talk, to speak
Va(d) sa du?	What did you say?		
Kan du säga det en gång till?	Can you say that one more time?		
Vad betyder ____ på engelska?	What does ____ mean in English?		
Kan vi prata engelska?*	Can we speak English?		

Jag förstår inte.

A common mistake students make is to delay speaking Swedish until they have studied it to a certain level. The truth is: you will never feel completely confident speaking Swedish unless you practice it a lot. Therefore, I highly recommend to start practising now! If you don't have Swedish people around you, see www.skapago.eu/alfred/bonus for help. If you feel too shy to talk to anyone, talk to yourself! The same way you will make progress playing the violin by practicing in your kitchen although no one is listening, you will make progress with your Swedish.

---

* This phrase should, of course, only be used as your last resort. I would like to encourage you to speak as much Swedish as possible, and as you become better, you should insist on speaking Swedish even with Swedes who are very good English speakers.

1. En/ett – which article is right?

kista, golv, hus, vägg, nyckel, ljus, bord, fönster, vind

2. Now take these words and build the definite form.

Example: golv → golvet

3. Infinitive or present tense? Fill in the correct verb form.

Jag ____ trött. Vill du också _____ snart, Anders?
Kan Anders _____ kistan? – Ja. Han _____ den till väggen.
Carina vill _____ kistan. Var _____ nyckeln? _____ den på bordet?
Vad _____ Carina i kistan? Anders _____ inte det.
Han _____ i kartongen. Var ____ ljuset?
Carina kan _____ något vid fönstret.
Jag vill _____ nyckeln nu!

4. Put the words in the right order to form a question. Then try to answer the question.

kista väggen bära kan till Anders?   Anders kistan öppnar?
golvet Carina på sitter?   nyckeln är var?
fönstret det är vad vid?   kartongen tung är?
snart de vill sova?

5. Put in *inte* at the right place.

Example: Jag vill sova snart. → Jag vill inte sova snart.

Den ligger på bordet.   Han tittar i kartongen.
Hon kan bära kistan.   Det är nog bara vinden.

6. Fill in *den* or *det*.

Anders bär kistan. _____ är så tung.
Han har ett ljus och ställer _____ på bordet.
Carina är så trött. ____ är sent.
De har inte nyckeln till kistan. _____ ligger inte på bordet.
Anders lyfter kistan. Carina vill ha _____ där borta.
____ är något vid fönstret.

7. Fill in the right words.

Carina och Anders bor i ett _____. Anders bär en _____. ____ har Carina i kistan?
Och ____ är nyckeln till kistan? De vet ____ . Ligger den på _____ ? Nej! Är ____ i
kartongen? ____ !
Vad har ____ i kistan, Carina? – _____? – Vad har du __ kistan, älskling? – _____
böcker.
Anders _____ en kartong och _____ i kartongen.
Kan du ställa _____ på bordet? – Javisst! – _____! – Varsågod.

Stockholm

3

Pontus sitter på en stol i köket. Han är fyra år gammal och väldigt nyfiken. I handen har han en nyckel.

"Vad är det här?", tänker Pontus.

Han tänker på dörren i hallen och får en idé! Han går till dörren med nyckeln. Den passar. Han låser dörren. Sedan låser han upp den igen. För Pontus är det en lek. Han låser dörren en gång till.

Han går och sätter sig i soffan i vardagsrummet.

Sitta/sätta

The difference between **sitta** and **sätta** is that **sätta** is a movement (you are putting something down, or you are taking a seat), while **sitta** is a state (you are sitting in a chair, not moving).

Han låser dörren en gång till.

Pontus	*male first name*
en stol, stolar	chair
ett kök, kök	kitchen
fyra	four
ett år, år	year
gammal	old
väldigt [-di(g)t]	very, really
nyfiken	curious
en hand, händer	hand
att tänka, jag tänker	to think
att tänka på	to think about
en dörr, dörrar	door
en hall, hallar	hallway
att få, jag får	to get, to receive
en idé, idéer	idea
att gå, jag går	to go
att passa, jag passar	to fit
att låsa, jag låser	to lock
att låsa upp, jag låser upp	to unlock
sedan	then, after that
en lek, lekar	game
för	for
en gång till	one more time
att sätta, jag sätter	to sit, to put
att sätta sig i	to sit down on
en soffa, soffor [så-]	sofa
ett vardagsrum, vardagsrum [va:dag-]	living room

En tavla hänger på väggen. Han tittar på den en stund. Sedan känner han något under foten. Vad kan det vara? Han tittar ner på golvet: en nyckel till! Han tar upp den från golvet. Den är liten. Den är intressant.

Då knackar det på dörren. Pontus blir rädd och går tillbaka till köket. Det knackar igen.

"Ja ja, vi kommer!", ropar Carina.

en tavla, tavlor	picture, painting
att hänga, jag hänger	to hang
en stund, stunder	a little while
att känna, jag känner	to feel
under	under
en fot, fötter	foot
att vara, jag är	to be
ner	down
upp	up
att ta, jag tar	to take
från	from
intressant	interesting
liten	small
då	then
att knacka, jag knackar	to knock
att bli, jag blir	to become
rädd	afraid
tillbaka	back
att ropa, jag ropar	to shout, to call

Numbers 0-9

How to repeat numbers

Try to count as much (and as fast) as you can! Whenever you get stuck, look at the list and start again from 0.

Question words

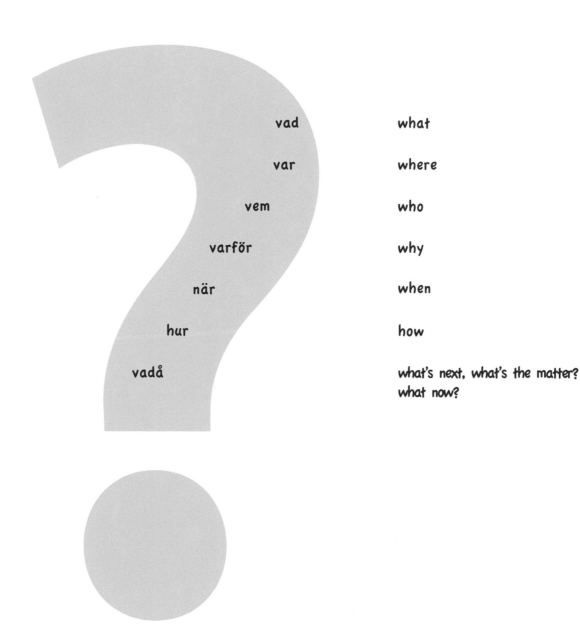

vad	what
var	where
vem	who
varför	why
när	when
hur	how
vadå	what's next, what's the matter? what now?

Repetition

- **Igen**
  Igen works just like *again* in English

- **En gång till**
  This is another great way to say **one more time**. Just in the same way it is possible to add **till** to another word if you want to say that there is one more of it: **en nyckel till** = **one more key**. So if you want to say **one more** ... you use the Swedish word **till**.

To be or not to be

An important word in Swedish, as in many other languages, is **to be** = **att vara**. In the former chapters you already learned the *present tense* form **är**. It is an irregular verb – you will have to learn the forms by heart.

From one to many

At this point, I only want to tell you that there are five different endings for *plural*: **-or**, **-ar**, **-er**, **-n** – and no ending at all, meaning that the word stays the same in the plural. There is a system for which words have which ending, but at this stage it's more complicated than helpful, so I suggest you just learn the plural by heart. From now on you find all the words with their plural endings in the word lists.

Here you have the plural forms for those words you already learned in chapter 1 and 2:

en kista, kistor
ett golv, golv
ett hus, hus
en man, män
en kvinna, kvinnor
ett barn, barn
en vägg, väggar
en bok, böcker
en älskling, älsklingar
en kartong, kartonger
ett ljus, ljus
ett bord, bord
ett fönster, fönster
en vind, vindar

Furniture

Learn the new words and find them on the picture. As soon as you manage to memorize them, walk through your apartment, point at the furniture and say the Swedish word for it (including the article and the plural form) aloud*.

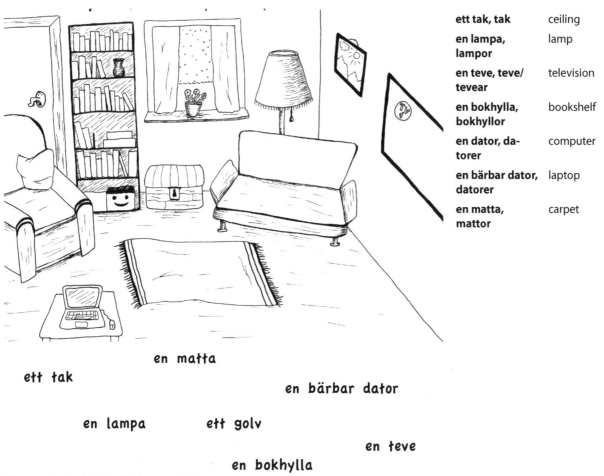

ett tak, tak	ceiling
en lampa, lampor	lamp
en teve, teve/ tevear	television
en bokhylla, bokhyllor	bookshelf
en dator, da-torer	computer
en bärbar dator, datorer	laptop
en matta, mattor	carpet

en matta

ett tak

en bärbar dator

en lampa   ett golv

en teve

en bokhylla

*Yes, your spouse or flatmate will call you a weirdo, but, I mean – do you *want* to learn Swedish, or not?

1. Read the telephone numbers out loud:

070 532 25 64	0410 68 16 95	076 521 96 32
010 894 55 22	040 632 87 42	072 145 52 96

2. Fill in the right question word. Ask for the underlined words.

Pontus sitter i soffan.	____ sitter i soffan?
Pontus är i köket.	____ är Pontus?
Tavlan hänger på väggen.	____ hänger på väggen?
Pontus är fyra år gammal.	____ gammal är Pontus?
Nyckeln på golvet är liten och intressant.	____ är nyckeln på golvet?
Det knackar på dörren. Pontus blir rädd.	____ blir Pontus rädd?
En man knackar på dörren.	____ knackar på dörren?
Det här är en tavla.	____ är det här?

3. Fill in the right words.

Pontus sitter på en ____ i köket. Sedan ____ han sig i soffan. I vardagsrummet hänger en tavla på ____. Pontus tittar på den en _____. Han är ____ år gammal och väldigt nyfiken. Han har nyckeln i ____. Då ser han en nyckel ____ på golvet. Nyckeln ____ liten och intressant. Pontus låser dörren i hallen och låser upp den ____.

Det knackar på dörren. Carina ropar: "Kan du ____ dörren?" Anders hör ____. Carina ropar en _____ till: "Anders, kan du öppna dörren?"

4. Find the missing verb form like the following example: *att titta/jag tittar* (infinitive/present tense).

_____	jag ser	att höra	_____
_____	jag är	_____	jag känner
att ta	_____	_____	jag tänker
_____	jag kan	att sitta	_____
_____	jag vill	att veta	_____
att sätta	_____	att ropa	_____

5. Fill in the right numbers using full words.

Exempel: 5, tavla → fem tavlor

2, tavla
5, stol
4, hus
3, lampa
8, barn
1, nyckel

4

Pontus sitter i köket. Nyckeln till dörren har han i fickan. Den andra ligger på bordet. Han tittar på den och tänker: Var kan den passa? Carina och Anders skyndar sig till dörren. Carina fortsätter till hallen, men Anders stannar i köket. Han ser Pontus.

"Där är du Pontus!" säger Anders till honom. Pontus tittar bara på nyckeln. "Älskling! Pontus är i köket!".

Men Carina svarar inte. Hon står framför dörren. Hon kan inte öppna den. Den är låst.

en ficka, fickor	pocket
den andra	the other (one)/ the second (one)
att skynda sig, jag skyndar mig [sj2-]	to hurry
att fortsätta, jag fortsätter	to continue
men	but
att stanna, jag stannar	to stay
att se, jag ser	to see
att säga, jag säger [-j-]	to say
att svara, jag svarar	to answer
att stå, jag står	to stand
framför	in front of
låst	locked

"Pontus. Ge mig nyckeln är du snäll!"

"Och han har en nyckel! Det är nyckeln till kistan!" Men i fickan har Pontus också nyckeln till dörren: Det vet Anders inte.

Pontus tittar på Anders och tar upp nyckeln till kistan från bordet.

"Pontus. Ge mig nyckeln är du snäll!"

Men då hör Anders ett skrik. Han glömmer både Pontus och nyckeln och springer ut i hallen.

Carina pekar på fönstret.

"Där!"

Anders ser inte mycket.

"Vad är det?"

Det är väldigt mörkt* ute. Det är vinter.

"Det står en man i fönstret!", ropar Carina.

"Var? Jag ser ingenting."

Då knackar det på ett fönster bakom dem. De tittar förskräckt på varandra. Det står verkligen en man i fönstret! Mannen ler och vinkar med handen.

Anders går till dörren. Men han kan inte öppna den. Den är låst.

"Carina, var är nyckeln till dörren?"

att ta upp	*here*: to pick up
att ge, jag ger	to give
ett skrik, skrik	scream
att glömma, jag glömmer	to forget
både ... och	both ... and
att springa, jag springer	to run
att peka, jag pekar (på)	to point (at)
mycket	much
mörk	dark
ute	outside
en vinter, vintrar	winter
ingenting	nothing
bakom [-åm]	behind
förskräckt [fösj1k-]	scared
varandra	each other
i fönstret	at the window
verkligen [-ijen]	actually, really
att vinka, jag vinkar	to wave

---

*Why is it **mörkt** in the text and not **mörk** as in the word list? It has something to do with the word **det**. You will learn the details in chapter 7. For now simply remember that **det er mörkt** means *it is dark*.

Objects

You already learned something about sentence order: the *verb* is always in second place! But what comes in first place? Very often, but not always, the first place is taken by the *subject*. Subjects are the persons (or things) that are doing something. In a sentence it can appear as a name, thing, or pronoun (see about pronouns in chapter 1). In Swedish every sentence must have a subject and a verb.

But most sentences have more than that. For example, sentences can also have one (or more) *objects*. An object is a person (or thing) that is not doing anything in particular but is somehow the "victim" of the action that is being done by the subject. This might sound a bit confusing, but consider how much this helps in avoiding a misunderstanding: ***He likes her*** is definitely different from ***she likes him***.

Imagine the following sentence: **Anders tittar på Pontus**. Obviously Anders is doing something (looking at Pontus), while Pontus remains passive (he's being looked at) – so Anders is the *subject* and Pontus is the *object*. As I said, we can use pronouns for the subject and also for the object. But the form of the pronoun often changes when the pronoun stands for an object. Look:

Subject	Object	
jag	mig	
du	dig	
han	honom	sig
hon	henne	sig
den	den	
det	det	
vi	oss	
ni	er	
de	dem	sig

- Pay attention to the difference between **sig** and **honom/henne/dem**: **honom/henne/dem** = another person
  sig = him-/herself/themselves

- Subject and object form for **den** and **det** are the same!

Han gillar henne.

Hon gillar honom.

Han ser sig.

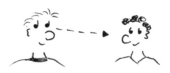

Han ser honom.

- Remember that **you** has four different translations in Swedish: **du**, **dig**, **ni, er**:

Where are you, Tom?	Var är du, Tom?
I want to talk to you, Tom.	Jag vill prata med dig, Tom.
Where are you, Tom and Betty?	Var är ni, Tom och Betty?
I want to talk to you, Tom and Betty.	Jag vill prata med er, Tom och Betty.

How to call a friend (or enemy)

When you first meet someone you might want to get their telephone number. With the Swedish numbers you've learned this will be no problem for you! When you are making a call from abroad to Sweden the code you put in front of a telephone number is 0046. Also there are some area codes within Sweden that let you know in which part of Sweden the phone will be ringing. For example in Southern Sweden you have 04, Northern Sweden 09 and in the Stockholm area 08 in front of your number. In fact: people from Stockholm are sometimes referred to as 08s (**noll-åttor**). This expression is mainly used in a not so nice context and if you want to talk down to people from Stockholm, but it all goes back to the phone numbers. These area codes, however, are just used for the landlines. The mobile numbers all have some kind of 07 combination at the beginning. Here are some phrases for you to use:

How to ask for someone's telephone number:

Vad har du för telefonnummer?

And the answer:

Mitt telefonnummer är ...

"Vad har du för telefonnummer?"

1. Fill in the correct object form of pronouns.

a) Jag är väldigt trött. Jag vill sätta ____.
b) Anna är också här. Ser du ____?
c) Karl och Linnea står framför huset. Jag ser ____.
d) Kistan är tung. Kan du lyfta ____?
e) Vi står i fönstret och Lars ser ____.
f) Hej, Johan och Emil! Vill ni sätta ____?

2. Fill in the right pronoun (subject or object)

a) Jag vet inte var Paul är. Men nu kommer ____! Kan du se ____?
b) Paul och Olof är i huset. Paul säger till ____: "Vill ____ titta på teve med ____?"
c) Erika är i köket. Vi ser ____ i fönstret.
d) "Skynda ____!", säger Monika till Peter. ____ springer till huset.
e) Snälla, ge oss nyckeln, Pontus. ____ vill låsa upp dörren!
f) "Där borta står Astrid!", säger jag och pekar på ____.

3. Connect the right sentences.

a) Camilla är sex år gammal.   1) De skyndar sig.
b) Pernilla och Anna sitter i soffan i vardagsrummet. 2) "Nej, jag bor i Lund."
c) "Lars, bor du i Malmö?"   3) Hon är ett barn.
d) Paul och Olof springer.   4) De tittar på teve.

4. Answer the questions below. Take another look at the text if you can't remember the answer right away.

Ex. Hur gammal är Pontus? → Pontus är fyra år gammal.
Låser Pontus dörren i hallen?
En nyckel ligger på bordet. Är den till kistan?
Har Pontus tre nycklar?
Har Pontus en nyckel i fickan?
Vad ser Carina i fönstret?

5. Fill in the right object pronoun.

jag	Hon ser ____.	vi	Han ser ____.
du	Hon ser ____.	ni	Han ser ____.
han	Hon ser ____.	de	Han ser ____.
hon	Jag ser ____.		

jag	Jag ser ____ själv.	vi	Vi ser ____ själva.
du	Du ser ____ själv.	ni	Ni ser ____ själva.
hon	Hon ser ____ själv.	de	De ser ____ själva.
han	Han ser ____ själv.		

själv [sj2-], själva   -self, -selves

33

Vaxholm fortress

5

Anders letar under en kudde i soffan. "Inte här!", säger Anders. Carina tittar i nyckelskåpet. "Inte här heller", svarar Carina och fortsätter: "Tittar du i kartongen på golvet så kollar jag i köket." Carina stannar framför tavlan och tittar på den en stund. Den är ju så fin! "Jag kan inte hitta den!", ropar Anders från hallen.

Då hör de ett klick i dörren: Pontus öppnar dörren med nyckeln och hälsar på mannen från fönstret.

"Hej. Vem är du?"

Anders skyndar sig till dörren.

"Men Pontus! Så hälsar man inte på folk!"

Mannen skrattar och säger:

"Hejsan Pontus! Jag heter Åke. Hur gammal är du, vännen?"

"Fyra och ett halvt".

"Oj vad stor du är! Jag har en dotter. Hon heter Åsa och är fem år gammal."

Åke tittar upp på Anders.

"Hej då, och tack för besöket!"

att leta, jag letar	to look for
en kudde, kud-dar	cushion, pillow
ett skåp, skåp	cupboard, closet
ett nyckelskåp	key cabinet
inte heller	neither, not... either
så	*here:* then
att kolla, jag kollar [kå-]	to check
fin	nice, pretty
att hitta, jag hittar	to find
ett klick, klick	click
att hälsa (på någon)	to greet (someone)
vem	who
så	*here:* like this
man	(some)one, we
Så hälsar man inte ...	This is not how you/we greet ...
(ett) folk, - [få-]	people
att skratta, jag skrattar	to laugh
att heta, jag heter	to be called
Åke	*male first name*
hur	how
en vän, vänner	friend
vännen	the friend; *here:* my friend
ett halvt	a half
stor	big, tall
oj!	oh my!
en dotter [då-], döttrar	daughter
Åsa	*female first name*

"Ursäkta att jag stör!"

Han sträcker ut handen, men Anders märker inte det och börjar presentera familjen i stället:

"Det här är min fru, Carina. Ja, och det här är Pontus, min son."

"Men Anders! Så hälsar man inte på folk!" viskar hon, knuffar honom med armbågen och tar Åke i hand.

"Hej på dig, Åke! Trevligt att träffas!"

Anders står tyst och hittar inga ord, men Åke skrattar och ler.

"Och ditt namn är alltså Anders?"

"Så är det."

"Välkomna till Kiruna!" fortsätter Åke. "Jag bor i ett hus längre upp på vägen. Ni kan komma till mitt hus om ni behöver hjälp med någonting."

"Tack så mycket, Åke!"

Åke tittar in i huset. Soffkudden ligger på bordet. En kartong står mitt på golvet. Det är stökigt. En vacker tavla hänger på väggen. Åke tittar lite på den.

Åke: Nej! Jag låter er packa upp i fred! Jag ser att ni har mycket att göra. Ha det så bra! Min adress är Gårdsvägen 12.

Anders: Okej! Hej då, Åke, och tack för besöket!

Carina: God natt! Vi ses snart igen!

Åke går ut mot vägen och vinkar hejdå.

att	*here:* that
att störa, jag stör	to disturb, to interrupt
att sträcka ut handen, jag sträcker	to hold out one's hand
en hand, händer	hand
att märka, jag märker	to notice
att börja, jag börjar	to begin
att presentera, jag presenterar	to introduce, to present
en familj, familjer	family
i stället	instead
en fru, fruar	wife
en son [sån], söner	son
att viska, jag viskar	to whisper
att knuffa, jag knuffar	to nudge
en armbåge, armbågar	elbow
att ta i hand	to shake hands
att träffa, jag träffar	to meet
trevligt att träffas!	nice to meet you!
tyst	silent, silently
att hitta inga ord	*literally:* to find no words, to be speechless
ett namn, namn	name
alltså	so
välkommen, välkomna (till)	welcome (to)
Kiruna	*city in the north of Sweden*
längre upp på vägen	further down the road
om [åm]	*here:* if
att behöva hjälp (med), jag behöver	to need help (with)
någonting	something
en soffkudde	sofa cushion
mitt (på golvet)	in the middle of (the floor)
stökig [-kj]	messy, untidy
vacker	beautiful
att titta på, jag tittar på	to look at
att packa upp, jag packar upp	to unpack
att låta, jag låter	to let
i fred	in peace
bra	good
en adress, adresser	address
en väg, vägar	road
okej [å-]	okay
ett besök, besök	visit
god natt!	Good night!
Vi ses snart!	See you soon!
ut mot vägen	out towards the road

Owning things (and persons)

You already learned a lot about pronouns and there is one more (very important) kind of pronoun: the *possessive pronoun*. It helps you to say that something or someone belongs to you or another person. Like in English **my** and **your**, you put the words in front of the thing or person that is yours:

min **kista**
mitt **bord**
mina **nycklar, kistor, bord**

din **tavla**
ditt **ljus**
dina **böcker, tavlor, ljus**

As you see, there is not only a difference between **my** and **your**, but there are also three different words for **my** and three different words for **your**: **min**, **mitt**, **mina** and **din**, **ditt**, **dina**. This is because we have two genders, *common gender* and *neutral gender*, and the third form is for the plural words, so everything you have at least two of.

Singular		Plural	
jag	min/mitt/mina	**vi**	vår/vårt/våra
du	din/ditt/dina	**ni**	er/ert/era
han	hans	**de**	deras
hon	hennes		

You remember the definite articles, right?

Usually you use the definite form because you want to make it clear that you are talking about this one special thing, for example *a key*: **nyckeln ligger på bordet**. Not just any key, but this specific key is on the table.

But if you have a possessive pronoun in front of the word, it is already clear which specific key you are talking about and you don't need the definite article after the noun: **min nyckel**. ~~**Min nyckeln**~~ is wrong and makes no sense (*my the key*).

This is also the case if you use a name instead of a pronoun: **Carinas nyckel** – *Carina's key*. If the name ends in an **s**, it is not changed: **Pontus nyckel** – *Pontus' key*.

Compare:
> Nyckeln **ligger på bordet.**
> Min/Carinas nyckel **ligger på bordet.**

2x att

Att is a word that has two essential functions in Swedish:

1. It is used with the basic form of every verb, the *infinitive*:
   att titta, att lyfta, att hälsa, att ropa
   You can compare it to the English *to*: *to see*, *to carry*, ...

2. It is used to connect parts of sentences. In English you would translate it with *that*.
   Jag hör att **Pontus öppnar dörren.**
   I hear that **Pontus opens the door.**

Inte heller

The Swedish expression **inte heller** is used like *neither* or *not ... either* in English. Be careful with the word order!

Jag bor inte i Kiruna.	I don't live in Kiruna.
Inte **jag** heller!	Me neither.
Jag bor inte **i Kiruna** heller.	I don't live in Kiruna either.

Adjectives

Adjectives are words that help you describe what something is like: **beautiful**, **huge**, **boring** ... In English adjectives don't change if you combine them with different words:

> a big box, a big house, five big boxes/houses

But in Swedish the adjectives have to adapt and get the matching ending:

> en stor kista
> ett stort hus
> fem stora kistor/hus

As you can see the endings for adjectives are similar to the endings of possessive pronouns, and let me tell you for now: they have the same principle!

There is one thing to know about the plural ending of adjectives: if the last syllable is **-en**, **-er** or **-el** you lose the **e** with the plural ending. Here are examples from words you already learned:

> nyfiken, nyfiket, nyfikena → nyfikna
> ledsen, ledset, ledsena → ledsna

Maybe this sounds familiar. The same thing happens with the definite articles, remember? Too many vowels → one has to go!

In chapter 7 you are going to learn more about the use and specific rules for adjectives.

Man

If we don't know who does something or we want to make a general statement, we say **man**:

> Så hälsar man inte på folk!

There is no really good English translation for **man**. You could say something like:

> This is not how we/you/someone greets people.

Notice that **man** does not have to be a man. Everybody is included, both men and women.

How to present yourself and make small talk

Hej!	Hello! *(suitable for every situation)*
Hejsan!	*a bit more informal*
Tjena!	*more informal*
Tja!	*even more informal*
God morgon/dag/kväll!	Good morning/day/evening!

Hur mår du?	
Hur är läget?	How are you?
Läget? *(informal)*	
Hur är det?	

Jag mår (inte) bra.	I am (not) fine.
Bara bra.	
Allt är fint.	Everything is fine.
Helt okej.	
Sådär.	Not too bad.
Och du/själv?	And you?

Trevligt att träffas!	Nice to meet you!

Vad heter du?	What's your name?
Jag heter Birger.	My name is Birger.
Varifrån kommer du?	Where are you from?
Jag kommer från Sverige.	I come from Sweden.

Hur gammal är du?	How old are you?
Jag är nitton (år gammal).	I am nineteen (years old).
	*(as in English you can leave out **years old**)*

Vad arbetar du med?	What's your profession?
Jag är lärare.	I am a teacher.
Jag arbetar som lärare.	I work as a teacher.
Var bor du?	Where do you live?
Jag bor på Storgatan i Lund.	I live on *Storgatan* in Lund.
Välkommen!	Welcome! *(if you are talking to one person)*
Välkomna!	Welcome! *(if you are talking to more than one person)*
Ha det så bra!	Take care!
Tack för allt!	Thanks for everything!
Vi ses (snart)!	See you (soon)!
Hej då!	Bye!

"Varifrån kommer du?"

Numbers 10 – ...

10	**tio**
11	**elva**
12	**tolv**
13	**tretton**
14	**fjorton**
15	**femton**
16	**sexton**
17	**sjutton**
18	**arton**
19	**nitton**
20	**tjugo**
21	**tjugoett**
22	**tjugotvå**
...	**...**
30	**trettio**
40	**fyrtio**
50	**femtio**
60	**sextio**
70	**sjuttio**
80	**åttio**
90	**nittio**
100	**(ett) hundra**
200	**två hundra**
1 000	**(ett) tusen**
7 000	**sju tusen**
1 000 000	**en miljon**

Once you have learned the numbers, read the following numbers aloud:

18	80	17	27	16	60
14	93	22	46	64	98

12	16	23	836	5322
8818	312	4067	9900	2147

1987	1818	1511	46	64	98

787   4215   116   8224

12133   573   16616   60661

61616   22212   34334

34343   15277

After you already learned the numbers 0-9, you are going to learn how to use the rest of them. For the numbers from 11 to 19, you just have to learn them by heart, and for the rest it's easy: Once you get the basic principle it always repeats itself! Like with English numbers you start on the left side and then work your way to the right: 52 – **femtiotvå**, 96 – **nittiosex**, same with *hundred* and *thousand* 147 – **etthundrafyrtiosju**, 50361 – **femtiotusentrehundrasextioett**.

Familj (Family)

Jag heter Olof och jag är fyrtiotre år gammal.

Jag bor i Sundsvall med min fru Lisa och våra två barn. Vår son heter Ben och han är sju år gammal. Han är vänlig och söt. Ben har en tvilling som heter Jule. Hon är elak och otrevlig. Min son och min dotter är väldigt olika. Mina föräldrar bor i ett hus i skogen. Min pappa heter Peter och jagar hela dagen. Min mamma heter Britta och sover hela dagen.

Jag har inga syskon men min fru har fem bröder och två systrar. Hennes föräldrar lever inte längre. Mormor och morfar är döda.

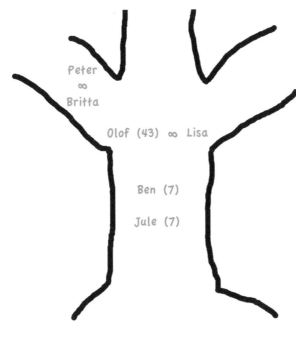

Peter ∞ Britta

Olof (43) ∞ Lisa

Ben (7)

Jule (7)

A remark about family words: Swedish has strange words for grandparents as well as uncles and aunts. Your mother's mother is called **mormor**, your father's mother **farmor**, and so on. Make sure to learn them from the word list.

Now write a similar text about your family!

Sundsvall	*city in central Sweden*
vänlig [-lj]	friendly
söt	sweet

en tvilling, tvillingar	twin
elak	evil, naughty
otrevlig [-li]	unfriendly
olik, olika	different
föräldrar	parents
en skog, skogar	wood, forest
att jaga, jag jagar	to hunt
hela dagen	the whole day
ett syskon, syskon [-ån]	sibling
att leva, jag lever	to live
död, döda	dead
en mamma, mammor	mum
en pappa, pappor	dad
en syster, systrar	sister
en bror, bröder	brother
en mormor, mormödrar	grandmother *(mother's mother)*
en morfar, morfäder	grandfather *(mother's father)*
en farmor, farmödrar	grandmother *(father's mother)*
en farfar, farfäder	grandfather *(father's father)*
ett barnbarn, barnbarn	grandchild
en morbror, morbröder	uncle *(mother's brother)*
en moster, mostrar	aunt *(mother's sister)*
en farbror, farbröder	uncle *(father's brother)*
en faster, fastrar	aunt *(father's sister)*

1. Fill in the gaps with your answers:

Hej!

_____

Hur är läget?

_____

Tack, allt är bra!

_____

Jag heter Alice. Och du?

_____

Trevligt att träffas! Varifrån kommer du?

_____

Jag kommer från Kiruna. Nu bor jag här i Stockholm.

_____.

Jag arbetar som lärare. Vad arbetar du med?

_____

Oj, jag är sen, men vi ses snart!

_____

Ha det så bra! Hej då!

2. Fill in the right question.

_____? – Jag heter Annika.
_____? – Jag bor i Stockholm.
_____? – Nej, men jag har en syster.
_____? – Min syster är sju år gammal.

3. Practice the numbers by writing down your family members' age like this:

Min mamma är femtiotre år gammal. Min pappa är ...

4. Put the adjectives in the right form.

Exempel: (stor), två kistor → två stora kistor

(fin), en lärare   (vacker), tre dagar   (snäll), fem vänner
(lycklig), en familj   (mörk), sex skogar   (liten), en hand
(nyfiken), ett barn   (bra), ett namn

5. Replace the personal pronouns in brackets with the correct possessive pronoun.

Exempel: (du) nyckel → din nyckel

Det här är (jag) _____ vän Paul. Han säger till mig: "Jag gillar (du) _____ syster Eva!"
(Jag) _____ föräldrar gillar inte Paul. Det gör inte (jag) _____ mormor heller. (Jag) _____
andra syster heter Cornelia. Hon bor i Sundsvall och (hon) _____ hus är litet och
fint. (Hon) _____ man heter Olof och (de) _____ barn är trevliga. Jag säger till
dem: "(Ni) _____ barn är så vackra!"

6. Try and retell the story of the little family and Alfred in your own words.

6

Det är sent på kvällen. Anders och Carina ligger i sängen och pratar om dagen.

Anders: Jag är helt slut! Vilken lång dag! Och vi har fortfarande så mycket att göra. Vi måste packa upp alla lådor, sätta ihop möbler ...

Carina: Ja! Och vi måste leta efter nyckeln till min bokkista. Vi måste hitta den, Anders! Jag vill så gärna läsa! Och jag måste jobba, förstås. Utan böcker kan jag inte arbeta!

Anders: Just det! Pontus hade din nyckel. Men nu ligger den nog i köket.

"Jag är helt slut! Vilken lång dag!"

en kväll, kvällar	evening
en säng, sängar	bed
helt	fully, absolutely, completely
slut	finished; *here*: exhausted
lång	long
vilken lång dag	what a long day
fortfarande [fot-]	still
att göra, jag gör [j-]	to do
måste	have to / has to (*no infinitive*)
att packa upp, jag packar upp	to unpack
alla	all
en låda, lådor	box
ihop	together
att sätta ihop, jag sätter ihop	to put together, *here*: assemble
en möbel, möbler	(piece of) furniture
efter	after
att leta efter, jag letar efter	to look for
gärna [j-]	gladly
att läsa, jag läser	to read
jag vill (så) gärna ...	I would like to ... (so much)
att jobba, jag jobbar [jå-]	to work
förstås [fösj1-]	of course
utan	without
just det!	right!
hade	had (*past tense of* att ha)

Carina: Min nyckel också? Vad han intresserar sig för nycklar!

Anders: Ja, verkligen!

Carina: I köket, alltså?

Anders: Ja. Jag tror att den ligger där i alla fall.

De säger ingenting för en stund.

Carina: Vad trevlig Åke var! Förresten. Du behöver ett jobb, Anders. Kan du inte fråga honom om hjälp?

Anders: Ja! Bra idé! Utan kontakter inget jobb.

Carina: Du behöver inte göra det med en gång, älskling. Men snart. Först måste vi ta hand om huset.

Anders: Ja, det stämmer. Vi gör allt det där i morgon. Men nu måste vi sova.

Carina: I morgon! Jag ser så mycket fram emot i morgon! Jag vill äta en ordentlig frukost, koka ett ägg eller två ... Och sedan vill jag dricka kaffe. Har vi kaffe hemma, förresten?

Anders: Nej. Jag är ledsen! Jag vet att du älskar kaffe på morgonen.

Carina: Så synd! Då måste jag gå och handla i morgon.

Carina hör ett ljud från taket.

Carina: Vad var det?

Anders: Vadå?

Carina: Vänta! Nu kommer det igen. Det knakar! Hör du?

Anders: Det blåser ganska starkt ikväll. Det är säkert bara vinden!

Carina: Ja, du har nog rätt!

Anders: Brukar jag ha fel?

Carina: Ja! Väldigt ofta!

De skrattar och ler.

Carina: Nu börjar det bli sent. Vad är klockan egentligen?

Anders: Klockan är nästan 12 nu.

Carina: Då är det nog bäst att sova. Jag älskar dig, Anders.

Anders: Jag älskar dig också.

Carina: Vi har mycket att göra i morgon. Sov gott!

Anders: Du med. God natt!

Anders pussar Carina på kinden och släcker lampan på nattduksbordet.

att intressera sig för, jag intresserar mig	to be interested in
vad han interesserar sig ...	How come he is interested ...
att tro, jag tror	to believe
i alla fall	in any case
förresten	by the way
ett jobb, jobb [jå-]	job
att fråga, jag frågar	to ask
en kontakt, kontakter [kå-]	contact
ingen, inget, inga	none, no
först [-sj1t]	first
att stämma, jag stämmer	to be right
allt det där	all of that
i morgon [mårån]	tomorrow
med en gång	immediately
att ta hand om	to take care of
att se fram emot	to look forward to
att äta, jag äter	to eat
ordentlig [-li]	proper
en frukost, frukostar [-åst]	breakfast
att koka, jag kokar	to boil
ett ägg, ägg	egg
att dricka, jag dricker	to drink
(ett) kaffe	coffee
hemma	at home
ledsen [lessen]	sad, sorry

The future is now

In Swedish, you still use the present tense form of the verb when talking about something that will happen in the future. To clarify, you often add a word or phrase to indicate the time when the action will happen (e.g. **tomorrow**):

Jag måste gå och handla i morgon.
I will have to go shopping tomorrow.

Karin studerar i Umeå nästa termin.
Karin will study in Umeå next semester.

Vi reser till Paris i juni.
We will travel to Paris in June.

Jag måste gå och handla i morgon.

Past tense hacks

As in English, there are several ways of expressing that something happened in the past. For example: *simple past* (**I went**), *present perfect* (**I have gone**), and so on. You don't need to know all of them to make yourself understood, though. Let's start with the *simple past* for just two verbs, **att vara** and **att ha**:

att vara → jag var
att ha → jag hade

For example:

Jag var i Stockholm.	Pontus hade nyckeln.	Jag var trött.
I was in Stockholm.	Pontus had the key.	I was tired.

You will learn more about past tense in chapter 14.

att älska, jag älskar	to love
synd	too bad
att handla, jag handlar	to grocery shop
ett ljud, ljud [j-]	sound
att vänta, jag väntar	to wait
att knaka, jag knakar	to crack/to creak
att blåsa, jag blåser	to blow
ganska	quite
stark	strong
ikväll	tonight
säkert [-et]	surely
rätt	right
att bruka, jag brukar	*here:* to usually do
ett fel, fel	mistake
att ha fel	to be mistaken/wrong
ofta [å-]	often
en klocka, klockor [klå-]	clock
nästan	almost
bäst	best
sov gott! [gå-]	sleep well!
jag älskar dig	I love you
att pussa, jag pussar	to kiss
en kind, kinder [tj-]	cheek
att släcka, jag släcker	to put out
ett nattduks-bord, nattduks-bord	nightstand

Modal verbs

In chapter 2, we discussed where to put verbs when there are two in one sentence. Remember that? If not, look it up again. Today I would like to talk about a different element. In chapter 5 we already talked about the different meanings of the word **att**. Here you are going to learn more about the **att** in front of the infinitives in the word lists. As in **att titta**, **att ropa**, **att höra** ...

Now. In chapter 2 I said
- the second verb in a sentence is an *infinitive*
- the infinitive starts with an **att**

So if you consider these two statements and look at the following sentence:

> Han gillar att läsa böcker.

... then you can see that this rule applies. But what about this sentence?

> Han kan lyfta kistan.

Obviously **lyfta** is an infinitive, but it has no **att**. Why?
The answer lies in the verb **kan**. **Kan** is a modal verb. What is a modal verb? Well, if you ask two linguists for a definition, then you will get three different answers. I think the best one is that modal verbs cannot be the only verb in a sentence – they have to be combined with another verb. This other verb is then in the infinitive. And whenever we use a modal verb, then the other verb will not have the word **att** before its infinitive.

Modal verbs tell us something about our relationship to the action in a sentence. Look at the following examples, where we combine the modal verbs with the verb **äta** (action = eat breakfast):

> Jag vill äta frukost.
> I want to have breakfast. – relationship: **desire**

> Jag måste äta frukost.
> I must have breakfast. – relationship: **obligation**

> Jag kan äta frukost.
> I can have breakfast. – relationship: **ability**

> Jag ska äta frukost.
> I will/shall have breakfast. – relationship: **decision**

> Jag bör äta frukost.
> I should (really) have breakfast. – relationship: **strong advice, rule**

Since **vilja** is a modal verb, it should not stand alone. So in English you can say *I want coffee*, but in Swedish you cannot say ~~jag vill kaffe~~ – you have to say **jag vill ha kaffe**. Don't forget the **ha**, unless you want to sound weird.

```
Jag borde äta frukost.
I should have breakfast. – relationship: advice
```

Att böra is in some regards a special modal verb; the present tense form **jag bör** is a very strong way of suggesting to someone (not) to do something. You often find it in legal texts or in statements from a doctor:

```
Han bör inte resa.
He shall not travel.
```

In everyday Swedish the form **jag borde** is much more commonly used to give advice or tell your opinion about something:

```
Du borde verkligen läsa boken.
You should really read this book.
```

In certain situations, **att få (jag får)** can also be a modal verb. You will learn about this in chapter 12.

So again – if you are not thrilled with all of these explanations, all you have to do is learn these five modal verbs by heart. You should remember that there is no **att** in a sentence where the modal verb is the main verb.

For every rule there is also an exception! There are two frequently used words in Swedish that look like modal verbs and are used like modal verbs but actually are not. They are:

```
att bruka
att behöva
```

Just like modal verbs, they give you extra information about the action happening.

```
Jag brukar äta frukost.
I usually eat breakfast. – relationship: habit
```

```
Jag behöver äta frukost.
I need to eat breakfast. – relationship: need
```

It's not important that you know about the exact definition of each verb, but keep in mind that there is no **att** in front of the second verb if you have **bruka** or **behöva** as main verb.

Time

15.00   Klockan är **tre**.

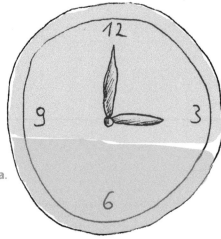

15.55   Klockan är **fem i** fyra.
15.50   Klockan är **tio i** fyra.
15.45   Klockan är **kvart i** fyra.
15.40   Klockan är **tjugo i** fyra.

15.05   Klockan är **fem över** tre.
15.10   Klockan är **tio över** tre.
15.15   Klockan är **kvart över** tre.
15.20   Klockan är **tjugo över** tre.

15.35   Klockan är **fem över halv fyra**.

15.25   Klockan är **fem i halv fyra**.

15.30   Klockan är **halv fyra**.

To avoid misunderstandings between a.m. and p.m. we can count up until 24 hours. This system is often used in settings where the exact time is really important like at a train station. There you use digital time: **Tåget till Göteborg avgår 19:28 (nitton och tjugoåtta)**. In everyday Swedish, however, it's the norm to count only up to twelve and you will have to figure out whether the speaker is referring to afternoon or morning based on the context. Most of the time we also say the time in 5-minute-steps. So for example, when it's 17.04, we do not say ~~*four past seventeen*~~, but *five past five* (**fem över fem**).

To say *past* you use **över**, and to say *to* you say **i**.
```
17:05   It's five past five. → Klockan är fem över fem.
16:55   It's five to five.   → Klockan är fem i fem.
```

How to ask for the time:
```
Vad är klockan?
Hur mycket är klockan?
```

How to answer:
```
Klockan är ...
```

If you want to say *at four o'clock* you just say **klockan fyra**:
```
Hans comes at four o'clock.   Hans kommer klockan fyra.
```

In written Swedish we can also shorten **klockan** to **kl.**:
```
Hans kommer kl. 16.
```

Short answers

Here we have some useful little phrases for every conversation! Let your conversational partner know if you agree or disagree with him or her.

Positive

Ja, det kan/vill jag!	Yes, I can/want to!
Just det!	Exactly!
Ja, det stämmer!	Yes, that's right!
Vad trevligt! Vad intressant! Vad ...!	How nice! How interesting! How ...!
Bra idé! Vilken bra idé!	Good idea!
Jag tror det!	I believe that!
Ja, du har nog rätt!	You're probably right!
Det har du rätt i!	You're right!
Jag med.	Me too.
Jag håller med.	I agree.
Säger du det!	You don't say!

Negative

Vad synd! Vad ledsen! Vad ...	How unfortunate! How sad! How ...!
Så synd!	Too bad!
Jag tror inte det!	I don't believe that!
Nej, det har vi inte.	No, we don't have that.
Det vet jag inte.	I don't know.
Inte jag heller.	Me neither.

Didn't understand

Vad sa du?	What did you say?
Kan du säga det igen?	Can you repeat that?
Verkligen?	Really?

1. Write down the time in a sentence like: *Klockan är* ...

a) 15.05	g) 08.50	m) 19.30	s) 11.45	y) 14.25
b) 13.40	h) 03.10	n) 14.00	t) 07.30	z) 16.50
c) 22.30	i) 06.00	o) 06.40	u) 09.45	
d) 17.25	j) 09.15	p) 21.00	v) 23.25	
e) 12.00	k) 13.00	q) 15.50	w) 15.30	
f) 21.15	l) 19.00	e) 11.35	x) 08.55	

2. Write down sentences with the following words using the word *att bruka*.

Jag		säga	kaffe.
Ni		äta	en bok.
Hon	brukar	leta efter	ett ägg till frukost.
Han		dricka	"jag älskar dig!"
Du		läsa	nycklarna.

3. Fill in *att* in the correct spots. But be careful: Not every verb needs *att*.

Jag brukar ____ gå och ____ äta frukost på ett litet café. Det är fint ____ sitta och ____ dricka kaffe. Då ser jag en man vid fönstret. Det är min vän Johan! Jag skyndar mig ____ vinka. Johan kan ____ se mig och så kommer han in! "Vad trevligt ____ träffa varandra igen!" – "Ja, det är det!" – "Vad synd! Jag har inte tid ____ prata nu. Jag måste ____ gå och ____ arbeta. Men vi kan väl __ gå på bio ikväll? Jag svarar: "Bra idé! Det gör vi!" Jag gillar ____ träffa vänner.

ett café, caféer — coffee house

en bio, biografer — cinema (*short for* biograf)

4. Put the words in the right order to make questions.

vad – klockan – är
jobb – hitta – ett – bra – kan – var – man
mår – hur – du
nyckeln – varför – du – efter – letar
var – nyckeln – vet – vem – är
du – med – hjälp – behöver – någonting
på – besök – kommer – när – du

5. Fill in a modal verb to build a correct sentence.

Klockan är nästan åtta! Gustav _____ skynda sig!
Vi har ingenting att äta hemma. Mamma _____ gå och handla!
Sara, ____ du hjälpa mig?
Marion _____ resa till Sundsvall i morgon.
Jag _____ gärna äta ett ägg till.
Du _____ äta en ordentlig frukost.

6. Put the sentences in past tense with *hade* and *var*.

Nyckeln är under soffan.
Johan har en trevlig dag.
Är du trött?

Hon är helt slut.
Gustav har rätt i det.
Peter har en lång dag.
Det är trevligt att gå på bio med min syster.

7. Connect the sentences with *att*.
Jag ser det. Du äter frukost.
Birger vet det. Lars bor i Kiruna.
Mamma vill det. Linnea skyndar sig.
Ebba gillar det. Leon pussar henne.
Du ser det. Jag letar efter min bok.

8. Answer the following questions with full sentences.
Vem pratar med varandra i kapitel 6?
Vad behöver Carina för att arbeta?
Vad arbetar Anders med?
Varifrån kommer ljudet?
Vem brukar ha fel i familjen?

Why your Swedish is still bad
(although you are reading this book)

With new students, our teachers nearly always begin by working on pronunciation. Why? Well honestly, because most students' pronunciation is just so bad! But that is ok, because when you take a language course, you do it because you want to learn something.

However, this does not just apply to beginners. We also see advanced students with a great understanding of vocabulary and grammar, but who have a very strong foreign accent.

Now you might say this depends on where the students come from and that some simply have a very strong accent. That's wrong. The reason why people have bad pronunciation is that they haven't worked sufficiently on it. So why don't students work on pronunciation? And why should they? Let me answer the last question first.

- Misunderstandings are much more frequent because of pronunciation errors than because of grammar mistakes.
- Your listening comprehension depends on your pronunciation. You train your ear to distinguish between sounds which are not familiar to you. For example, in Swedish it is very important to know the difference between I, E, and Ä.
  - Native speakers will laugh at you.

This last issue is more important than you might think. Scientists have proven that native speakers unconsciously believe people with a strong foreign accent are less intelligent. Be honest: have you never watched "The Simpsons" and made fun of Apu?

As a learner you feel that native speakers think that way, even if they don't want to – so you will get frustrated. Unknowingly, you are going to think "These arrogant Swedes! I'm fed up with them!" And what's the consequence? You do not want to be one of them, you do not wish to talk like them, or to have the correct accent.

So herein lies a vicious circle: You have bad pronunciation because deep inside your heart you do not want to be Swedish. Therefore, Swedes do not treat you as one of them. Therefore, you think they are arrogant. Therefore, you do not want to be like them. Therefore, you have bad pronunciation.

So now you know the reason why people don't work on their pronunciation.

From a few teachers, you might hear that a foreign accent is a question of age. I totally disagree. It is a question of attitude. The way we speak – our pronunciation – is a main component of our personal identity. Many adults have formed such a strong relationship with their first culture that they are afraid of losing their identity when they change their pronunciation, i.e. when they learn a second language. Only if you understand that these are baseless fears will you be able to learn a new language well. And why are the fears baseless? Well, your "new" identity will not replace your "old" identity, but enhance it. As the Czech philosopher and politician Tomáš Garrigue Masaryk said, "As many languages you know, as many times you are a human being".

So you see, pronunciation is by far a worse problem than just one of your language issues. It will have an impact on your self-esteem, on your cultural affection towards Sweden, and on your relationship with native speakers.

But the good news is: you can improve all that simply by improving your pronunciation. So get started right now! You can find many tips and pronunciation videos on www.skapago.eu/alfred/bonus.

7

Det är ett stort hus. Ett hus med övervåning och till och med en vind. På nedervåningen finns det en hall, ett kök och ett stort vardagsrum.

En trappa går upp till övervåningen. Där har de ett sovrum, ett badrum, ett arbetsrum och ett litet rum till Pontus.

Klockan är två på natten, men Pontus är inte trött. Nyfikenheten håller honom vaken. Han hör ingenting från sovrummet. Det är helt tyst. Mamma och pappa ligger och sover. Det vet Pontus.

Nyckeln till huset har han under kudden. Mammas nyckel ligger på nattduksbordet. Han tar den och lägger den i fickan. Han står och funderar en stund: Ja, han tar med husnyckeln också. Sedan öppnar han dörren utan att göra ett ljud. Han vill inte väcka dem. Han stänger dörren efter sig och tittar

Då ställer han stolen på bordet.

en övervå-ning, övervå-ningar	upper floor
till och med	even, in fact
en nedervå-ning, neder-våningar	ground floor
Det finns ...	there is ...
en trappa, trappor	stairs
ett sovrum, sovrum	bedroom
ett arbetsrum, arbetsrum	study, home office
ett badrum, badrum	bathroom
ett rum, rum	room
en natt, nätter	night
(en) nyfiken-het	curiosity
vaken	awake
att hålla nå-gon vaken	to keep some-body awake
att lägga, jag lägger	to put, place
att fundera, jag funderar	to think, con-sider, reflect upon
att ta med	to take with, to bring
en husnyckel, husnycklar	house key
att väcka, jag väcker	to wake up (someone)
att stänga, jag stänger	to close

på dörren till sovrummet. Ska jag låsa dörren till mamma och pappa? tänker han. Han bestämmer sig för att göra det. Nu kan han gå på upptäcktsfärd i lugn och ro.

Han tittar omkring sig. En dörr här och en dörr där. Han låser och låser upp dörr efter dörr. För honom är det en lek. Efter en stund tittar han upp i taket. Där är en dörr till! Den vill han verkligen öppna!

Han hämtar en stol och ställer sig på den. Nej. Han når inte. Då går han och hämtar ett bord. Nej. Han når fortfarande inte. Då ställer han stolen på bordet. Nu! Han klättrar upp på bordet och sedan upp på stolen. Han sträcker sig.

Nyckeln passar. Pontus ler. Men när han öppnar vindsluckan faller en stege ner med ett brak! Pontus känner en stark vind när han faller ner mot golvet.

Utan att

Utan att ... is always followed by an infinitive.

```
... utan att göra ett ljud.
... without making a sound.

... utan att se någonting.
... without seeing anything.

... utan att släcka ljuset.
... without turning down the lights.

... utan att säga ett ord.
... without saying a word.
```

För att

This phrase can be translated as **in order to**, and it is also followed by an infinitive.

```
Han bestämmer sig för att göra det.
He decides to do it.

Jag studerar för att få ett bra jobb.
I study in order to get a good job.

Jag måste springa för att komma i tid.
I have to run in order to get there in time.
```

att bestämma sig för något, jag bestämmer mig	to decide sth., choose sth.
för att + Inf.	so as to/in order to + *infinitive*
en upptäcksfärd, upptäcksfärder [-äd]	expedition, adventure
i lugn och ro	in peace and quiet
omkring	around
här och där	here and there
ett tak, tak	roof/ceiling
efter en stund	after a while
att hämta, jag hämtar	to fetch, get
att nå, jag når	to reach, arrive at
att klättra, jag klättrar	to climb
att sträcka (sig), jag sträcker	to stretch (oneself)
när	as, when
en vindslucka, vindsluckor	attic hatch
en vind, vindar	*here*: attic (*not* wind)
att falla, jag faller	to fall
en stege, stegar	ladder
med ett brak	with a crash/ loud noise

Sentence structure

You already learned a small but very important lesson about word order in chapter 1. Remember? Of course: the verb always comes second! But what comes before and after the verb? Imagine your sentence as a train.

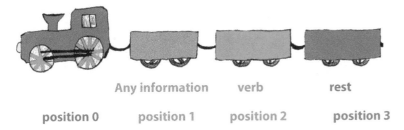

	Any information	verb	rest
position 0	**position 1**	**position 2**	**position 3**

Often in a sentence, there are a lot of elements (subjects and objects, information about when something happened or how something happened), but not every sentence has to have all of them. Some sentences have only a *subject* (a person or a thing doing something) and a *verb* (the action that is being done). This is the minimum of what every Swedish sentence must have. It can work without the other elements. In this case, the other cars simply remain empty. Very often, the subject is the first element of the sentence, but not necessarily. If it is not, it has to be in the third coach (after the verb) because the verb must be in the second coach! This is probably the most confusing part for you if English is your first language. Look at it from another perspective: if you only have a subject and a verb in a sentence, the subject must come first. Why? Well, otherwise the verb would come first, and the verb MUST always come second.

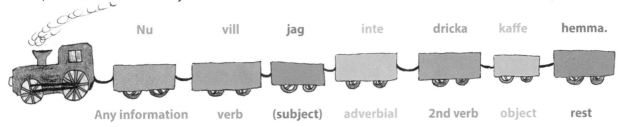

	Nu	vill	jag	inte	dricka	kaffe	hemma.
	Any information	verb	(subject)	adverbial	2nd verb	object	rest

But, actually, if we have two verbs – what about the second verb? Before I give you the answer, I will introduce two new coaches to our "sentence train". The first one is *objects*. Well, actually, we have already discussed objects, haven't we? You learned about the words **mig**, **dig** and so on in chapter 4. We put them after the second verb (if there is one). But there are still two coaches between the verbs. One of them contains the subject. But in many sentences (I would actually say in most sentences), the subject comes before the first verb, in the grey coach. That means that the subject coach (right after the first verb) is often empty. The only time it gets occupied is when we start a sentence with something other than the subject.

Behind the subject coach, we have another coach reserved for the *adverbial*. Now, what is that? I will give you some examples: **inte**, **gärna** and **egentligen**. Adverbials give a somewhat different meaning to the whole sentence. Look at **inte**: it changes the meaning of the sentence 100%, doesn't it?

> Jag bor i Kiruna.
> Jag bor inte i Kiruna.

Gärna and **egentligen** do not necessarily change the meaning entirely. They somehow modify the meaning of the sentence, or they give another "tone" to the meaning. These words are placed between the verbs.

> Jag vill egentligen inte hälsa på mormor.

Again, remember: we only need a subject and the first verb in a sentence, the other elements are not necessary, so they may or may not be there. If they are not, their coaches will simply remain empty.

> A few words are not part of a sentence, for example **och**, **men**, and **eller** (*or*). They connect two sentences, so you can imagine them as sitting on the locomotive (or being at position no. 0):
>
> > Och han har en nyckel!
> > Men Pontus är inte trött.

Go and see

Now I want to show you a uniquely Swedish aspect of sentence structure:
If you are telling someone what you are doing or going to do, and there are two verbs describing your action, you connect them with **och**. In English or German you can often drop the **and** as in: *I go lay down*. In Swedish, you always use **och**:

> Jag går och lägger mig.

Often these combinations start with verbs referring to position and location, such as **att stå, att sitta, att ligga, att gå …**

Feel free to go through the texts you have read so far to find examples of this construction. Take a look at the following sentences, too:

> Vill du gå och titta på teve?
> Du ska gå och handla i morgon.
> Jag sitter och läser i vardagsrummet.
> Jag ligger och sover i soffan.

Adjectives

I already talked about adjectives and that their endings have to fit to the word they describe. You have to consider the *number* (singular or plural) and the *gender* (common or neuter gender). One example I gave was the word **stor** – *big*:

en **stor** kista – ett **stort** hus – fem **stora** kistor/hus
basic form   basic form + t   basic form + a
common gender   neuter gender   plural

Simple, right? For most adjectives, that's enough to know, but what about words that already have a **-t** at the end, like **vit** or **trött**? For these words, there are special rules.

There are some words that:
- get one or two extra **-t** if the word ends in a vowel or a vowel + **t**:
  vit → vitt, ny → nytt, söt → sött
- get no extra **-t** if they end with consonant + **t**:
  intressant → intressant, svart → svart, trött → trött,
  rätt → rätt

The maximum number of **-t**s at the end is two, so words like **trött** which already have two stay the same in neuter gender.
- get **-tt** instead of **-d**
  röd → rött, död → dött, glad → glatt

Another thing to keep in mind are the words that end in **-en**, **-er** and **-el**: words that easily lose an **e**. You already learned that they lose their **-e** in plural form. They also lose their **-n** in the neuter gender.

nyfiken, nyfikent → nyfiket, nyfikena → nyfikna
ledsen, ledsent → ledset, ledsena → ledsna

If you don't remember to cross out the **e** or the **n** people will understand you anyway, but here is a little tip to help you understand these shortenings: If you try and repeat the words **nyfikent** or **nyfikena** as fast as you can repeatedly, you might notice that your tongue wants to drop the **n** and the **e** anyway because that way it's easier to pronounce. We humans are quite lazy when speaking and tend to shorten words if possible.

As you learned earlier, there are also irregular adjective forms. Actually there are only two words that have irregular plural forms that you should just learn by heart.

gammal - gammalt - gamla
liten - litet - små

For the adjectives **blå** and **grå** you can also leave out the -a. This is optional.

```
blå- blått - blå(a)
grå - grått - grå(a)
```

The good news is that there are also adjectives that don't change at all! They have the same form for common and neuter gender, as well as for plural. Yippee!

```
bra - bra - bra
lila - lila - lila
rosa - rosa - rosa
```

Färger (Colors)

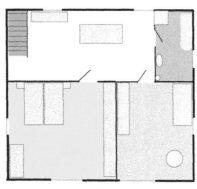

övervåning

Here you have the construction plan of the little family's house. Find out which room has which color and build the correct form for each adjective.

På nedervåning finns det en hall. Det finns också ett (röd) _____ kök och ett (stor, vit) _____ vardagsrum. Trappan upp till övervåningen är (orange)_____. Hallarna på övervåningen och på nedervåningen är (brun) _____. Sovrummet på övervåningen är (gul) _____. Badrummet är (blå) ____ och arbetsrummet är (grön) ____. Pontus rum är (lila) _____. Vinden är (svart) ____.)

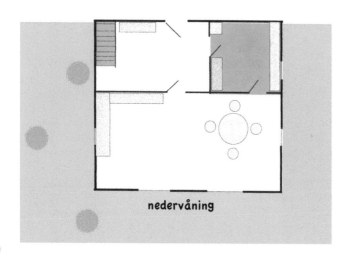

nedervåning

en våning, våningar	floor
en trädgård, träd-gårdar [trägåd]	garden
en färg, färger [-j]	colour
röd	red
grön	green
gul	yellow
blå	blue
vit	white
svart [-at]	black
orange [oransj1]	orange
lila	purple
rosa [rå-]	pink
grå	gray
brun	brown
färgglad	colourful

1. Take a look at the following sentences and try to mark the different parts of the sentences you learned about (1st verb, 2nd verb, subject, object, adverbial, ...). Add the word in the brackets to the sentence. Make sure to apply the correct sentence structure.

Jag måste skynda mig. (egentligen)
Anders läser en bok. (gärna)
Astrid äter ett ägg till frukost. (ofta)
Min mormor dricker kaffe hela dagen. (bara)
Jag vill sätta ihop mina möbler i morgon. (inte)
Hon är väldigt trött. (fortfarande)

2. Fill in the right phrases:

lugn och ro, omkring, efter en stund, till och med, med ett brak, utan ett ljud, med en gång

Jonas springer _____ i vardagsrummet. Han är sju år gammal och kan _____ klockan. _____ ser han en vacker lampa på bokhyllan. Den vill han ha! Men han måste vara tyst. Mamma är i arbetsrummet. Han klättrar upp på hyllan _____ och sträcker sig. Nu håller Jonas lampan i handen. _____ faller lampan ner mot golvet. Oj nej! _____ står mamma i vardagsrummet. "Jonas, vad gör du?! Jag vill arbeta i _____!"

3. Build pairs with the adjectives and nouns below and make sure you get the correct adjective form. Try to combine at least three different nouns with each adjective.

Exempel: ett fint hus, femton fina lampor, en fin tavla
Adjectives: liten, stor, vacker, bra, lycklig, gammal, nyfiken, mörk
Nouns: en vän, ett hus, sex söner, föräldrar, ett nyckelskåp, femton lampor, en tavla, två nätter, en dotter

4. Answer the following questions.

Vem har husnyckeln och vem har Carinas nyckel?
Vad vill Carina äta i morgon?
Carina och Anders ligger i sängen och pratar. Vad hör de?
Varför kan Pontus inte sova? Vad gör han i stället?
Vad är klockan då?

5. Think about how the story may continue. Write a few sentences what might happen next.

6. Find the number that matches the colour.

Exempel: Nummer sex är svart.

32 43 51 6 84
11 28 79 95

A few words about words

If you have learned the new vocabulary of the last chapters carefully (you always do, don't you?), you might have noticed something:

A lot of words and expressions cannot be translated directly into English. For example, **jag vill så gärna läsa** actually means **I want so gladly read**. But obviously nobody would say something like that in English. Same with **till** as in **där är en dörr till** which means something completely different than the English **to** in this text. That's a phenomenon you should get used to: You simply cannot translate word by word – most of the time this would sound very strange. Our goal is to make the Swedish in these texts as natural as possible. This will help you to get an intuition for what sounds good in Swedish and what doesn't, and will also help you to develop a good style when you are speaking and writing Swedish.

For more information about this topic please visit
www.skapago.eu/alfred/speakswedish.

8

Varför måste de föra så mycket oväsen? Jag tycker inte om det här. Det var så skönt att vara ensam. Ensam i mitt hus! Jag tycker verkligen om att vara ensam. Jag är van vid det nu. Och just då kommer den här familjen! De flyttar in i mitt hus! De kommer med möbler och flyttkartonger. De springer upp och ner för trappan, fram och tillbaka mellan köket och vardagsrummet. Nu måste jag bo här uppe på vinden. Det är inte okej! Jag måste ändra på det.

Och de har ett barn! Pontus heter han: "Vem är du?", säger han till grannen. Och sedan: "Jag är fyra och ett halvt!". Jag hatar barn! De ställer bara till med besvär. Den här pojken är särskilt besvärlig: han

Jag tycker inte om det här.

att föra oväsen, jag för oväsen	to be noisy
att tycka (om), jag tycker (om)	to think (about)
att tycka <u>om</u>, jag tycker <u>om</u>	to like
skön [sj2-]	comfortable
ensam	alone
van	familiar
att vara van vid något	to be used to
att flytta in, jag flyttar in	to move in
en flyttkartong, flyttkartonger	moving box
att springa, jag springer	to run
att springa upp och ner för trappan	to run up and down the stairs
en trappa, trappor	stairs
fram och tillbaka	back and forth
mellan	between
uppe	up (*location*)
att ändra på något, jag ändrar på något	to change sth.
en granne, grannar	neighbour
att hata, jag hatar	to hate
att ställa <u>till</u>	to cause, start
att ställa <u>till</u> med besvär	to make trouble
en pojke, pojkar	boy
särskild [säsj2ild]	special(ly)
besvärlig [-lij]	difficult, bothersome

är nyfiken! Tänk om han är för nyfiken. Tänk om han letar för mycket i huset.

Och vilka föräldrar! De vet inte ens att han har alla nycklar. De har ingen koll på pojken! "Älskling! Var är nyckeln till kistan?" säger hon "Var är nyckeln till dörren?" säger han "Jag kan inte öppna dörren! Vi måste leta efter nyckeln! Älskling! Tittar du där så kollar jag här". Usch! Nej. Det här gillar jag inte alls. Man måste hålla koll på alla nycklar när man har ett hus. Annars går det inte ... Tänk om jag kan få tag på alla nycklar! Då lämnar de mig nog i fred! Då bestämmer jag!

för	*here:* too
Tänk om ...!	Imagine ...! / What if ...!
vilka	which (plural)
inte ens	not even
(en) koll [å]	control, supervision, mastery
att ha koll på något/någon	to control sth./sb., *here:* to know about sth./sb.
usch!	ugh!
inte alls	not at all
att hålla koll på något/någon	to keep control
att få tag på någon/något	to get hold of sb./sth.
att lämna, jag lämnar	to leave
att lämna i fred	to leave someone alone/to leave someone be

From one to many: part 2

Swedish plurals can seem quite overwhelming and confusing in the beginning, but once you learn the ground rules, you will see they're not that complicated. In general, there are five different plural endings and five groups in which we categorize the words:

-or
This group contains only words that belong to common gender and end in **-a**.
> en tavla – tavlor
> en kista – kistor
> en soffa – soffor
> en bokhylla – bokhyllor

-ar
This group is for common gender only, for words that end in something other than **-a**.
> en dag – dagar
> en tvilling – tvillingar
> en nyckel – nycklar
> en kudde – kuddar

-er

Most words here are common gender, but a few are neutral gender. Words that change their vowel in plural like **hand – händer**, **bok – böcker** get this ending.

    en familj – familjer
    en dator – datorer
    en färg – färger

-n

In this group, there are neutral gender words that end in a vowel.

    ett äpple – äpplen
    ett piano – pianon
    ett foto – foton

ett äpple, äpplen	apple
ett piano[-å], pianon	piano
ett foto, foton	photo

/ (no ending)

This group consists mostly of neutral words that end in a consonant, very few common gender words as well.

    ett hus – hus
    ett bord – bord
    ett syskon – syskon
    en lärare – lärare

While learning Swedish, you're going to see that, like in any other language, there are exceptions to every rule. It's best to learn the plural forms (like article or gender) by heart right from the beginning with the meaning of every word.

Pimp your verb

In most languages, including Swedish, you can add words to a verb in order to modify the verb's meaning.

    Du hälsar.   You greet.
    Du hälsar på mig.   You greet me.

Here we have an example of a very short sentence and an extended version that gives more information. However, thanks to stress, this sentence can take on a different meaning:

    Du hälsar på mig.   You visit me.

The only difference here is which word in the sentence is stressed. In the second example, the stress is on the word **på** and not on the verb, changing the sentence completely. In Swedish, a verb followed by a stressed particle is called *partikelverb*. You don't have to remember the exact names and definitions for these things, just keep this in mind: it makes a big difference if you stress the verb or the particle.

In English we have something similar – so-called *phrasal verbs*. Basically it's the same thing, a verb and a particle which modifies the meaning of the verb (**to hang** means something different from **to hang out**). But we don't get a new meaning if we change which word is stressed; it doesn't matter if you say **hang out** or **hang out** – even if you stress the wrong word, the meaning stays the same.

Here are some other examples for Swedish *partikelverb*. Compare the difference in meaning when you stress the verb instead of the particle:

Vad <u>tycker</u> du om Hannah?	What do you think of Hannah?	
Tycker du <u>om</u> Hannah?	Do you like Hannah?	
Hon <u>sätter</u> sig på stolen.	She sits down on the chair.	**att sätta <u>på</u>,** to turn on
Hon sätter <u>på</u> teven.	She turns on the TV.	**jag sätter <u>på</u>**

You can see the stress really is essential for the meaning. However, fortunately, for most *partikelverb*, there is no corresponding sentence where the verb is stressed. So in the following expample, you can only say **flytta <u>in</u>**, but ~~**flytta in**~~ does not exist:

Familjen flyttar <u>in</u> i huset.
The family moves into the house.

Carina packar <u>upp</u> kartongerna.
Carina unpacks the boxes.

Anders sätter <u>ihop</u> möblerna.
Anders puts together the furniture.

Pontus ställer <u>till</u> med besvär.
Pontus is causing trouble.

Han låser <u>upp</u> dörrarna.
He unlocks the doors.

Jag håller <u>med</u>.
I agree.

To make it easier for you to recognize these special verbs, we will from now on underline the particle to show you it is stressed and therefore a phrasal verb.

1. Take a look at the numbers and words. Write down the number in a full word and build the noun's plural form.

Exempel: 342 + en kudde → trehundrafyrtiotvå kuddar

634 + en stol   897 + en hand   1259 + en färg
60 + en fot   168 + ett leende   76 + ett namn
534 + ett besök   9811 + en skog   34 + ett bord
8613 + ett läge   73 + en säng   91 + en lek
350 + en trädgård   9999 + ett fel

2. What's the most important thing about phrasal verbs?
Read the following sentences and put the verbs in the correct form. Which word is stressed? Mark the stressed word in each sentence.

Han (vilja) (hälsa) på mig.   Familjen (bo) i ett stort hus.
Jag (tycka) om min mormor.   (Kunna) du (låsa) upp dörren?
Jag (gilla) min mormor.   Pernilla och Erika (leta) efter nycklarna.
Det (veta) jag inte.

3. Find the last sentence for each short text.

1) Kartongen är för tung.
2) Pontus är för nyfiken.
3) Pojken är för liten.
4) Kvinnan är för trött.
5) Natten är för mörk.

a) Det är vinter och väldigt sent på kvällen. Klockan är nästan tolv. Anna sitter i sovrummet och tittar ut men hon ser ingenting. ...

b) Alfred sitter på vinden och funderar på barnet. Han tänker: "Barnet låser dörrar och låser upp igen. Tänk om han låser upp min dörr! Jag tycker inte om det! ..."

c) Nu flyttar de. Birger och Andrea bär en kista in i huset. Olof vill också lyfta en kartong, men ...

d) Hon kan inte arbeta. Hon vill inte äta. Ingenting kan hålla henne vaken. ...

e) Carl är fem år gammal. Hans syster är tio år gammal. Hon kan klättra och nå vindsluckan. Carl kan inte det. ...

4. Answer these personal questions (if possible in complete sentences).
a) Vad är ditt namn?
b) Vad heter din pappa?
c) Vad har du för telefonnummer?
d) Vad äter du till frukost?

e) Vad heter din mamma?
f) Var bor dina föräldrar?
g) Varifrån kommer du?

5. Math lesson! Calculate in Swedish like this:

$13 + 16 = 39$ *Tretton plus sexton blir trettionio.*
$22 - 7 = 15$ *Tjugotvå minus sju blir femton.*
$2 \times 5 = 10$ *Två gånger fem blir tio.*
$18 : 3 = 6$ *Arton delat med tre blir sex.*

a) $3 \times 4 =$	f) $12 + 8 =$	k) $32 : 2 =$	p) $14 + 7 =$
b) $39 : 3 =$	g) $427 - 15 =$	l) $8 \times 2 =$	q) $12 + 5 =$
c) $16 \times 4 =$	h) $36 : 3 =$	m) $18 - 8 =$	r) $11 \times 2 =$
d) $108 : 2 =$	i) $21 - 6 =$	n) $18 \times 5 =$	s) $3 \times 17 =$
e) $11 \times 12 =$	j) $56 : 7 =$	o) $70 : 2 =$	t) $1000 : 10 =$

gånger	multiplied by
blir	*here*: equals
delat med	divided by
plus	plus
minus	minus

6. Which color do these things have? Use the definite article.
Exempel: Fönstret är svart.

7. Answer the following questions. If you can't find the correct answer right away take another look at the text.
Tycker Alfred om att familjen bor i huset nu? Varför? Varför inte?
Vad är Alfred van vid?
Vad tänker Alfred om Pontus?
Vad säger Alfred om alla nycklar?

8. Rewrite the sentences starting with the words indicated. Watch the word order!
a) Jag tycker inte om det här. → Det här ...
b) Familjen kommer med möbler och flyttkartonger. → Med möbler ...
c) Det finns fem rum i huset. → I huset ...
d) Anders kan inte öppna dörren. → Dörren ...
e) På kvällen är det helt tyst i huset. → Det är ...
f) Man måste alltid ha koll på nyckeln. → Alltid ...

9

Här har jag lugn och ro i alla fall. Natten är min tid. Vinden är mitt hem. Här uppe måste jag bo. Hur länge? För evigt? Nej. Jag ska ändra på det. De kan inte bara flytta in och tro att de kan bete sig hur som helst!

Vänta lite! Vad var det? Är någon fortfarande vaken? Ja, kan det vara pojken? Kan du inte sova, vännen? Nycklarna har du med dig? Och vad ska du göra med dem nu då? Låsa in dina föräldrar? Javisst! Det gör han. Jag kan höra det. De sover, men inte jag! Men vänta! Vad var det? Jag hör någonting mer där nere! Hämtar han möbler? Varför gör han det? Kan det vara så att ... Åh nej! Han vill klättra upp hit. Han vill komma upp på vinden. Det är inte bra. Nej, det är inte alls bra. Inte ens här kan jag vara i fred! Vad ska jag göra nu?

Jisses! Han faller ju!

Ta det lugnt, Alfred. Ta det bara lugnt! Han når nog inte. Han är ju så liten! En stol hjälper honom inte! Men vad gör han nu då? Hämtar han ett bord? Det är inte bra. Nej, det är inte alls bra. Når han kanske? Tänk om han gör det!

Men herregud, vad händer nu?! Jisses! Han faller ju!

ett hem, hem	a home
länge	long (*time*)
evig	(for)ever, eternal
för evigt	forever
att bete sig, jag beter mig	to behave one-self, act
hur som helst	whatsoever, any way, *here*: how-ever they like
någon [-ån]	someone
där nere	down there
att klättra upp, jag klättrar upp	to climb up
hit	here (*directional*)
lugn	quiet, calm
att ta det lugnt	to take it easy
att hjälpa, jag hjälper [j-]	to help
kanske [-sj1e]	maybe
herregud	oh my God
att hända, det händer	to happen
jisses	Oh goodness!

69

Definite Article

Remember, the article **the** in English is translated by adding **-en** or **-et** to the end of the noun in Swedish, depending on the gender. In the plural it works the same way: you put the article at the end of the word. For the first three groups we use the article **-na**. So if you want to say **the paintings** you get **tavlorna**, **the doors** – **dörrarna**, **the families** – **familjerna**.

For the words in group 4 and 5, there are other endings. In group 4 you already got the plural ending **-n** so the article is just **-a**: **two pianos** – **två pianon**, **the pianos** – **pianona**. And finally group 5 gets the article **-en**: **two houses** – **två hus**, **the houses** – **husen**.

Don't get confused with the singular article **-en**: **en dörr** – **dörren** – **två dörrar** – **dörrarna**.

I usually avoid tables. But hey, sometimes they can be quite useful.

	Singular	Singular article	Plural	Plural article	Example
Group 1	-a	-n	-or	-na	en tavla – tavlan tavlor – tavlorna
Group 2		-en	-ar	-na	en dag – dagen dagar – dagarna
Group 3		-en/(-et)	-er	-na	en familj – familjen familjer – familjerna
Group 4	-vowel	-et	-n	-a	ett äpple – äpplet äpplen – äpplena
Group 5	-consonant	-et	- /	-en	ett hus – huset hus – husen

↑ easy   ↑ rather learn by heart   ↑ just watch out for group 5

If you have trouble remembering new words and forms, there are different techniques that may help you. For example: Make up a funny/crazy story or rhyme with just words using the article **ett** that you think are hard to memorize. Another way is imagining a place, e.g. a house with different rooms. In one room you store things or words that have the plural ending **-ar** and in the next room words with plural ending **-er**. Maybe in the second floor you have more rooms with other content. To cluster and arrange words in groups helps your brain to process them and gives you easier access to your new knowledge.

En dag med Alfred

På morgonen stiger jag upp kl. 5. Jag är ju en gammal gubbe och vaken nästan hela natten! Nu bor en familj här också och jag måste vara tyst och försiktig här på vinden. Men förr hade jag hela huset för mig själv! Föräldrarna stiger upp kl. 7. Pappan fixar frukost och mamman sitter bara där. Barnet sover en timme till! Måste han inte till skolan? Barn nu för tiden är väldigt slöa! Därefter äter de frukost tillsammans och jag är fortfarande här uppe. Kl. 10 går mamman till arbetsrummet och pappan och sonen klär på sig och lämnar huset och mig i fred. Nu kan jag kolla läget i huset och titta på tavlan i vardagsrummet. Klockan ett äter kvinnan lunch. Sedan sitter hon i rummet igen med böcker och papper och skriver. Kl. 4 på eftermiddagen kommer pappan och sonen hem. Nu är det tumult igen! Barnet springer runt i huset och pratar med sig själv. Och mannen? Han lagar mat! Kvinnan arbetar och han lagar mat! De äter middag kl. 7 och efter det måste barnet borsta tänderna och gå och lägga sig. Föräldrarna sitter kvar i vardagsrummet och läser eller pratar. De går och lägger sig kl. 10 på kvällen. Nu är det äntligen lugnt.

Read the text about Alfred's observations again. Pick out words that are new to you and use them and the phrases below to write your own routine.

7 **på morgonen**	
8	
9	
10 **på förmiddagen**	
11	
12	
13	
14 **på eftermiddagen**	
15	
16	
17	
18	
på kvällen	
19	
20	
på natten	

att stiga upp, jag stiger upp	to get up
en gubbe, gubbar	old man
försiktig [sj1]	careful
förr	before (that)
att fixa, jag fixar	to fix, prepare
en timme, timmar	hour
en skola, skolor	school
nu för tiden	nowadays
slö	lazy
därefter	afterwards
tillsammans	together
att klä på sig, jag klär på mig	to get dressed
(en) lunch [sj1], luncher	lunch
ett papper, papper	paper
att skriva, jag skriver	to write
en eftermiddag, eftermiddagar	afternoon
ett tumult, tumult	uproar, riot
runt	around
att laga mat, jag lagar mat	to cook, to „fix food"
(en) mat	food
en middag, middagar	dinner/(noon)
att borsta, jag borstar [båsj1ta]	to brush
en tand, tänder	tooth
att lägga sig, jag lägger mig	to lie down, go to sleep
kvar	leftover, spare
eller	or
äntligen	finally
en förmiddag, förmiddagar	late morning

71

En vecka = 7 veckodagar

måndag
tisdag   igår
onsdag   idag
torsdag   i morgon
fredag   }
lördag   }   på helgen
söndag   }

!!!

på **onsdag** = this Wednesday, on Wednesdays in general (with present or future tense)
på **onsdag**arna = every Wednesday
i **onsdag**s = last Wednesday

How often do you ...?

aldrig

sällan ||

ibland ||||

ofta ||||| ||

alltid ||||| ||||| |||

en helg, helger [-j]	weekend
idag	today
igår	yesterday
en vecka, veckor	week
en veckodag, veckodagar	weekday
måndag [-da]	Monday
tisdag [-da]	Tuesday
onsdag [-da]	Wednesday
torsdag [sj1da]	Thursday
fredag [-da]	Friday
lördag [-da]	Saturday
söndag [-da]	Sunday
alltid	always
aldrig [-i]	never
ibland	sometimes
ofta [å-]	often
sällan	seldom

1. Fill in the missing forms. In the first row you have an example already written down.

Article	Singular	Singular + article	Plural	Plural + article
ett	rum	rummet	rum	rummen
			morgnar	
		mattan		
	ljud			
				böckerna
	vän			
				skåpen

2. Fill in the right words.

Alfred tycker inte _____ det här. Han är _____ vid att vara _____ i huset. Men nu flyttar en familj in och Alfred måste bo på _____ . Han vill ändra på det. Han funderar över familjen, Pontus, _____ och Anders. _____ besvärliga de är! Särskilt pojken! Föräldrarna kan inte hålla _____ på pojken och inte på nycklarna _____. Pontus är väldigt _____. _____ om han är för nyfiken! Han är så nyfiken att han vill _____ upp på vinden. Han hämtar en _____ men han når inte. Då hämtar han också ett _____. _____! Han faller ju!

3. Be creative! Write your own scary story and make sure you use the following words: evig, en trappa, en vän, en klocka, ledsen, en farmor, att knuffa

4 . Use possessive pronouns.

Exempel: skola (jag) → min skola
tand (han)
piano (hon)
lunch (vi)
händer (de)
foto (jag)
vän (du)
granne (ni)
fickor (du)

5. Put in the right form of the personal pronouns.

Exempel: Anna är här. Kan du se ___? → Kan du se henne?
a) Jag sitter här. Ser du ___?
b) Erik är inte lycklig. Varför? Jag vill fråga ___.
c) Anders och jag väntar framför skolan. Ser du ___?
d) Kan du se Lukas där borta? – Ja, jag kan ser ___.

e) Monika och Gabriel pratar med varandra. Förstår du ___?

f) I köket finns det kaffe. Vill du dricka ___?

g) Var är du? Jag kan inte se ___ .

h) Max och Lena, var är ___?

6. Answer the following questions.

Vad ska Alfred ändra på?

Vem är vaken mitt i natten?

Vad gör Pontus med möblerna?

Varför gör han det?

Når han?

Vad tycker du: Hur känner Alfred sig?

7. Fill in the correct time expression (på onsdag/i onsdags/på onsdagar) using the weekday in brackets.

Exempel: Viktor träffar mormor Helga (söndag). → Viktor träffar mormor Helga på söndag.

Ella går alltid och handlar (lördag).

Malte hade besök (fredag).

(Måndag) dricker Holger ofta för mycket kaffe.

Jag reser till Stockholm (tisdag).

Min vän Klara var väldigt trött (torsdag).

10

Pontus landar mjukt. Nu ligger han på golvet. Han tittar runt omkring sig. Varför har han inte ont? Han känner ingen smärta. Det är helt tyst. Han tänker på fallet. Det var en mjuk landning. Han vänder sig om och tittar under sig: det ligger inte någon kudde på golvet. Så konstigt! Nu förstår han verkligen ingenting! Men innan han hinner tänka mer på det blåser en vind förbi honom, drar upp stegen och stänger dörren i taket med en smäll.

"Pontus! Är det du? Vad gör du?"

Det är Carinas röst från dörren, men Pontus hör inte vad hon säger. Han är rädd för smällar, och dörrar kan inte stänga sig själva!

"Pontus! Vad var det för en smäll? Öppna dörren!"

Pontus kan inte tala. Han är så rädd. En låst dörr kan man inte flytta en centimeter! Inte utan en nyckel. Det vet Pontus nu. Han börjar leta efter nycklarna. Hans hjärta slår väldigt snabbt. Han kan inte hitta dem!

Carina vet inte vad hon ska göra. Tystnaden efter smällen gör henne orolig. Hon går och väcker Anders.

Pontus landar mjukt.

att landa, jag landar	to land
mjuk	soft
att ha ont	to feel pain
(ett) ont	ache
en smärta, smärtor [smäta]	pain, ache
ett fall, fall	fall
en landning, landningar	landing
att vända sig om, jag vänder mig om	to turn around
konstig [å]	strange
innan	before
att hinna, jag hinner	to manage (in time)
mer	more
förbi	past, by
att dra upp, jag drar upp	to pull up, draw up
en smäll, smällar	bang
en röst, röster	voice
att vara rädd för	to be afraid of
att tala, jag talar	to talk, speak
att flytta	to move
en centimeter, centimeter [s-]	centimeter
ett hjärta, hjärtan [j-]	heart
att slå, jag slår	to beat
snabb	fast
(en) tystnad	silence
orolig [-i]	restless, uneasy

"Anders. Vakna! Jag kan inte öppna dörren. Har du inte någon reservnyckel?"

Anders märker ingenting när han sover. Han sover verkligen som en sten. Carina suckar och väcker honom med en knuff.

"Va? Vad händer? Är något på tok?"

"Anders! Har vi några reservnycklar? Pontus är där ute och dörren är låst."

"Nej, det har vi inte. Men varför är dörren låst?"

Hon tittar på Anders. Han går genast till dörren.

"Pontus? Varför öppnar du inte?"

Pontus känner efter i fickan. Ingen nyckel. Han tittar på golvet. Det ligger ingenting där. I låset på vindsluckan hänger det inte heller någon nyckel. Var är nycklarna? En nyckel hade han ju i fickan. Den andra måste ligga här på golvet! Båda är borta!

Pontus börjar prata väldigt tyst.

"Mamma ..." viskar han, men hans röst är för svag.

Anders vänder sig till Carina och skakar på huvudet.

"Jag har inget val. Jag måste slå in dörren."

"Men Anders. Finns det ingen annan lösning?"

att vakna, jag vaknar	to wake up (by oneself)
Vakna!	Wake up!
en reservnyckel, -nycklar	spare key
en sten, stenar	stone
som [å]	here: like
att sucka, jag suckar	to sigh
en knuff, knuffar	nudge
va?	What? What's the matter?
på tok	wrong, odd
Är något på tok?	Is something wrong?
genast [j-]	immediately
att känna (efter) [tj-], jag känner (efter)	to feel, here: to check
ett lås, lås	lock
båda	both
svag	weak
att skaka, jag skakar	to shake
ett huvud, huvud(en)	head
att skaka på huvudet	to shake one's head
ett val, val	choice
att slå in, jag slår in	to knock down
en annan	another
en lösning, lösningar	solution

Moving and not moving

As you see, the words in the right and left columns look very similar. However, in Swedish, which word you use depends on whether you are moving or not. If you want to describe a movement you use the shorter words in the left column.

upp	up, upwards
ner	down, down-wards
in	into, inside
ut	out, outside
hem	home (*direction*)
bort [bot]	away (*direction*)
fram	ahead, forwards
dit	there
hit	here
uppe	above, upstairs
nere	below, down-stairs
inne	inside, within
ute	outside, out in the open
hemma	at home
borta	gone, away
framme	arrived
där	there
här	here

Han går upp.

... ner.
... in.
... ut.
... hem.
... bort.
... fram.
... dit.
... hit.

Han är uppe.

... nere.
... inne.
... ute.
... hemma.
... borta.
... framme.
... där.
... här.

Telling people what to do

If you want to tell people what to do, we have a special verb form that we call *imperative*. The *imperative* form in Swedish is very easy: you just drop the present tense ending!

> jag klättrar → klättra!
> jag väcker → väck!
> jag sover → sov!
> jag går → gå!
> jag kommer → kom!

Since you have already learned the present tense forms, it's not going to be a problem for you. If the present tense ends with **-er**, then you leave out **-er**. If it ends with another vowel + **r**, you just lose the **-r**.

Adverbs

Maybe you noticed something odd about some of this chapter's adjectives: they have the neutral ending **-t**, even though they are not describing a person or thing in neutral gender.

> Pontus landar mjukt.   Pontus lands softly.

Pontus is common gender, so there would be no **t** if it described Pontus.

This means that **mjukt** is describing something else: the verb **landar**. Since it is not describing a thing or person, it is not an adjective. It is an *adverb* (easy to remember: *adverbs* describe _verbs_ and *adjectives* describe *objects* and *subjects*).

Very often we can make adverbs out of adjectives. Let's take the adjective **försiktig** as an example:
Adjective:

> en försiktig man
> ett försiktigt barn

Adverb:

> Kvinnan öppnar dörren försiktigt.

As you can see, adverbs are very easy to build: you just take the neutral form of the adjective.

Någon/något/några, ingen/inget/inga

These words are called *indefinite pronouns* (you don't need to remember this term). Like adjectives and pronouns, their endings depend on the word they are referring to. Just like other pronouns, you use them instead of a noun:

någon/något/några = someone/something/some
> Det är någon vid dörren.
> There is someone at the door.

> Är något på tok?
> Is something wrong?

> Har du ägg? Jag behöver några.
> Do you have eggs? I need some.

ingen/inget/inga = nobody/nothing/none
> Det är ingen vid dörren.
> There is nobody at the door.

> Du vet inget om mig.
> You know nothing about me.

> Jag vill äta två ägg! - Men jag har inga.
> I want to eat two eggs. - But I have none.

You can also use **någon/något/några** and **ingen/inget/inga** together with a noun (like an adjective):
> Jag ser någon man vid fönstret.
> I see some man at the window.

> Är det något fel på det?
> Is there a problem?

> Har du några ägg?
> Do you have some eggs?

> Ingen fara!
> No problem! (lit. "no danger")

> Har du inget hjärta?
> Don't you have a heart? (lit. "Have you no heart?")

> Oh nej, jag har inga ägg hemma!
> Oh no, I don't have any eggs at home!

Någonting or **ingenting** can also be used instead of **något** or **inget**.
> Anders märker inget/ingenting.
> Kan du hämta något/någonting för mig?

Det är någon vid dörren.

79

1. Put in the correct form.

upp/uppe	Birgit sitter ____ på taket och läser en bok.
	Jag bor där ____ på vinden.
ner/nere	Vad finns där ____?
	Pontus går ____ för trappan.
in/inne	Väntar Lisa där ____?
	Carl vill gå ____ !
ut/ute	Jag vill stanna ____ i trädgården.
	Ska vi gå ____ ikväll?
hem/hemma	Lars och Ella går alltid ____ tillsammans.
	Är du ____ nu?
bort/borta	Han går ____ till fönstret.
	Alla är redan ____.
fram/framme	Vi är nästan ____ !
	Barnet springer ____ och tillbaka.
dit/där	Nu måste du verkligen skynda dig ____.
	Stanna ____ !
hit/här	Kom ____ !
	Kan jag träffa dig ____ ?

2. Adjective or adverb? Fill in the right form.

Pontus landar (mjuk).   Han sitter på golvet och är (rädd).

Carina är (orolig).   Hon pratar (förskräckt) med Pontus.

Barnet tittar (ledsen) på dörren.   Anders pratar (lugn) med Carina.

Anders öppnar dörren (försiktig).

3. Find out which sentences belong together.

Ser du mannen där borta?	Men jag känner bara några av dem.
Jag kan se någon vid fönstret.	Tack, det vill jag gärna.
Carla hör ett ljud.	Vill du ha kaffe?
Jag har sex hundra Facebookvänner.	Han har något konstigt på huvudet.
Vill du ha någonting att äta?	Är det kanske min granne Lars?
Har du kanske något att dricka hemma?	Någonting faller på golvet.

av   *here*: of

4. Write the questions and answers using words and numbers in brackets.

Har ditt hus (1, våning)? / 3 → Har ditt hus en våning? – Mitt hus har tre våningar.

Måste du arbeta i (1, vecka)? / 4

Har du (2, syster)? / 7

Finns det (6, stol) vid bordet? / 5

Har din mamma (1, dator)? / 0

Behöver Linus (1, flyttkartong)? / 15

5. Answer the following questions.

Vad händer med Pontus?	Vad händer med dörren i taket och varför?
Var är Carina och Anders?	Vad tycker du: Var är nycklarna?
Vad vill Anders göra och varför?	Vad tycker du: Varför landar Pontus mjukt?

11

Pontus öppnar munnen. Han försöker prata. Men innan han hinner säga någonting hör han en ordentlig smäll. Den här gången kommer det från dörren. Pontus blundar. Då smäller det igen. Han börjar gråta. Efter en tredje smäll hör han snabba fotsteg närma sig. Han känner varma armar krama om honom och kärleksfulla händer torka hans tårar.

"Sådär ja! Vi är här nu. Allt är bra igen ..."

Pontus öppnar ögonen och tittar runt i rummet. Carina tar honom i handen:

en mun, munnar	mouth
att försöka, jag försöker [fösj1-öka]	to try
en gång, gånger	one time, occasion
att blunda, jag blundar	to close one's eyes
att smälla, jag smäller	to bang
att gråta, jag gråter	to cry
tredje	third
ett fotsteg, fotsteg	footstep
att närma sig, jag närmar mig	to come closer
varm	warm
en arm, armar	arm
att krama, jag kramar	to hug
kärleksfull [tj-]	loving
att torka, jag torkar [å]	to dry
en tår, tårar	tears
ett öga, ögon	eye

Varför hänger tavlan här uppe på övervåningen?

"Kom så går vi och lägger oss, Pontus! Du kan sova hos oss i natt."
Pontus säger ingenting men följer med.

Anders ligger redan i sängen igen, men någonting får Carina att
stanna vid dörren. Pontus drar i hennes arm: Han vill sova.

"Oroa dig inte, älskling! Jag lagar dörren i morgon!"

Men det är inte därför Carina står och stirrar på väggen. Varför
hänger tavlan här uppe på övervåningen? Den var väl där nere? Men
Carina är för trött för att tänka på det nu. Dessutom drar Pontus i
hennes arm igen. Hon vill också bara gå och lägga sig.

hos [å]	by, near, *here*: with
att följa, jag följer	to follow
att följa <u>med</u>, jag följer <u>med</u>	to come along
redan	already
att få någon att göra något	to get somebody to do something
att oroa sig, jag oroar mig	to worry
därför	because of this, for this reason
att stirra, jag stirrar	to stare
väl	probably, indeed; wasn't it, doesn't it ...?
dessutom [-åm]	besides, further-more, moreover

Väl

What a wonderful word! This is one of these small words that can add a lot of
flavor and attitude to your sentence, but is also quite hard to handle.

Väl often expresses some kind of wondering or uncertainty and always has a
touch of "question mark" even though it doesn't have to come up in a question.
There are two main ways of using it:

General wondering

Tavlan var väl där nere?
The picture was down there, wasn't it?

A way of giving a command:

Du kan väl stänga dörren.*
You can close the door, can't you?

This is a really tough topic so don't worry if you don't understand it right away. As
with **ju** and **nog** (in chapter 2) I also want to bring your attention to **väl** and make
you curious about this little detail in the Swedish language. Take a look, read
through the texts again and think about the context it appears in.

---

* I wouldn't use this at work etc. – only with people I
know well since it can sound a bit rude otherwise. It is
more polite to ask a question: **Kan du stänga dörren?**

över
över bordet above the table

i/på

The basic meanings here are quite easy: **på** means on and **i** means inside. So if you have a surface like a table, a floor, or the street you use **på**. If you have a space that can contain something, like a trunk or a room, you use **i**.

> Jag sitter på golvet i köket.
> Böckerna är i kistan.

There are also phrases and contexts that don't fit into that logic so you will just have to remember them: for example for buildings or institutions you always use **på**.

> Hon går på bio/café.
> Hon studerar på universitetet.

When something is hanging from or on the ceiling it's always **i taket**.

> Lampan hänger i taket.
> Vindsluckan är dörren i taket.

The following example is not very logical either:

> Jag sitter i soffan.

but:

> Jag sitter på stolen.

Bredvid/vid

Bredvid and **vid** have almost the same meaning, just that **bredvid** means *directly next to*, whereas **vid** can also mean *in the vicinity of*:

> Carina står bredvid Anders.
> Carina stands (directly) next to Anders.
>
> Carina står vid dörren.
> Carina stands at/near the door.

Another way of expressing positions is to say whether something is on the right or on the left side of something. In Swedish you say **till höger om** (*right of*) and **till vänster om** (*left of*).

> Carina står till höger om Anders.

bakom
bakom bordet behind the table

framför
framför bordet in front of the table

under
under bordet under the table

Känslor
Feelings

Nouns

hat

sorg

kärlek

lycka

Adjectives

hatfull
ledsen
kall
tråkig
rädd
orolig
trött
arg
illa

kärleksfull
lycklig
varm
rolig
glad
nöjd
pigg
bra
fin

Also think about verbs to describe emotions:

gråta, le, skratta ...

Rolig/orolig
Be careful with these two: even though they look alike, they are not opposites.
Rolig means *funny*, *amusing* while **orolig** means *worried*, *uneasy*.

Jätte!
You can put it in front of nearly every adjective to intensify the meaning.

jättebra, jättetrött, jättefin, jättetråkig, jättearg, jättevarm ...

Some phrases to express your feelings:

Jag känner mig varm/lycklig/...
Jag är ledsen/rädd (för)/...
Jag mår bra/dåligt.
Jag har ont i halsen/ryggen/...
Jag älskar/gillar/tycker om/hatar ...
Jag oroar mig.
Jag är glad över ...
Det är roligt/tråkigt/...

en känsla, käns-lor [tj-]	emotion
(en) kärlek, kärlekar [tj-]	love
(ett) hat	hate
en sorg, sorger [sårj]	sorrow, misery
(en) lycka	happines, luck
rolig	fun, amusing
glad	happy, glad
nöjd	satisfied, pleased
pigg	awake, lively
hatfull	hateful
kall	cold
tråkig	boring
arg [arj]	angry
dålig	bad, nasty
jätte-	very

Kroppen
The body

Cover the English translations and try to label my body parts correctly. Also use the words you already know (**huvud**, **arm**, **fot**, **hand**, **öga**, **mun**, **hjärta**, **armbåge**, **kind**, **haka**).

en kropp, kroppar [å]	body
en hals, halsar	throat
en rygg, ryggar	back
ett ben, ben	leg
en mage, magar	belly, stomach
ett knä, knän	knee
ett finger, fingrar	finger
ett bröst, bröst	breast
en näsa, näsor	nose
ett hår, hår	hair
ett öra, öron	ear
en axel, axlar	shoulder
en haka, hakor	chin
en tå, tår	toe

Öga och **öra** are a little special because they both have unusual plural forms:

ett öga	ett öra
ögat	örat
ögon	öron
ögonen	öronen

1. Find the opposite.

rolig	framför
under	ner
inne	inget
ledsen	innan
orolig	trött
efter	glad
bakom	tråkig
pigg	lugn
upp	svag
allt	ute
stark	över

2. Fill in the right preposition to complete the phrase.

Gustav intresserar sig ____ att laga mat.

Ni kan väl ta hand ____ era böcker.

Du tar din morfar ____ hand.

Jag är van ____ mina syskon.

De drar ____ mina armar.

Lars kan inte bestämma sig ____ någon färg.

Är något ____ tok?

Barn är ofta rädda ____ smällar.

Hon skakar ____ huvudet.

Linnea springer upp ____ trappan.

3. Rephrase the following sentences beginning with *Du kan väl* ... like this:

Stäng dörren → Du kan väl stänga dörren?

Börja nu!	Ställ lampan på bordet!	Vänta lite!
Lås upp dörren!	Skriv en bok!	Glöm den idén!
Leta efter nycklarna!	Håll koll på pojken!	

4. Pick one person (or more) from the story and describe their feelings and emotions in a few sentences.

Alfred känner sig ...   Pontus mår ...   Carina är ...   Anders känner ...

5. Write down phrases with possessive pronouns like in the example below.

Exempel: kista (du – han): → Är det din kista? – Nej, det är hans kista.

universitet (ni – de)	fotsteg (du – hon)	val (jag – han)
skåp (vi – de)	idé (ni – han)	dator (du – hon)
kudde (jag – du)	farfar (du – de)	husnyckel (de – jag)

6. Retell the story of Alfred and his new family. Use your own words and try to include as many details as possible. Then, try to tell the story to a Swedish friend/teacher without looking at your notes or this book.

12

Pontus ligger fortfarande och sover. För föräldrarna var det en natt med lite sömn: Carina är trött, men Anders är pigg.

Han sover förresten alltid bra och behöver inte ens kaffe på morgonen. Frukosten tar han däremot på stort allvar. Det är så han kommer igång på morgonen. Först tar han fram allt som han behöver från kylskåpet. Det är smör, ost, skinka och ägg; tomater, gurka, paprika och äpplen. Han skivar upp bröd och skär grönsaker och frukt, kokar vatten i två kastruller till äggen och ... kaffet. Men det har han ju inget idag. Det är synd.

Varför hänger den helt plötsligt här nere?

lite	little, not much
(en) sömn	sleep
att behöva, jag behöver	to need
däremot	however
på (stort) allvar	very seriously
att komma, jag kommer	to come
att komma igång	to get going
att ta fram	to take out
som [å]	*here*: that, which
ett kylskåp, kylskåp [tj-]	fridge
(ett) smör	butter
(en) ost, ostar	cheese
(en) skinka, skinkor [sj2-]	ham
en tomat, tomater	tomato
en gurka, gurkor	cucumber
en paprika, paprikor	paprika
att skiva [sj2-], jag skivar	to slice
att skiva upp	to slice up
(ett) bröd, bröd	bread
att skära, jag skär [sj2-]	to cut
en grönsak, grönsaker	vegetable
en frukt, frukter	fruit
(ett) vatten	water
en kastrull, kastruller	saucepan
synd	pity, shame
Det är synd!	What a pity!

Han ställer undan en av kastrullerna igen. Han tar fram juice och mjölk och hämtar ett paket flingor från köksskåpet. Sedan ställer han fram glas till juicen, skålar till flingorna och tallrikar till smörgåsarna. Kniv och gaffel får han inte glömma, och en liten sked till äggen! Han ser hur trött Carina är. Kanske ska han göra en kopp te till henne i stället? Han tar upp en kopp från diskbänken och torkar den med en kökshandduk. Hon sitter där i stolen och tittar in i väggen. Hon ser verkligen trött ut! Sover hon?

Anders: Jag är så ledsen! Jag har inte något kaffe till dig idag, älskling. Går det bra med en kopp te i stället?

Carina: Va? Te? Ja, okej då! Men du ... jag kan inte sluta tänka på den där tavlan!

Anders: Vilken tavla menar du? Jag kokar lite mer vatten då.

Carina: Den med tåget som åker genom ett öppet landskap!

Anders: Jaså den. Ja, den är ju fin. Vill du ha ost eller skinka på din smörgås?

Carina: Vad jag inte förstår, Anders, är det här: Varför hänger den helt plötsligt här nere? Igår var den ju uppe vid sovrummet!

Anders: Är du säker på det? Ehm ... Du kan få en med skinka och tomat och en med ost och gurka. Vad säger du om det?

Carina: Jaja, det blir bra. Men det kommer mer! Lyssna på det här: Tavlan är ju inte ens färdig! Vem hänger upp en sådan tavla?

Anders: Ja du ... men se, där kommer ju Pontus!

en smörgås, smörgåsar	(open) sandwich
en kniv, knivar	knife
en gaffel, gafflar	fork
en sked, skedar [sj2-]	spoon
en kopp, koppar [å]	cup
(ett) te	tea
en diskbänk, diskbänkar	sink
en kökshandduk, kökshanddukar	tea towel
att titta in i väggen	to stare into space ("the wall")
att se ... ut	to look (like) ..., to appear (as) ...
att sluta, jag slutar	to stop
att mena, jag menar	to mean
vilken	which
ett tåg, tåg	train
att åka, jag åker	to go (by vehicle)
genom [jenåm]	through
öppen	open
ett landskap, landskap	countryside, landscape
jaså	I see, aha
plötsligt [-it]	suddenly
säker	sure/safe
att vara säker på något	to be sure about sth.
ehm	um
att lyssna, jag lyssnar (på)	to listen (to)
färdig [-i]	ready, finished
sådan	such

att ställa undan	to put back	ett köksskåp, köksskåp [tj-]	kitchen cabinet	
en juice, juicer [jos]	juice	att ställa fram	to put down, put out	
(en) mjölk	milk	ett glas, glas	(drinking) glass	
ett paket, paket	package	en skål, skålar	bowl	
flingor	cornflakes, cereal	en tallrik, tallrikar	plate	
en flinga, flingor	flake			

Demonstrative pronouns:
den här/den där – denna

Remember that we have indefinite and definite forms for nouns: the difference between indefinite and definite forms is whether we are talking about "any" person (or thing) or about a specific person (or thing). For example:

en **kista** → any trunk   → indefinite
kistan   → a specific trunk/a trunk we already talked about   → definite

If you want to be even more specific you can use **den här** or **den där**.

Var är kistan med mina böcker?
Where is the box with my books?

Menar du den här kistan?
Do you mean this box here?

Nej, jag tror det är den där kistan.
No, I think it's that box (over) there.

As you might have guessed, we use **den/det här** when something is close to us and **den/det där** when the thing we describe is further away. Of course this also works for the plural:

de här **kistorna** – de där **kistorna**

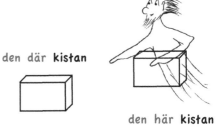

den där **kistan**

den här **kistan**

We call these words *demonstrative pronouns* because you show (demonstrate) which object specifically you are talking about, often even while pointing at it. Since these words are pronouns, you can even drop the noun (**kistan** in this example). The conversation above could go like this:

Var är kistan med mina böcker?
Menar du den här?
Nej, jag tror det är den där!

... and it is still correct because we know that they are talking about the trunk.

There is another even shorter way of saying **den här/där**: **denna/detta/dessa**:

denna **kista**
detta **hus**
dessa **böcker**

The meaning is the same, but this way you don't have the definite article at the end of the word!

Som

Som is a very useful word that can be used in a variety of ways.

First, let's look at how the word **som** can connect two sentences. It is used like the words *that* or *who* in English. It replaces the subject or the object that has been mentioned in the previous sentence.

> Jag hälsar på min mormor. Min mormor är åttiotre år gammal.
> → Jag hälsar på min mormor som är åttiotre år gammal.

In this example, **som** replaces the subject in the second sentence.

> Tavlan är inte färdig. Carina menar (den där) tavlan.
> → Tavlan som Carina menar är inte färdig.

In the second example, **som** replaces the *object* in the second sentence.

The second thing you ought to know about **som**: it tells you what something is like. This works like a comparison in English.

> Anders sover som en sten.
> Han gråter som ett litet barn.

Som can also be used when you want to describe what your profession is.

> Jag arbetar som lärare.

This doesn't mean that you work *like* a teacher but that you work *as* a teacher.

Your choice: vilken, vilket, vilka

Vilken means *which*. Unfortunately we have to take the genders and numbers into consideration:

> Vilken dörr ska du öppna? → utrum
> Vilket hus tycker du om? → neutrum
> Vilka äpplen skulle hon äta? → plural

Få

You've seen the word **få**, but there are two additional meanings that it can have as a modal verb (to read about modal verbs go to chapter 6).

1 Simple verb meaning: ***to get***

> Han får en idé!
> Alfred kan få tag på alla nycklar.
> Någonting får Carina att stanna vid dörren.

2 Modal verb: ***to have to***
This **få** is used if there is some necessity to do something.

> Kniv och gaffel får han inte glömma.
> Du får säga om det blir för mycket.
> Min bror glömde att laga mat. Då får jag väl göra det nu!

3 Notice also that **få** can be an adjective meaning ***few (= not many)***:

> få nycklar – few keys

få   *here*: few

Vi får vänta på tåget.

Frukost

The most important meal of the day

The so-called **smörgås** or **macka** is part of a common Swedish breakfast. There are **smörgåsar** with all kinds of toppings from cheese and ham to fish and paté. Besides soft bread there is also **knäckebröd**, which is a thin and crunchy sort of bread or cracker. Another popular dish for breakfast is Swedish porridge called **gröt**. There are a lot of different kinds of **gröt** (**havregrynsgröt**, **risgrynsgröt**, **rågflingegröt** ...) and it is served plain or with milk, berries, nuts, jam and whatever else you like.

Find the hidden words and use them to write a text about what you eat for breakfast.

en macka, mackor	*slice of bread with different toppings*
ett knäckebröd, -bröd	crispbread
en gröt, grötar	porridge, grout
en havregryns-gröt	porridge (*oatmeal*)
en risgrynsgröt	porridge, rice pudding
en rågflinge-gröt	porridge (*rye*)

K	D	I	S	K	B	Ä	N	K
N	G	R	Ö	N	S	A	K	U
I	A	N	T	B	K	R	Y	L
V	M	H	O	Ä	Å	T	L	J
S	A	P	M	G	L	A	S	Ä
E	T	T	A	G	I	L	K	O
K	S	U	T	E	B	L	Å	S
O	A	M	D	E	C	R	P	K
P	L	F	Ö	V	N	I	Ö	E
P	T	Y	F	R	U	K	T	D
G	A	F	F	E	L	M	J	A

Jag brukar äta ... till frukost.
Till frukost äter jag ...
Kan du ge mig ...
Jag vill ha ... till frukost.
Till frukost lagar jag ...
För att laga frukost behöver jag ...

1. Here you have some items in a cupboard. Fill in the correct prepositions according to the picture.

Äpplet är ____ kastrullen.

Skålen står _____ brödet.

Koppen finns _____ tomaten.

Paprikan är _____ gurkan.

Äpplet ligger _____ ett paket flingor och paprikan.

Allt finns ____ köksskåpet.

Tallriken och ett paket flingor är ____ brödet.

Kökshandduken ligger _____ skeden och till höger om skålen.

2. Here you have some beginnings of sentences with *som*. Try to find a suitable ending. Be creative!

Han sover som …

Min syster jobbar som …

En lärare är någon som …

Denna man ser ut som …

Birger studerar på universitetet i Umeå men arbetar som …

Kvinnan som … har en jättefin trädgård.

Astrid vill bli läkare som …

Han sätter på teven som …

3. Answer the following questions.

Vad ställer Anders fram till frukost?

Vad ställer Anders undan igen?

Vad torkar Anders med kökshandduken?

Var hänger tavlan på morgonen?

Vad ser man på tavlan?

Vad tycker Carina om tavlan?

Hur känner Carina sig?

4. Negate the following sentences with *inte, ingen/inget/inga* or *ingenting* like in the example below.

Jag känner mig mycket bra. → Jag känner mig inte mycket bra.

a) Han har mycket pengar.

b) Oskar har ett fint hus.

c) Mamma och pappa äter smörgåsar med ost och skinka.

d) Det är synd!

e) I kylskåpet finns smör.

f) Mormor har smärtor i ryggen.

g) Jag vill dricka kaffe med mjölk.

5. Put in the right form of the pronouns.

Exempel: Sophia sitter på stolen i köket. Kan du se ___? → Kan du se henne?

a) Jag gillar denna tavla där borta. Ser du ___?

b) Julia ser orolig ut. Varför? Jag måste fråga ___.

c) Lisa och Emil är ute i trädgården och skrattar. Kan du höra ___?

d) Förstår du vad Lukas säger? – Ja, jag förstår ___.

e) Maria och Gustav, ni ser så lyckliga ut. Varför ler ___?

f) Detta är mitt hus. Vad tycker du om ___?

g) Jag känner ___ ! Är du inte Almas dotter?

h) Moritz och Lena, vad säger ___?

6. Vad är klockan? – Klockan är ...

a) 08.00	f) 13.40	k) 03.10	p) 14.00	u) 07.30
b) 22.30	g) 06.00	l) 06.40	q) 09.45	v) 16.50
c) 17.25	h) 09.15	m) 21.00	r) 23.25	w) 10.30
d) 12.00	i) 13.00	n) 15.50	s) 15.30	x) 05.05
e) 21.15	j) 19.00	o) 11.35	t) 08.55	

7. Put in *denna/detta/dessa*.

Vilken smörgås vill du ha? _____ med ost eller _____ med ägg?

Öppna inte det! ____ är mitt paket!

Där borta ligger några gurkor. – ____ är mina!

_____ tavlor är stora.

_____ känsla är mycket bra för alla människor.

Du får inte ha ____ nyckel!

____ tåg är jättevackert!

8. Put in *vilken/vilket/vilka*.

a) _____ hus bor du i?   b) _____ är din telefon?

c) _____ barn är nyfikna?   d) _____ kaffe är gott?

e) _____ jobb vill du ha?   f) _____ pojke menar du?

g) _____ tavlor tycker du om?   h) _____ macka vill du äta?

13

Pontus: God morgon!

Anders: Gomorron Pontus! Här får du lite flingor med mjölk.

Pontus: Så gott! Tack. Vad trött du ser ut, mamma!

Carina: Trött? Så här ser jag alltid ut utan kaffe! Men du Pontus: flyttar du på tavlan hela tiden?

Pontus: Vilken tavla?

Carina: Nej, du är väl för liten för det!

Anders: Kolla grabben, jag har både apelsin- och äppeljuice. Vad vill du ha?

Pontus: Apelsinjuice! Eller nej – kan vi inte blanda?

Anders: Nej Pontus. Vi blandar inte juice i den här familjen.

Pontus: Okej då ...

Carina: Anders. Spelar du ett spratt med mig?

Anders: Va? Vad menar du med det? Vill du ha ett löskokt ägg, förresten? Vattnet kokar nu.

god morgon	good morning
gomorron	good morning (*coll.*)
en grabb, grabbar	boy, youngster (*male*)
en apelsin, apelsiner	orange
äppeljuice	apple juice
apelsinjuice	orange juice
att blanda, jag blandar	to mix
att spela ett spratt med någon, jag spelar	to hoax/pull someone's leg
löskokt	soft-boiled

Vi blandar inte juice i den här familjen.

Då tappar Carina tålamodet. Hon ställer sig upp och går med bestämda steg till tavlan som hänger i hallen nu.

Anders: Vart är du på väg nu då?

Men hon hör inte vad han säger. Hon står vid tavlan och tänker: Vad är förklaringen till det här? En ofärdig tavla i ett hus. Den hänger ibland på övervåningen och ibland på nedervåningen. Kan den bestämma sig någon gång? Mina familjemedlemmar kan man inte lita på. Sonen är uppe mitt i natten och min man lyssnar inte på mig och tänker bara på mat!

Anders: Om du vill ha ett löskokt ägg måste du bestämma dig nu, sötnos!

Hon suckar och fortsätter:

Och allt det här måste jag lösa utan kaffe. Det går ju inte! Jag kan inte stanna i det här huset längre. Jag måste ut en stund. Vart ska jag gå någonstans? Kanske vet Åke någonting om tavlan? Ja, och han har säkert kaffe också! Så får det bli!

Anders: Å nej! Nu är det för sent: de är redan hårdkokta!

Carina: Det gör ingenting, älskling! Jag går till Åke och frågar om han har kaffe. Jag kommer snart tillbaka!

Anders hinner inte säga någonting innan hon stänger dörren.

Anders: Jaha. Då blir det väl bara du och jag, grabben.

Pontus: Då tar jag apelsinjuice!

att tappa, jag tappar	to drop, lose
(ett) tålamod	patience
bestämd	definite, certain, *here*: determined
ett steg, steg	step
vart [-at]	where to
att vara på väg	to be on the way
en förklaring, förklaringar	explanation
ofärdig	unfinished
en medlem, medlemmar	member
en familjemedlem, familjemedlemmar	family member
att lita på, jag litar på	to trust, rely on
att vara uppe	to be up
(en) mat	food
sötnos	sweetie (*lit.* sweetnose)
att lösa, jag löser	to solve
längre	longer (*comparative form of* **länge**)
någonstans	somewhere, anywhere
Så får det bli!	Let's do it like that!
å nej	Oh no!
hårdkokt	hard-boiled
jaha	well then

Adjectives – definite form

In chapters 5 and 7 you learned about adjectives. I told you that their ending depends on the gender and on the number of the noun they describe. Well, really, I wanted to hide the whole, horrible truth from you, but the time has come to tell you: with adjectives, we also distinguish between the *indefinite* and *definite* form.

Let's imagine a nice painting:
> **en fin tavla**

... and if we think of the painting in the family's house it becomes:
> den **fina** tavlan

And for neutral gender and plural it looks like this:
> det **fina** huset
> de **fina** möblerna

Good news: there is only one definite adjective form for every gender and number, and it's always **-a**. In most cases, this is the same as the adjective's plural ending.

As you can see, the article in front of the adjective also changes to either **den**, **det**, or **de**. This form of the article is a *freestanding article*. If you use the definite form of an adjective with your noun, then you have to use a freestanding article as well. You can think of it as embedding the adjective in the phrase. You make a package that always includes three words:
> freestanding article + adjective + noun/article

Whenever you have the adjective in the definite form in front of the noun you have to use the **-a** ending. However, when the adjective is behind the noun it describes, you use the indefinite form (even if the noun is definite). Like this:
> **Tavlan är fin. Den <u>fina</u> tavlan är stor.**
> **Huset är litet. Det <u>lilla</u> huset är gammalt.**
> **Böckerna är gamla. De <u>gamla</u> böckerna är intressanta.**

As always we have an exception to the rule: **liten**, again.

indefinite:	definite:
en **liten** pojke	den <u>lilla</u> pojken
ett **litet** hus	det <u>lilla</u> huset
små pojkar/hus	de <u>små</u> pojkarna/husen

In plural you always use **små**, whether the noun is definite or indefinite. The definite singular is **lilla**.

Annan

Annan has two meanings: *second* and *other*.

> en annan väg another road
> den andra vägen till vänster the second road on the left

These are the forms for **annan**:

> en annan kopp
> ett annat fönster
> många andra koppar/fönster
> den andra koppen ...

Jobb

In general, job titles are used for both men and women (especially the ones that end on **-are**). Words that end on **-ska** are originally for women, but are nowadays sometimes used for male workers as well. For example **sjuksköterska** originally was used only for women, but can nowadays also be used for male nurses.

Read through the following statements and find out what job these people have:
advokat, sjuksköterska, forskare, hantverkare, läkare, lärare, student, konstnär, journalist, gruvarbetare

a) Jag heter Micke och är 24 år gammal. Jag pluggar mycket och hårt på universitetet. Jag studerar till tandläkare och vill tjäna mycket pengar.
> Micke är _____ och studerar till _____ .

b) Mitt namn är Sandra och jag arbetar på universitetet. Just nu arbetar jag med gamla texter från medeltiden. Jag analyserar och översätter dem.
> Sandra är _____ .

c) Jag heter Tom och jag arbetar på ett stort företag. Min uppgift är att hjälpa människor med rättsliga problem. Mina kollegor och jag är specialister på skilsmässor.
> Tom arbetar som _____ .

d) Mitt namn är Julia och just nu jobbar jag deltid på en grundskola. Jag tycker om att arbeta med barn men egentligen vill jag söka ett jobb på en tidning och skriva om politiska teman.
> Julia arbetar som _____ men hon vill bli _____ .

en advokat, advokater [å]	lawyer
en sjuksköterska, sjuksköterskor [sj2uksj2ötesj1ka]	nurse
en forskare, forskare [fåsj1kare]	scientist
en hantverkare, hantverkare	craftsman
en läkare, läkare	doctor
en student, studenter	student
en konstnär, konstnärer	artist
en journalist, journalister	journalist
en gruvarbetare, gruvarbetare	mineworker
att studera till något, jag studerar till	to train as sth./ study sth.
en tandläkare, tandläkare	dentist
att tjäna, jag tjänar	to earn
pengar	money (only pl.)
att tjäna pengar	to earn money
en text, texter	text
(en) medeltid	Middle Ages
att analysera, jag analyserar	to analyse
att översätta, jag översätter	to translate
ett företag, företag	company
en uppgift, uppgifter	task, assignment

Maria

e) Jag heter Maria, är 34 år gammal och jag arbetar på en verkstad. Jag gillar att göra något med mina händer, men det är också ett väldigt hårt yrke och jag har ofta ont i ryggen eller i benen.

Maria arbetar som _____ .

Alice

f) Jag heter fröken solsken men egentligen är mitt namn Alice. Jag arbetar med musik och jag reser runt i världen nästan hela året. Det är skönt att vara fri och kreativ i mitt jobb.

Alice arbetar som _____ .

Sara

g) Mitt namn är Sara och jag arbetar på ett sjukhus. Jag är ansvarig för att vårda sjuka människor och det är en fin erfarenhet att hjälpa dem.

Sara är _____ .

Olof

h) Jag heter Olof och bor i Kiruna. Min arbetsplats är mörk och smutsig. Jag måste alltid ha en hjälm på mig för att jag arbetar med berg och sten. Arbetet börjar redan kl. 6.30 på morgonen.

Olof är _____ .

Vad arbetar du med?

When you ask someone about their job, don't forget the word **med**: the correct question is **vad arbetar du med?**

Read through the job descriptions again and write down a sentence where they are used. Then write a short text about your own or someone else's job using the phrases you learned. Look up new words in a dictionary if you need to.

Jag arbetar som ...	I work as ...
Jag arbetar med ...	I work (with) ...
Jag jobbar/studerar på ...	I work/study at company/university name
Jag arbetar deltid / heltid på ...	I work part-time/full time at ...
Jag studerar till ...	I study to become ...
Jag vill bli ...	I want to become ...
att tjäna pengar	to earn money

en människa, människor [-sj2or]	human being, person
rättslig	legal(ly)
ett problem, problem	problem

en kollega, kollegor	colleague
en specialist, specialister	specialist
en skilsmässa, skilsmässor [sj2]	divorce

deltid	part time
en grundskola, grundskolor	primary school
att arbeta med, jag arbetar med	to work with
att söka, jag söker	to search, look for
en tidning, tidningar	newspaper
politisk	political
ett tema, teman	topic
en verkstad, verkstäder	workshop, atelier
ett yrke, yrke	work
fröken solsken [sj2]	Miss Sunshine
(en) musik	music
en värld, världar	world
fri	free
kreativ	creativ
ett sjukhus, sjukhus [sj2]	hospital
ansvarig	responsible
att vårda, jag vårdar	to nurse, tend
sjuk [sj2]	sick, ill
en erfarenhet, erfarenheter	experience
en plats, platser	space, place
en arbetsplats, arbetsplatser	workplace
smutsig	dirty
en hjälm, hjälmar [j-]	helmet
ett berg, berg [-j]	mountain, rock
en sten, stenar	stone
heltid	full time

1. Change the indefinite form into the definite form.

Ex. en öppen dörr → den öppna dörren

ett hårt arbete

ett bestämt steg

ett mjukt paket

en rädd kollega

fem arga familjemedlemmar

en röd mun

ett dåligt tema

en slö grabb

en trött student

tio fria pojkar

en konstig förklaring

tre svarta hjälmar

2. Write down all adjective forms.

Exempel: kreativ – en pojke, ett barn → en kreativ pojke, ett kreativt barn, kreativa pojkar/barn, den kreativa pojken/det kreativa barnet

gammal – en verkstad, ett tema

vacker – en värld, ett köksskåp

ordentlig – en frukost, ett yrke

snabb – en grabb, ett tåg

liten – en flinga, ett problem

sjuk – en hantverkare, ett hjärta

gul – en tidning, ett papper

3. Answer the following questions.

Vill Pontus dricka apelsin- eller äppeljuice?

Vad pratar Carina om hela tiden?

Vad tänker Anders på?

Vad äter Carina till frukost?

Varför vill Carina hälsa på Åke?

4. Put in the right article (definite or indefinite) or no article at all!

(en familj) Anderson bor i (ett hus). (ett hus) är i Sundsvall. Idag ska de åka (ett tåg) till Abisko. (en familj) vill hälsa på farmor och farfar. (en familjemedlem, pl.) sitter i (ett tåg) och pratar och skrattar. Efter en stund blir det lugnt. Pappa sover, mamma läser (en bok), Emil äter (ett äpple) och Luisa tittar ut genom (ett fönster). De är nästan framme. Här är (ett ljus) så vackert. Luisa ser röda (ett hus, pl.) i landskapet. Plötsligt ser hon något konstigt: (ett hus, pl.) ändrar helt plötsligt (en färg)! Det där (ett, hus) blir rosa, det där (ett hus) blir grönt och (ett hus) där borta blir orange! "Titta! (ett hus, pl.) ändrar (en färg)!" Ingen lyssnar. "Men Luisa, du spelar ju (ett spratt) med oss!" säger mamma. "Jag är helt säker på det, mamma! Tro på mig! Titta!" Men de andra ser inte (ett hus, pl.) med andra (en färg, pl.). På (en kväll) pratar Luisa med farmor om de konstiga (ett hus, pl.). Hon säger: "Jaså! Vad bra! Nu är det inte längre bara jag som ser färgglada (ett hus, pl.)!"

5. Fill in the correct form of the suitable possessive pronoun. Remember to change the adjective ending if necessary.

Exempel: hus (jag), liten → Mitt hus är litet.

bror (du), pigg

hjärta (hon), kall

lärare (de), nöjd

arbetsplats (han), skön

uppgift (vår), intressant

lek (ni), besvärlig

röst (du), stark

finger (jag), smutsig

problem (vår), stor

tänder (ni), svart

14

Man tror på så konstiga saker när man lever. Vad menar man med det: "Tavlan är inte färdig!" En tavla är färdig när konstnären slutar måla. Och jag slutade måla för att jag dog! Det kan man väl förstå?

Hon skyndade sig ut, mamma Carina. Hon förstod inte varför tavlan flyttade på sig hela tiden. Ja ... var det ett spöke, kanske? Men sådant tror man väl inte på som levande människa! Till Åke gick hon. För att få svar. Lycka till med det! Jag undrar vad han har att säga om det här mysteriet! Tror han på spöken?

Anders har kanske en konservativ juicesmak. Men han är en snäll man. Han vaknade tidigt och dukade bordet till frukosten.

att tro på någon/något	to believe in sb./sth.
en sak, saker	thing
att måla, jag målade*	to paint
att dö, jag dör, dog	to die
ett spöke, spöken	ghost
sådant	such a thing
levande	alive, living
ett svar, svar	answer
Lycka till med det!	Good luck with that!
att undra, jag undrade	to wonder, ask oneself
ett mysterium, mysteriet, mysterier, mysterierna	mystery
konservativ	conservative
en juicesmak, juicesmaker	taste in juice
tidig	early
att duka, jag dukade	to set the table

* Starting with this chapter we will write the *preteritum* form instead of the present tense form for the regular verbs. You will find explanations on this on page 103.

Anders har kanske en konservativ juicesmak.

Han ställde fram porslin och bestick. Han skivade upp bröd och skar frukt och grönsaker. Till och med kastruller tog han fram. Helt i onödan. Carina drack inget te och hon lämnade honom alldeles ensam med de hårdkokta äggen! Och efter allt det där tog han hand om disken – helt utan att klaga!

Efter frukosten lagade han dörren med en gång. Den gick ju sönder igår. Och när han var färdig med det sa han till Pontus: "Hämta en hammare och en skruvmejsel så ska jag visa dig hur man sätter ihop en fåtölj!" Pontus hämtade verktygen, och han stod där och tittade på en stund. Men det tog inte så lång tid innan han tappade intresset för möbler och renovering. Det kan jag förstå! När Anders gick och letade efter den där gröna färgen kunde Pontus smyga iväg på äventyr igen. Och det är ju inte så farligt längre. Nu när jag har alla nycklar.

(ett) porslin, porsliner	china
ett bestick, bestick	cutlery, silverware
i onödan	unnecessary, unnecessarily
alldeles	entirely
en disk, diskar	dish, dishes
att klaga, jag klagade	to complain
att laga, jag lagade	to fix
sönder	broken
att gå sönder	to break
en hammare, hammare	hammer
en skruvmejsel, skruvmejslar	screwdriver
att visa, jag visade	to show
en fåtölj, fåtöljer	armchair
ett verktyg, verktyg	tool
ett intresse, intressen	interest
en renovering, renoveringar	renovation
en färg, färger [-j]	colour, *here*: paint
att smyga, jag smyger, smög	to sneak
iväg	away
ett äventyr, äventyr	adventure
farlig	dangerous

It's in the past (tense)

Let's talk about the simple past tense, or *preteritum* in Swedish. Fortunately, like in present tense, verbs in the preteritum only have a single form each:

jag gick, du gick, han/hon gick, vi gick, ni gick, de gick

That was the good news – now for the bad news. How do you figure out what the *preteritum* form for a given verb is? The verb may be irregular – then you can't figure it out at all, you just have to know it. Here is a list of irregular verbs which you have already learned (in the order of appearance in this book):

att komma, jag kommer, jag kom
att sitta, jag sitter, jag satt
att vara, jag är, jag var
att le, jag ler, jag log
att vilja, jag vill, jag ville
att ha, jag har, jag hade
att bära, jag bär, jag bar
att sova, jag sover, jag sov
att kunna, jag kan, jag kunde
att veta, jag vet, jag visste
att ligga, jag ligger, jag låg
att förstå, jag förstår, jag förstod
att få, jag får, jag fick
att gå, jag går, jag gick
att sätta, jag sätter, jag satte
att ta, jag tar, jag tog
att bli, jag blir, jag blev
att fortsätta, jag fortsätter, jag fortsatte
att se, jag ser, jag såg
att säga, jag säger, jag sa/sade
att stå, jag står, jag stod

att ge, jag ger, jag gav
att heta, jag heter, jag hette
att störa, jag stör, jag störde
att låta, jag låter, jag lät
att göra, jag gör, jag gjorde
måste, jag måste, jag var tvungen att*
att äta, jag äter, jag åt
att dricka, jag dricker, jag drack
att skola, jag ska, jag skulle
att böra, jag bör, jag borde
att hålla, jag håller, jag höll
att lägga, jag lägger, jag la/lade
att falla, jag faller, jag föll
att springa, jag springer, jag sprang
att stiga, jag stiger, jag steg
att skriva, jag skriver, jag skrev
att hinna, jag hinner, jag hann
att dra, jag drar, jag drog
att slå, jag slår, jag slog
att gråta, jag gråter, jag grät
att skära, jag skär, jag skar

> Be careful not to confuse these:
> **sätta – sitta** and **lägga – ligga**
> - sätta – sätter – satte
> - sitta – sitter – satt
>
> - lägga – lägger – lade/la
> - ligga – ligger – låg

---

* The past tense of **måste** is no longer in use. Instead use **var tvungen att**.

If the verb is regular, there are three possible endings.

-de

> att prata, jag pratar, jag pratade
> att stänga, jag stänger, jag stängde

Most verbs belong to this group. It includes all verbs that have the present tense ending **-ar** and verbs that end in a soft consonant (**d, b, l, n, m, g, r, v, j**).

-te

> att tänka, jag tänker, jag tänkte

This group includes all verbs that end in hard consonants (**f**, **k**, **p**, **t**, **s**, **x**).

-dde

> att bo, jag bor, jag bodde

This group includes short verbs that have the present tense ending **-r** and end in a vowel.

As you see, the ending for all regular verbs is some form of **-d(d)/t + e.**
However, it would be a good idea to learn the *preteritum* for every single verb – even for the regular ones. In the word lists, we will include the *preteritum* form and omit the present tense form, which is easy to detect: when the *preteritum* ends in **-ade**, the present tense ends in **-ar.**

There is also a little writing rule: You should avoid writing three consonants in a row when there is a double **m** or **n**. So instead of ~~jag kännde~~ or ~~jag glömmde~~ we write **jag kände** and **jag glömde**. However, it's **ställde**, **smällde** or **byggde** with other consonants.

-te

att lyfta, jag lyfter, jag lyfte
att tänka, jag tänker, jag tänkte
att låsa, jag låser, jag låste
att sträcka ut (handen), jag sträck-
   er ut, jag sträckte ut
att läsa, jag läser, jag läste
att blåsa, jag blåser, jag blåste
att släcka, jag släcker, jag släckte
att resa, jag reser, jag reste
att väcka, jag väcker, jag väckte
att tycka, jag tycker, jag tyckte
att hjälpa, jag hjälper, jag hjälpte
att märka, jag märker, jag märkte
att försöka, jag försöker, jag för-
   sökte
att åka, jag åker, jag åkte
att lösa, jag löser, jag löste
att söka, jag söker, jag sökte

-dde

att bo, jag bor, jag bodde
att må, jag mår, jag mådde
att tro, jag tror, jag trodde
att nå, jag når, jag nådde
att bete sig, jag beter mig, jag
   betedde mig
att klä på sig, jag klär på mig, jag
   klädde på mig

-de

att titta, jag tittar, jag tittade
att öppna, jag öppnar, jag öppnade
att ställa, jag ställer, jag ställde
att höra, jag hör, jag hörde
att prata, jag pratar, jag pratade
att passa, jag passar, jag passade
att hänga, jag hänger, jag hängde
att känna, jag känner, jag kände
att knacka, jag knackar, jag knackade
att ropa, jag ropar, jag ropade
att skynda, jag skyndar, jag skyndade
att stanna, jag stannar, jag stannade
att svara, jag svarar, jag svarade
att glömma, jag glömmer, jag glöm-
   de
att peka, jag pekar, jag pekade
att vinka, jag vinkar, jag vinkade
att gilla, jag gillar, jag gillade
att leta, jag letar, jag letade
att kolla, jag kollar, jag kollade
att hitta, jag hittar, jag hittade
att hälsa (på), jag hälsar, jag hälsade
att skratta, jag skrattar, jag skrattade
att börja, jag börjar, jag började
att presentera, jag presenterar, jag
   presenterade
att viska, jag viskar, jag viskade
att knuffa, jag knuffar, jag knuffade
att träffa, jag träffar, jag träffade
att hitta, jag hittar, jag hittade
att behöva, jag behöver, jag behövde
att packa upp, jag packar upp, jag
   packade upp

att jaga, jag jagar, jag jagade
att leva, jag lever, jag levde
att arbeta, jag arbetar, jag arbetade
att jobba, jag jobbar, jag jobbade
att ha, jag har, jag hade
att intressera sig, jag intresserar mig,
   jag intresserade mig
att fråga, jag frågar, jag frågade
att stämma, jag stämmer, jag stämde
att koka, jag kokar, jag kokade
att älska, jag älskar, jag älskade
att handla, jag handlar, jag handlade
att vänta, jag väntar, jag väntade
att knaka, jag knakar, jag knakade
att bruka, jag brukar, jag brukade
att pussa, jag pussar, jag pussade
att studera, jag studerar, jag stude-
   rade
att fundera, jag funderar, jag funde-
   rade
att stänga, jag stänger, jag stängde
att bestämma sig, jag bestämmer
   mig, jag bestämde mig
att hämta, jag hämtar, jag hämtade
att klättra, jag klättrar, jag klättrade
att föra, jag för, jag förde
att flytta, jag flyttar, jag flyttade
att ändra på, jag ändrar på, jag änd-
   rade på
att hata, jag hatar, jag hatade
att klättra upp, jag klättrar upp, jag
   klättrade upp
att hända, jag händer, jag hände

att fixa, jag fixar, jag fixade
att laga, jag lagar, jag lagade
att borsta, jag borstar, jag borstade
att landa, jag landar, jag landade
att vända sig om, jag vänder mig om,
   jag vände mig om
att tala, jag talar, jag talade
att vakna, jag vaknar, jag vaknade
att sucka, jag suckar, jag suckade
att skaka, jag skakar, jag skakade
att blunda, jag blundar, jag blundade
att smälla, jag smäller, jag smällde
att närma sig, jag närmar mig, jag
   närmade mig
att krama, jag kramar, jag kramade
att torka, jag torkar, jag torkade
att följa, jag följer, jag följde
att oroa, jag oroar, jag oroade
att stirra, jag stirrar, jag stirrade
att skiva, jag skivar, jag skivade
att sluta, jag slutar, jag slutade
att mena, jag menar, jag menade
att lyssna, jag lyssnar, jag lyssnade
att blanda, jag blandar, jag blandade
att spela, jag spelar, jag spelade
att tappa, jag tappar, jag tappade
att lita på, jag litar på, jag litade på
att tjäna, jag tjänar, jag tjänade
att analysera, jag analyserar, jag
   analyserade
att vårda, jag vårdar, jag vårdade

Countries, adjectives, and languages

Languages are usually written like the plural adjective form, with a few exceptions: **latin**, **esperanto** etc.

Exempel:

        I Italien pratar man italienska.

Men:

        Bilen är italiensk.
        The car is Italian.

Connect the suitable languages (on the right) with the countries (on the left).

Sverige	**engelska**
Grekland	**danska**
Brasilien	**norska**
Kanada	**franska/tyska/italienska**
Danmark	**portugisiska**
Turkiet	**polska**
Schweiz	**ryska**
Storbritannien	**italienska/latin**
Österrike	**finska/svenska**
Ryssland	**spanska**
Argentina	**isländska**
Polen	**turkiska**
Island	**tyska**
Vatikanstaten	**grekiska**
Norge	**franska/engelska**
Finland	**svenska**

1.

a) Read through the text again and mark all the past tense forms you find. Then write down the infinitive and present tense forms for these verbs.

b) Mark the past tense forms that look very different from their infinitive (i.e. that are irregular). Learn these forms together!

2. Fill in the missing forms like the example in the first row.

Infinitive	Present tense	Past tense
att göra	*jag gör*	*jag gjorde*
att se		
		jag hette
	jag tar	
		jag ville
	jag måste	
	jag faller	
att få		
		jag satte
		jag förstod
	jag hinner	
		jag visste
att ge		

3. Ask for the words that are underlined.

Exempel: Pontus går till skolan. → Vart går Pontus?
Han pratar med Oskar som bor på Stockholmsgatan.
Sandra studerar till läkare i Stockholm.
Jag vill äta flingor med mjölk till frukost.
Han arbetar på en tidning.
Hon arbetar med barn på sjukhuset.
Man tjänar mycket pengar som advokat.
Som gruvarbetare måste man stiga upp redan kl. fem.
Jag vill bli forskare på universitetet.
Jag ska träffa Siri på bio.

4. Answer the following questions.

Vem målade tavlan?
Vad gör Anders när Carina är hos Åke?

Vad ställer Pontus till med?
Tror du på spöken? Varför? Varför inte?

5. Flags, countries and colors: What colors do these flags have?
Find the correct nation, use the definite form (it's "the" Italian flag) and
remember to put the adjective into the correct form.
en flagga = a flag
Exempel: Den svenska flaggan är blå och gul.

irländsk – norsk – grekisk – italiensk – tysk – sydafrikansk – österrikisk

15

Fast man vet ju inte vad Pontus kan ställa till med! För säkerhets skull såg jag till att sysselsätta honom. Och det var inte så lätt! Han gick och undersökte min vindslucka igen. Jag gillar inte det! Men då fick jag en idé: Jag tände ljuset i hans rum, och det fångade hans intresse. Han var däremot inte rädd den här gången. Man såg på honom att han var lite överraskad. Han tittade omkring och förstod till slut att rummet var tomt. Då släckte han ljuset och gick ut igen. Men då var jag redan på väg till köket för att sätta på vattnet! Det hörde han och följde snabbt efter. Medan han stängde av kranen hällde jag upp ett glas juice åt honom. "Då stannar han kanske i köket!", tänkte jag.

Tyvärr kom Carina hem precis då. "Vid den här tiden ska du inte ha juice!" sa hon och tog glaset ur hans hand. Stackars pojke!

Då släckte han ljuset och gick ut igen.

fast	although
(en) säkerhet	safety
för säkerhets skull	for safety's sake
att se till att + *infinitiv*	to see to/make sure that
att sysselsätta (någon), jag sysselsätter, sysselsatte	to keep (someone) busy
lätt	easy/light
att undersöka, jag undersökte	to examine, investigate
att tända, jag tände	to light, strike (a match)
att fånga, jag fångade	to catch
att se på någon att	to see in sb. face that, *lit.* "see on someone that..."
till slut	eventually, finally
tom	empty
att vara på väg till ...	to be on the way to ...
att följa efter, jag följde efter	to follow
medan	while
att stänga av, jag stängde av	to turn off
en kran, kranar	tap, water faucet
att hälla upp, jag hällde upp	to pour
åt	for, at, towards
tyvärr	unfortunately, sadly
precis	precise(ly), *here:* just
ur	out of
Stackars pojke!	Poor boy!

Han var säkert törstig efter äventyret! Hon ställde undan glaset och satte på kaffebryggaren. Då kom Anders in i köket och började prata om möbler och om den nya färgen på arbetsrummet. Carina berättade om besöket hos Åke som jobbar som chef i gruvan. "Kanske är det ett bra jobb för dig?" föreslog hon "de behöver alltid folk". Själv intresserade hon sig för en anställning på lokaltidningen. Hon ville så gärna börja skriva igen! Anders skulle precis börja prata om arbetsrummet när han såg juiceglaset.

"Vad törstig jag är!" sa han glatt och drack upp juicen. Det gick verkligen jättesnabbt! Och det smakade säkert gott också, då det var en blandning av apelsin- och äppeljuice. Vuxna människor! De tänker bara på arbete och märker inte ens vad de dricker för juice. De missar så mycket här i världen. Vilken tur att de har ett barn som kan se. Det var ju faktiskt Pontus som upptäckte det magiska ikväll:

"Mamma, pappa! Kolla! Det är en grön lampa i himlen!"

törstig	thirsty
en kaffebryggare, kaffebryggare	coffee maker
att berätta, jag berättade	to tell
en chef, chefer	boss
en gruva, gruvor	mine
att föreslå, jag föreslår, föreslog	to suggest
en anställning, anställningar	employment, position
en lokaltidning, lokaltidningar	local paper
ett juiceglas, juiceglas	glass of juice
att dricka upp, jag dricker upp, drack upp	to drink up
att smaka, jag smakade	to taste
en blandning, blandningar	blend, mixture
vuxen	grown-up, adult
ett arbete, arbete	work
att missa, jag missade	to miss
vilken tur att ...	how fortunate that ...
faktisk	actual(ly)
att upptäcka, jag upptäckte	to discover
magisk	magical
en himmel, himlar	sky, heaven

I and *på*

Look at the difference between **i** and **på** in the following expressions:

på natten = at night (in general)
i natt = this night

på kvällen = in the evening (in general)
i kväll = tonight

på dagen = during the day
i dag = today

Som again

There is one more very useful Swedish expression with **som**. We use it if we want to stress a meaning or word.

> Det var ju faktiskt Pontus som upptäckte det magiska ikväll.

The basic form is **det var/är** + (word you want to stress) + **som** ...

In this sentence we want to stress the word **Pontus**.

:::
Top question for grammar nerds!

> Det är något magiskt med norrsken.

Why do we use the neutral form **magiskt** here?
To answer this question, you must find out which word **magiskt** describes.
Obviously this is **något**. Since **något** is neutral, we must use **magiskt**.
:::

Musik!

Det finns många väldigt bra svenska musiker som är kända i hela världen. Du vet kanske inte ens att några av dem är från Sverige: ABBA, Roxette, Ace of Base, Avicii, Mando Diao, The Cardigans, Johnossi, Swedish House Mafia och många fler. Artister som är kända internationellt sjunger ofta på engelska men ibland har de några låtar på svenska.

Naturligtvis finns det också artister som bara sjunger på svenska. De är ofta särskilt berömda i Sverige och inte så kända i andra länder.

En av de första svenska musikerna var poeten och sångaren Carl Michael Bellman. Han levde på 1700-talet och sjöng på en svenska som är svår att förstå nuförtiden. Vissamlingen *Fredmans epistlar* är allmänt känd även idag. Svenska musiker som är populära idag är till exempel: Lisa Ekdahl, MOVITS!, Sabaton, Ted Gärdestad, Veronica Maggio, Linnea Henriksson, Håkan Hellström, Little Marbles, Laleh, Kent ...

De här namnen är bara några exempel på den stora svenska musikscenen. Men

många	many
en musiker, musiker	musician
känd	known
Sverige	Sweden
en artist, artister	artist, musician
internationell	international
att sjunga, jag sjunger, sjöng [sj2]	to sing
en låt, låtar	song
naturligtvis	of course
svenska	Swedish (language)
särskilt [sj2]	specially
berömd	famous
en land, länder	country
en av de första	one of the first
en poet, poeter	poet
en sångare, sångare	singer
1700-talet	18th century (1700-1799)
svår	heavy/difficult
nuförtiden	nowadays
en vissamling, vissamlingar	song collection
Fredmans epistlar	*wellknown song collection by Bellmann*
allmänt	in general
även	even, yet
populär	popular
till exempel	for example
en musikscen [-sen], musikscener	music scene

de kan vara en bra utgångspunkt: kanske hittar du något som du tycker om?

Att sjunga a cappella eller i en kör har en lång tradition i svensk kultur. Den så kallade allsången är en populär aktivitet i Sverige. Det går till så att en stor grupp människor sjunger tillsammans, nästan som i karaoke. På nätet finns en massa videor med låtar och texter för allsång. Band som *The Real Group* eller *Riltons Vänner* är bra exempel på en lång svensk tradition av att sjunga a cappella.

en utgångs-punkt, utgångs-punkter	starting point
a cappella	a cappella
en kör, körer	choir
en tradition, traditioner [sj2]	tradition
svensk	Swedish
en kultur, kul-turer	culture
så kallad	so-called
en allsång, allsånger	*(Swedish) public singing*
en aktivitet, aktiviteter	activity
at gå <u>till</u>	to work, to function
en grupp, grup-per	group
(en) karaoke	karaoke
ett nät, nät	internet
en massa, massor	mass, bulk
en video, videor	video clip
ett band, band	band, music group

Pro tip to learn Swedish:

Listen to Swedish music! It can help you remembering words and the correct pronunciation more easily and is also a lot of fun.

First find some Swedish song you enjoy listening to and try to understand something without looking at the lyrics.

Then read through the text, try to sing along and learn it by heart.

Write down and look up words that are new to you. Also listen closely to your own pronunciation.

1. Rephrase the following sentences stressing the underlined word.

Ex.: _Pontus_ flyttar på tavlan. → _Det är Pontus som flyttar på tavlan._

Anna äter flingor till frukost.

Läkaren tjänar mycket pengar.

Mamma väcker Paul kl. 7.

Men Susi vaknar kl. 6.30.

Fönstret knakar och inte dörren.

Mormor hälsar på mig sent på kvällen.

Gråter du?

2. Answer the following questions.

Vad gör Alfred för att sysselsätta Pontus?

Varför gör Alfred det?

Kan Pontus se Alfred?

Vad gjorde Anders hela dagen?

Vilka jobb pratar Carina om?

Vad arbetar Åke med?

Vad tycker Anders om juicen?

Vad är den gröna lampan i himlen?

3. Here you have a dialogue of two friends talking about their families. Put in the right pronouns.

- Hur gammal är ____ mamma?
- ____ mamma är bara 64, men ____ mormor, _____ mamma, är redan 93 år gammal.
- Vadå, _____ mormor lever fortfarande?! _____ tyvärr inte. Inte _____ farmor heller. Men Eriks mormor är redan 97 och är dessutom väldigt pigg!
- Är Erik ____ man?
- Just det!
- Har ____ barn?
- ____har tre barn, Anna, Julia och Sven. Och ____ ?
- Nej, ___ har inga barn, men ____ är faster till två söta pojkar. ____ bror och _____ fru är _____ grannar, så jag ser _____ barn ganska ofta.

4. Put the words in brackets in the past tense form.

Han (att sätta) på teven.

Veronika och Fred (att bo) i Sundsvall.

Hon (att sitta) på stolen vid bordet.

Det (att vara) redan sent. Jag (att gå) och (att lägga) mig.

Vi (att äta) bröd med skinka till frukost.

(att ligga) du i sängen eller på soffan?

Jag (att veta) inte det!

(att dricka) du kaffe eller te?

Barn (att springa) runt i trädgården.

Han (att fortsätta) att läsa i boken.
Hon (att bli) läkare till slut.

5. Find out in which rooms the family members live. It's helpful to use the house below to write down what you already know or can guess.

- Huset har sex rum på två våningar och en vind. Tre människor och ett spöke bor i huset.
- Ingen bor ovanför Alfred.   **ovanför**   above, over
- Mamma och pappa till Pontus har sovrummet till höger om badrummet på övervåningen.
- Under Carinas och Anders sovrum finns deras arbetsrum.
- Pontus rum är under Alfreds vind men inte bredvid föräldrarnas sovrum. Mellan Pontus och föräldrarnas sovrum finns badrummet. Alfreds vind är över badrummet och sovrummen.
- Mellan arbetsrummet och köket är vardagsrummet.
- Köket finns under Pontus rum.

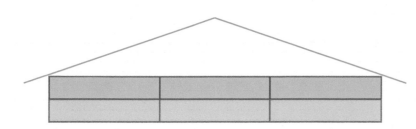

6. Write about what Pontus thinks of the things happening today. Maybe start with:
Idag hände något konstigt: Först ...

16

Det är något magiskt med norrsken. Det lyser så vackert! Var det inte norrsken förra gången jag stod här framför tavlan, förresten? Ja, så var det. Och på den tiden var jag lokförare! Det var spännande att resa, men tyvärr kom jag inte så långt. Jag jobbade bara på tåg som gick mellan Boden och Riksgränsen. Och när jag inte jobbade var jag hemma och målade. Just den kvällen stod jag här och målade ett tåg som försvann genom ett vackert vinterlandskap. Jag längtade bort. Fast nu är det väl för sent att upptäcka världen. Jag sitter fast i det här huset. Det är synd.

Kanske har Carina rätt trots allt? Tavlan är ju inte riktigt färdig. Ska jag ta chansen att måla färdigt den? Det finns ju lite grön färg och de

ett norrsken, norrsken [nårr-sj2en]	northern lights, aurora borealis
att lysa, jag lyser, lyste/lös	to shine
förra gången	last time
en lokförare, lokförare	train driver, locomotive engineer
spännande	exciting
Boden	*city in northern Sweden*
Riksgränsen	*village in northern Sweden at the Norwegian border; lit. border of the empire*
att försvinna, jag försvinner, försvann [-sj1]	to vanish
att längta, jag längtade	to long for
fast	firm, tight, fixed
trots allt [å]	in spite of everything, after all
riktig	right, *here:* properly
en chans, chanser [sj2-]	chance

Tavlan är ju inte riktigt färdig.

är nog ute och tittar en stund till ... Vad är det som lyser där borta i spegeln, förresten? Men vänta lite: Det är ju jag! Vad gammal jag ser ut! Är det norrskenet som gör att jag lyser? Nu vet jag: Jag målar in mig själv i tavlan! Sådär ja! En pensel, doppa den i färgen ... Jag vill så gärna sitta på ett tåg igen. Om jag blundar och tänker på det riktigt ordentligt så kanske, kanske ... Ja, nu känner jag vinden i mitt hår. Som när jag satt i loket med öppet fönster. Vilka underbara minnen. Jag vill inte öppna ögonen. Jag vill vara kvar här på tåget.

Men allvarligt talat! Är dörren öppen? Det blåser ju så! Tänk om någon kommer in och ser mig nu. Det är nog bäst om jag gömmer mig. Nej men! Jag tror inte mina ögon. Det kan inte vara sant! Inte ens ett spöke tror på sådan magi. Jag är verkligen i tavlan. Jag sitter här på tåget. Vad betyder det här? Tänk om någon tar med sig tavlan när de reser. Då följer jag ju med! Fast vem reser med en gammal tavla? Nej, jag sitter nog fast i det här huset för evigt ...

en spegel, speglar	mirror
en pensel, penslar	paintbrush
att doppa, jag doppade	to dip, plunge
att sitta, jag sitter, satt	to sit
ett lok, lok	locomotive
underbar	wonderful
ett minne, minnen	memory
allvarligt talat	serious(ly), *lit.* seriously spoken
att gömma, jag gömde	to hide
nej men!	*expression of surprise or astonishment*
sann	true
(en) magi	magic

Cargo train for transportation of ore at the station in Riksgränsen, 1903
Photo: Oscar Halldin

How to link sentences

Here are some useful linking words:

när (when)

>   Man tror på så konstiga saker när man lever.

om (if)

>   Ni kan komma till mitt hus om ni behöver hjälp med någonting.

för att (because)

>   Och jag slutade måla för att jag dog!

innan (before)

>   Anders hinner inte säga någonting innan hon stänger dörren.

Like **om** or **för att**, there are many words and phrases that have more than one meaning. Learn all of the different meanings and be prepared! Often the particular meaning will only be clear in a certain sentence and context.

Och, **eller** and **men** also connect sentences. However there is a difference between these three and the other ones. You will learn more about this in chapter 19.

Mycket/många

When things are countable, we use **många**.
When things are uncountable, we use **mycket**.

We cannot count water, music, coffee, or work, so we would say:

>   mycket vatten
>   mycket musik
>   mycket kaffe
>   mycket arbete

But we can count glasses (of water), sandwiches etc., so we would say:

>   många glas vatten
>   många smörgåsar
>   många kaffebryggare
>   många uppgifter

Hobby och fritid

Assign the verbs to the relevant category. Cover the English translations first.

musik

dator

konst

att simma   att teckna
att cykla
att spela piano/gitarr/...
att träffa vänner
att måla
att sticka
att pyssla
att vandra
att spela fotboll
att spela datorspel   att campa

att rida
att träna
att gå på bio/konsert
att lyssna på musik
att titta på teve
att slappna av
att springa
att sjunga
att dansa   att sy

slöjd

natur

sport

mys

Vad gör du på din fritid?

Jag tycker (inte) om. att ... + VERB
Jag gillar att ... + VERB
   = I (don't) like to ... + VERB

Jag tycker (inte) om ... + NOUN
Jag gillar ... + NOUN
   = I (don't) like ... + NOUN

Now write a letter to a friend telling her what your plans for the next weekend are. Try to include as many activities as possible using the phrases above.

(en) fritid	spare time
en sport, sporter	sport, exercise
att simma, jag simmade	to swim
att cykla, jag cyklade	to ride a bike
att rida, jag rider, red	to ride a horse
att träna, jag tränade	to train, to work out
att spela fotboll [fotbåll]	to play soccer
en slöjd, slöjder	handcraft
att sticka, jag stickade	to knit
att sy, jag sydde	to sew
att pyssla, jag pysslade	to do arts and crafts
(en) natur	nature
att vandra, jag vandrade	to hike
att campa, jag campade	to go camping
att dansa, jag dansade	to dance
en gitarr, gitarrer	guitar
en konst, konster [å]	art
att teckna, jag tecknade	to draw
ett datorspel, datorspel	computer game
(ett) mys	cosiness
att slappna av, jag slappnade av	to relax
en konsert, konserter [å]	concert
på din fritid	in your free time

1. *Att* or not?

Jag tycker om ____ rida.

Tycker du om ____ ditt arbete som journalist?

Ni gillar ____ människor som gör allt ni vill.

Lisa gillar ____ arbeta som konstnär.

Linnea tyckte om ____ pussa Linus på munnen.

De gillar ____ naturen.

Tycker du om ____ allsång?

Jag gillar ____ slappna av med en god bok på kvällarna.

2. Put the following text into the past tense and fill in the correct verb forms. Careful: some of the gaps need infinitive forms.

På morgonen _____ (att stiga upp) jag _____ kl. 5. Jag ____ (att vara) vaken näs-
tan hela natten! Det ____ (att bo) en familj här också och jag ____ (att måste) ____
(att vara) tyst och försiktig här på vinden. Men förr ____ (att ha) jag hela huset för
mig själv! Föräldrarna _____ (att stiga upp) kl. 7. Pappan ____ (att fixa) frukost och
mamma _____ (att sitta) bara där. Barnet _____ (att sova) en timme till! ____ (att
måste) han inte _____ _____ (att gå) till skolan? Barn ____ (att vara) inte så slöa
på min tid! Därefter ____ (att äta) de frukost tillsammans och jag ____ (att vara)
fortfarande här uppe. Kl. 10 ____ (att gå) mamman till arbetsrummet och pappan
och sonen _____ (att klä på sig) och _____ (att lämna) huset och mig i
fred. Då ____ (att kunna) jag _____ (att kolla) läget i huset och _____ (att titta) på
tavlan i vardagsrummet. Kl. 13 _____ (att äta) kvinnan lunch. Sedan _____ (att sitta)
hon i rummet igen med böcker och papper och _____ (att skriva). Kl. 16 på efter-
middagen _____ (att komma) pappan och sonen hem. Det _____ (att vara) tumult
igen! Barnet _____ (att springa runt) i huset och _____ (att prata) med sig själv. Och
mannen? Han _____ (att laga) mat! Kvinnan _____ (att arbeta) och han ____ (att
laga) mat! De _____ (att äta) middag kl. 19 och efter det _____(att måste) barnet
_____ _____ (att borsta) tänderna och _____ (att gå) och ____ (att lägga) sig.
Föräldrarna _____ (att sitta) kvar i vardagsrummet och _____ (att läsa) eller ____ (att
prata). De ____ (att gå) och _____ (att lägga) sig kl. 22 på kvällen. Då _____ (att vara)
det äntligen lugnt igen.

3. Put the words in plural and sort them to *mycket* and *många*.

Exempel: pensel → många penslar

juice, chef, lok, magi, gitarr, kärlek, musik, pengar, text, smör, sömn, lycka, huvud,
röst, foto, dag

4. Fill in the right linking word: *när, för att, om, innan.*

Jag hjälper dig ____ du vill.

Mamma stänger av teven _____ hon går och lägger sig.

Alfred behöver många färger _____ måla en vacker tavla.

Astrid tyckte om att gå till skolan _____ hon var barn.

Jag lyssnar på svensk musik _____ lugna ner mig.

5. Write about your own daily routine or invent a crazy routine. Make sure to answer the questions below.

Var bor du?

När stiger du upp?

Vad gör du på morgonen?

Vad arbetar du med?

Vad äter du?

Vad gör du på din fritid?

6. Put in the right modal verb.

Vilken tur att läraren inte _____ se mig.

Stackars pojke! Någon _____ hjälpa honom!

Du _____ inte glömma dina böcker!

Jag _____ verkligen inte gå och lyssna på någon tråkig konsert!

Luise _____ Hanna att hjälpa henne med att flytta.

Vad _____ du göra i morgon? – Lycka till med det!

Du _____ gå och campa med mig en gång. Det är så jätteroligt!

Det ser ut som en grön lampa på himlen! Det _____ vara norrsken.

Du _____ äta mycket frukt och grönsaker säger läkaren.

7. Answer the following questions.

Vad är norrsken?

Vilket jobb hade Alfred?

Vad gjorde Alfred på fritiden?

Vad ser Alfred i spegeln?

Vad betyder verbet "att blunda"?

Hur kommer Alfred in i tavlan?

17

Kiruna, 1976

Pontus står och väntar vid den stora vägen bakom Åsas hus. De brukar träffas där på morgonen när de ska gå till skolan tillsammans. Han står där ensam ett tag och tittar på ett par träd som är lite underliga. De är mycket mindre än andra träd i landet. Stammarna är mycket tunnare och växer inte rakt upp, utan böjer sig till höger och till vänster. "Vad är skillnaden mellan ett träd och en buske?" frågade läraren i skolan en gång. Träd är större än buskar och de har en annan form. Idag ska det däremot inte handla om norra Sveriges natur, utan om Kirunas historia. Vem grundade staden och varför? När hände detta och vad är staden känd för? Alla elever ska ta med sig något till skolan. Carina tyckte att tavlan passade alldeles utmärkt. Den visar ju ett tåg, och tågtrafiken är väldigt viktig för staden. Men det är en sak med tavlan som oroar Pontus, och det är den gröna gubben. Vad ska han säga om honom? Han hoppas att ingen frågar i skolan.

Åsa: "God morgon, Pontus! Vad är det där?"

Pontus: "Hej! Det här? Det är bara en tavla. En helt vanlig tavla."

De brukar träffas där på morgonen när de ska gå till skolan tillsammans.

ett tag, tag	moment
ett par, par	pair, couple
ett träd, träd	tree
underlig	odd
mindre än ...	smaller than ...
en stamm, stammar	(tree) trunk/stem
tunn	thin
att växa upp, jag växte upp	to grow (up)
rak	straight
utan	but instead *(see grammar explanation)*
att böja, jag böjde	to bend, bow
en skillnad, skillnader [sj2]	difference
en buske, buskar	bush
större	bigger *(comparative of* **stor***)*
en form, former	form
norra Sverige	Northern Sweden
en historia, historier	history/story
att grunda, jag grundade	to found, establish
en stad, städer	city
en elev, elever	student, pupil
utmärkt	excellent(ly)
(en) tågtrafik	rail traffic, rail service
viktig	important
att hoppas, jag hoppas, hoppades	to hope
vanlig	ordinary, common

Åsa: "Men vad stor den är! Är den inte tung?"

Pontus: "Nej då, det är lugnt. Vad har du med dig då?"

Åsa: "Jag har med mig något mycket mindre. Men det visar jag senare. Nu måste vi skynda oss – annars kommer vi för sent!"

De går vidare längs med vägen och kommer fram till en korsning. Vanligtvis går de till höger här, men idag tar de en annan väg. De följer en stig som går över ett fält och leder fram till en sjö. Den heter Laxsjön och ligger inte så långt bort från skolan. Allt är stilla förutom ljudet från snön under skorna när de går fram på stigen.

Åsa: "Vad tänker du på, Pontus? Du är så tyst."

Pontus: "Det är en sak som jag måste berätta. Om tavlan."

Åsa: "Vad är det med den då?"

Pontus: "Lova att inte skratta!"

Alla vet att det är omöjligt att lova något sådant. Särskilt för Åsa, eftersom det ligger i hennes natur att vara lite busig. Hon andas djupt och tittar sedan på Pontus. Hennes ögon är fulla av nyfikenhet och förväntan.

Åsa: "Jag ska försöka!"

Pontus: "Jag tror ..."

Åsa: "Ja ...?"

Pontus: "Jag tror att tavlan är ..."

Åsa: "Säg det då!"

Pontus: "... magisk. Jag tror att tavlan är magisk!"

Det är lugnt.	It's alright, *lit.* "it is calm"
att ha något med sig	to have sth. with you, to bring
senare	later *(comparative of sen)*
annars	otherwise, or else
vidare	further
längs med vägen	along the road
att komma fram till	to arrive at
en korsning, korsningar	crossroads, road junction
vanligtvis	usually
en stig, stigar	path, trail
ett fält, fält	field
att leda, jag ledde	to lead
en sjö, sjöar [sj2]	lake
Laxsjö	*lake in Kiruna*
långt bort från	long way from
still	calm, quiet, still
förutom	except, unless
(en) snö	snow
en sko, skor	shoe
att lova, jag lovade [å]	to promise
omöjlig	impossible
eftersom [sj1]	because
busig	mischievous, naughty
att andas, jag andas, andades	to breathe
djup [jup]	deep
full	full
en förväntan, förväntningar	expectation, anticipation

Harder, better, faster, stronger

Comparing things is not very difficult in Swedish:

> **I Kiruna är det** kallare **än i Stockholm.**

All you do is add **-are** to an adjective. Fortunately, the new form **kallare** (we call that form the *comparative*) is the same for all genders and numbers:

> **Den är kallare / det är kallare / de är kallare ...**

Some more examples:

> **En skön soffa. Den är** skönare **än den vid fönstret.**
> **Ett snällt barn. Barnet är** snällare **än pojkarna där borta.**
> **Några trevliga grannar. De är** trevligare **än mina kollegor.**

The hardest, the best ...

The *superlative* is just as easy as the *comparative*. Instead of **-are** (*comparative*), we use **-ast**:

> **kall - kallare -** kallast

Whenever there is a rule, though, of course there are exceptions. Some adjectives don't get an added **-are** or **-ast**. Instead, they use the word **mer** and **mest** in order to compare:

This is the case for
- adjectives that end on **-(i)sk: magisk, svensk, politisk**
- adjectives derived from a verb: **levande, spännande**
- long adjectives, made out of two words: **färgglad**

The forms for comparative and superlative look like this:

> **spännande -** mer **spännande -** mest **spännande**

> **Min bok är** mer **spännande än din bok.**
> **Men Annas bok är** mest **spännande.**

There are some irregular adjectives, too. Unfortunately you will have to learn them by heart. To help you out, there's a list of the ones you should memorize on the next page.

```
god/bra - bättre - bäst
dålig - sämre - sämst
illa - värre - värst
gammal - äldre - äldst
liten - mindre - minst
stor - större - störst
lång - längre - längst
länge - längre - längst
tung - tyngre - tyngst
tom - tommare - tommast
få - färre (no superlative)
mycket - mer - mest
många - fler - flest
fram - främre - främst
```

Learn them!

Sämre – värre

You use **sämre/sämst** when you talk (in a neutral way) about quality:
> Den lilla boken är sämre än den stora boken.

... and **värre/värst** if there is an emotional level to the statement, like when you are talking about an illness or something personal:
> Smärtan i ryggen är värre idag.

As for any adjective there is also a definite form in superlative on **-e**:
> den kallaste staden
> det lugnaste rummet
> de vanligaste husen

For the irregular adjectives except **tom**, the definite form ends in **-sta**:
> den bästa dagen
> det största huset
> de äldsta fåtöljerna

One last thing – don't forget our little rule that sometimes an **e** will be dropped:
> vacker - vackrare - vackrast
> öppen - öppnare - öppnast
> ledsen - ledsnare - ledsnast

s-Verbs

Most verbs have a present tense form ending in **-r**. However, there are some irregular verbs which do not have this ending. There is a small group of verbs which has an **-s** ending in all tenses:

> att finna**s** – jag finn**s** – jag fann**s**
> att hoppa**s** – jag hoppa**s** – jag hoppade**s**
> att anda**s** – jag anda**s** – jag andade**s**

Sometimes these verbs come from another regular verb and have then the additional meaning *each other*:

> vi se**s**   we will see each other
> vi träffa**s**   we will meet each other

att finnas, jag finns, fanns	to exist, be
vi ses	we will see each other, see you
vi träffas	we will meet each other

But **and** *but*

We have two words for *but*: **men** and **utan**. Careful: in this context **utan** does not mean *without*.

This is how to choose the right one: **Utan** corrects something you have said previously:

> Stammarna växer inte upp, utan böjer sig till höger och till vänster.
> wrong: stammarna växer rakt upp
> correct: böjer sig till höger och till vänster

> Idag ska det däremot inte handla om norra Sveriges natur, utan om Kirunas historia.
> wrong: handla om norra Sveriges natur
> correct: om Kirunas historia

We use **men** when we are not correcting, i.e. when the previous statement is still correct and you give some extra information:

> Vanligtvis går de till höger här, men idag tar de en annan väg.
> correct: vanligtvis går de till höger
> also correct: idag tar de en annan väg

> Jag har med mig något mycket mindre.
> Men det visar jag senare.
> correct: har något mycket mindre
> also correct: visar det senare

Having trouble remembering that?
Look:
inte ung, utan gammal
inte ung, men pigg

125

1. Make sentences according to the following pattern:

lärare, rolig: → *Den här läraren är roligare än den där läraren.*

hus, liten:	bok, intressant:	flyttkartong, tung:
dator, gammal:	tavla, magisk:	bokhylla, tom:
bord, lång:	stol, färgglad:	teve, bra:
matta, mjuk:	soffa, stor:	lampa, lätt:
mat, god:		

2. Put in the adjectives in the correct form (definite/indefinite, comparative, superlative).

a) Det (röd) _____ huset är större än det (grön) _____ huset. Men det (gul) _____ huset där borta är det (stor) _____ huset.

b) Du är den (bra) _____ vännen i hela världen!

d) Det är inte den (öppen) _____ dörren jag menar utan den (stängd) _____ dörren.

e) Det här skåpet är nästan (full) _____. Kanske finns det (mycket) _____ plats i det där skåpet.

f) Problemet är (stor) _____ nu än det var igår.

g) Vill du titta på en (rolig) _____ video?

h) Tidningen skriver inte så mycket om (politisk) _____ tema utan mer om kultur och musik.

c) Min morfar är (kärleksfull) _____ än min farfar. Men min mormor är (kärleks-full) _____ än de två.

i) Pauls hobby är inte (farlig) _____ än min utan bara (besvärlig) _____.

j) Anna är den (kreativ) _____ människan i familjen.

k) Min arbetsplats här är mycket (lugn) _____ än min arbetsplats hemma.

3. Fill in *men* or *utan*.

Det är inte kl. 5 _____ kl. 9.

Tavlan är fin _____ den gröna gubben passar inte.

Pontus är trött _____ nyfikenheten håller honom vaken.

Tidningen skriver mycket om kultur _____ också om politik.

Skåpet är inte rött _____ grönt.

Tidningen skriver inte om kultur _____ bara om politik.

Det är inte Pontus som gillar kaffe _____ Carina.

4. Put in the right form of *dålig/illa*.

Ont i huvudet är mycket besvärligt. Idag är det även _____.

Datorspel är det _____ jag vet!

Karls smärtor är _____ än Linneas.

Den här hantverkaren är _____ än den andra.

Oväsendet blir _____ och _____.

Bröd med ost är _____ än flingor med mjölk.

Det här pianot är _____ än det där. Men detta pianot är _____! Det går sönder ofta.

5. Put in a suitable s-verb in the right form. (*hoppas, andas, finnas*)

Jag _____ att Jonas blir lycklig med Andrea.

Problemet _____ inte längre.

Du måste _____ djupt!

Det _____ många skålar i skåpet.

Lars _____ att maten är god.

Martin _____ väldigt snabbt.

6. Answer the following questions.

Varför väntar Pontus på Åsa bakom huset?

Varför ska eleverna ta något med sig till skolan?

Vilket tema ska det handla om idag?

Hur känner Åsa när Pontus berättar om tavlan?

Vad tycker du: varför är tavlan magisk?

Saying things that are too difficult for you

The biggest mistake you might be making right now is the following attitude:
„I will study Swedish until I have so much theoretical knowledge that I can have a conversation."

Won't work. You know why? Because your theoretical knowledge will *never* be sufficient. Look: An average 20 year old Swede has a vocabulary of 20 000 words. Fluent speakers have about 3000, and if you manage to learn 5000 you are really, *really* good (and it might take you years) – but you will still only have 25% of the average native speaker vocabulary. The art of getting fluent in a language is to *say things that are too difficult for you*, and you should practice this as early as possible – in other words: *now*.

So how do you do that?

You get used to saying things in an easier way. An example:

Complicated:
        It might be a good idea to inform your boss about this problem as soon as possible.

Easier:
        You should tell your boss now.

That's about the same, isn't it? Leaving out a few details, sounding a little clumsy, but the important stuff is all there. Even if I say:
        Talk boss now.
... you will know what you have to do, won't you?

Here are a few hints about how you can reduce grammar complexity:
1. Use present tense for saying things that will happen in the future (this is even grammatically correct in Swedish).
2. Use past tense with **var/hade** for saying things that happened in the past. (This is not always grammatically correct, but I mean, if I tell you: „I was take a shower yesterday evening", will you understand me? – There you go.)
3. Use **inte**: e.g. if you have forgotten the word for *small*, you can say:
        Köket är inte stort. (**The kitchen isn't small**, instead of **The kitchen is big**.)
4. For comparing, use **inte så ... som** (*not as ... as*).
        Det är inte så stort som badrummet.
        (**It is not as big as the bathroom**, not **It is smaller than the bathroom**.)

18

"Magisk? Varför tror du det?" frågar Åsa.

Hon skrattade inte! Pontus blir väldigt glad och börjar förklara:

"Kolla här ... ser du gubben som sitter där i loket?"

"Ja, vad ful han är! Han är ju grön!"

"Ja, han är grön, men ..."

"Nej förlåt, Pontus! Det finns väl fulare gubbar här i världen, men jag menar: grön! Gubbar är väl inte gröna, knäppis! Varför valde du inte en annan färg?"

att förklara, jag förklarade	to explain
ful	ugly
att förlåta, förlåter, förlät	to forgive, *here*: sorry
en knäppis, knäppisar	idiot
att välja, jag väljer, valde	to choose

"Ska vi gå till skolan nu?"

"Lyssna nu, Åsa. Han var inte där från början. Jag vet inte hur han kom dit!"

"Vad säger du? Det var alltså inte du som målade gubben?"

"Nej, det var det inte. Vi var ute och tittade på norrskenet, mina föräldrar och jag. Och när vi kom in igen var det en grön gubbe i tavlan. Det här är verkligen ingen vanlig tavla, Åsa. Jag vet inte hur jag ska förklara det annars. Den måste vara magisk!"

Då tar Åsa plötsligt fram en sten.

"Jag har också med mig något magiskt."

"Det säger du bara för att vara snäll."

"Jaså! Du tror inte på mig? Då bevisar jag det för dig!"

"Gör det då!"

Hon tar fram ett gem.

"Håll det här gemet lite ... så där ja ... och så låter du det ligga där i handen ... och nu kommer jag med stenen, och – ser du? Den rör på sig! Och nu: Nu sitter den fast!"

Pontus tittar med stora ögon på föreställningen. Han är helt fascinerad och säger inte ett ord.

"Och om min sten är magisk så är nog din tavla också det!"

Pontus är fortfarande tyst. Då pekar hon på den underliga gubben och säger:

"Hej gubben i tavlan! Varför är du så grön?"

Och när hon sträcker ut tungan kan Pontus inte låta bli att skratta. Hon vänder sig mot honom och ler.

"Ska vi gå till skolan nu?"

(en) början *(no ending neither in plural or definite form)*	beginning
från början	from the beginning, at first
att bevisa (för), jag bevisade	to prove (to)
ett gem, gem	paperclip, clip
att röra på sig, jag rör på mig, rörde	to move
att sitta fast, jag sitter fast, satt fast	to be stuck, *lit.* to sit fixed
en föreställning, föreställningar	play, theatrical performance
fascinerad	fascinated
en tunga, tungor	tongue
att låta bli, jag låter bli, lät bli	to let it be, leave sth. alone

Norrsken

Ett fascinerande fenomen är norrskenet. Norrskenet kallas också för polarsken eller aurora borealis. Den samiska befolkningen i norra Skandinavien trodde att ljuset var döda familjemedlemmar och finska historier berättar att ljuset är svansen till en magisk räv.

Men vad är det som gör så att vi kan observera ljuset som dansar? Det finns en massa fysikaliska begrepp som man behöver för att förklara hela fenomenet på riktigt. Här har du en enklare förklaring: elektriskt laddade partiklar flyger från solen till jorden och kolliderar med partiklarna i atmosfären. Under processen uppstår mycket energi som vi ser som ett ljus på himlen.

Ljuset kan ha olika färger. Ofta är det ljusgrönt. Andra färger är rött, lila eller blått. Polarsken förekommer i polarområdet också på det södra halvklotet. Magnetfältet drar partiklarna till polerna. Norrskenet förekommer under hela året, även under sommaren, men vi kan bara se ljuset när himlen är mörk. Den bästa chansen att se norrsken har man från oktober till mars eftersom nätterna är mörkare än under sommaren.

1) Hur kan man annars säga "norrsken"?
2) Hur uppstår norrsken?
3) Vilka färger förekommer i norrsken?
4) Var finns polarsken?
5) När kan man se norrsken?

fascinerande	fascinating
ett fenomen, fenomen	phenomenon
någon/något kallas för ...	someone/something is called ...
ett polarsken, polarsken [sj2]	polar light
aurora borealis	scientific term for polar light
samisk	Sami
en befolkning, befolkningar	population
Skandinavien	Scandinavia
finsk	Finnish
en svans, svansar	tail
en räv, rävar	fox
att observera, jag observerade	to observe, watch
fysikalisk	physical
ett begrepp, begrepp	term, concept

på riktigt	in reality
enkel	simple
elektriskt laddade partiklar	electrically charged particles
att flyga, jag flyger, flög	to fly
en sol, solar	sun
en jord, jordar	earth, world
att kollidera, jag kolliderade	to collide, clash
en partikel, partiklar	particle
en atmosfär, atmosfärer	atmosphere
under	here: during
en process, processer	process, action
att uppstå, jag uppstår, uppstod	to emerge, originate
en energi, energier [sj2]	energy
ljusgrön	light green
att förekomma, jag förekommer, förekom	to occur, appear
ett område, områden	area
ett polarområde, polarområden	polar area
södra halvklot	southern hemisphere
ett magnetfält, magnetfält	magnetic field
en pol, poler	pole
en sommar, somrar	summer
oktober	October
mars	March

Giving directions

(and understanding them)

Ursäkta/Förlåt mig.
Var ligger ...?
Hur kommer jag till ...?

... skolan (3)?
→ Du går till vänster vid den första korsningen (2). Sedan går du fram till den andra korsningen (7) och där ser du skolan till höger (3).

... parkeringsplatsen (5)?
→ Du tar första gatan till vänster (2) och efter det går du rakt fram. I rondellen tar du första utfarten till höger (4). Parkeringsplatsen ligger på höger sida.

Now it's your turn:
- Var ligger restaurangen (9)?
- Hur kommer man från parke-ringsplatsen till parken (10)?
- Hur kommer man från restau-rangen (9) till bion (8)?

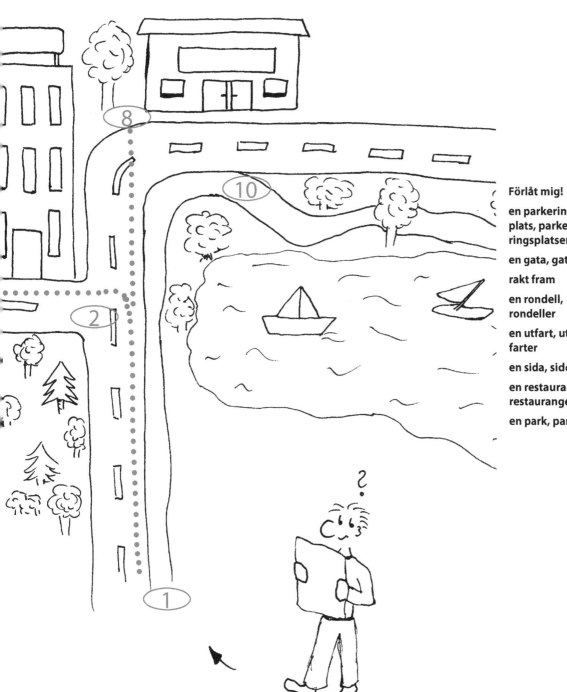

Förlåt mig!	Pardon me!
en parkerings-plats, parke-ringsplatser	parking, parking lot
en gata, gator	street
rakt fram	straight ahead
en rondell, rondeller	roundabout
en utfart, ut-farter	exit, off-ramp
en sida, sidor	side
en restaurang, restauranger	restaurant
en park, parker	park

133

1. Answer the following questions.

Hur ser gubben i tavlan ut?

Vem var det som målade gubben in i tavlan?

Vad tycker du: Varifrån kommer gubben in i tavlan?

Vad tar Åsa fram?

Vad tycker Pontus om Åsas föreställning?

2. Put the verbs in brackets in *preteritum*.

Jan och Gunnar pratar om helgen.

Gunnar: Lördag (att vara) _____ en jättefin dag!

Jan: Vad (att göra) _____ du då?

Gunnar: Jag (att ligga) _____ i sängen hela förmiddagen. Sedan (att fortsätta) _____ jag dagen med en stor frukost.

Jan: Vad (att äta) _____ du till frukost?

Gunnar: Till frukost (att bli) _____ det två ägg och bröd med skinka. Jag (att vilja) _____ egentligen ha flingor med mjölk men det (att finnas) _____ inga kvar. Jag (att hälla upp) _____ en kopp kaffe och (att dricka) _____ kaffet på en gång. Nu (att vara) _____ jag helt vaken!

Jan: Jaha! Vad (att hända) _____ sen?

Gunnar: Sen (att gå) _____ jag och (att lyssna) _____ på musik i mitt arbetsrum. Sabaton spelar så fint! Jag (att gråta) _____ och (att le) _____ och (att sjunga) _____ hela eftermiddagen. Det (att vara) _____ alldeles magiskt!

Jan: Kanske (att böra) _____ jag lyssna på dem en gång.

Gunnar: En bra idé! Men hur (att vara) _____ din helg?

Jan: Jag (att vara) _____ ute i naturen! Jag (att cykla), _____ (att simma) _____ och (att vandra) _____. Sedan (att stå) _____ jag mitt i skogen och (att lyssna): allt (att vara) _____ lugnt. När det (att bli) _____ sent (att vilja) _____ jag sova men jag (att glömma) _____ mina saker för att campa!

Gunnar: Oh nej! Vad (att säga) _____ du?

Jan: Men då (att hitta) _____ jag ett fint träd. Så jag (att sova) _____ i trädet i stället.

3. Write down what you were doing during the weekend. Use *preteritum*.

4. Fill in the missing words.

Ingrid: Jag arbetar på sjukhuset. Det är väldigt hårt ___ jag gillar att jobba med människor. Jag studerade ____ läkare eftersom jag ville hjälpa dem som behöver det mest. Men just nu arbetar jag bara deltid _____ jag har två små barn hemma.

Sven: På mitt jobb arbetar jag _____ mycket folk. Som lärare är det ofta tumult med många barn och ibland blir jag lite trött. ____ min fritid vill jag inte vara med många människor utan vara _____ och vandra eller cykla i naturen.

Lena: Jag ____ om att vara kreativ och då passar det bra att jag arbetar med konst. Det är jag som är _____ ; jag bestämmer. Ofta _____ jag stora tavlor men ibland tecknar jag också på små papper.

Daniel: Nu studerar jag för att _____ advokat. Jag hörde att man ____ mycket pengar som specialist på skilsmässor men kanske vill jag nog arbeta på ett företag. Vi ska se _____ det blir.

Anna: Som journalist reser jag runt hela _____ . Jag arbetar på en liten tidning i Göteborg och jag tycker om ____ arbete. Mina kollegor och jag har en fin _____ med stora fönster i ett gammalt hus.

5. Vad kostar ... ? Take a look at the shopping list and the price list below. Calculate the prices for your purchase and write them down like in the example below. How much do you have to pay in total?

1 ägg – 3,37 kr.
Ett ägg kostar tre kronor trettiosju. Sju ägg kostar tjugotre kronor femtionio.

1 tomat – 4,67 kr.
250g smör – 20,84 kr.
1 äpple – 1,98 kr.
1 skiva bröd – 7,94 kr.
1 gurka – 27,79 kr.
1 kökshandduk – 88,33 kr.
1 paprika – 13,89 kr.

att kosta, det kostade	to cost
en krona, kronor	Swedish krona ("crown") – currency in Sweden (kr., SEK)
att köpa, köpte [sj1]	to buy

Vad ska vi köpa?

- 7x ägg
- 2x 250g smör
- 8x äpple
- 12x paprika
- 9x gurka
- 10x tomat
- 5x skiva bröd
- 7x kökshandduk

Allt tillsammans kostar _____ .

One more thing:

Have you repeated your vocabulary today?

Repeating new words is one of the most important activities of language learning. Why? Let's do some math.

An average native speaker uses between 10,000 and 15,000 words actively, and many more passively (i.e. she understands these words, but does not use them). If you manage to learn one new word every day, it will take you more than 30 years to learn a language like a native speaker. If you manage to learn ten new words a day, you will be there after three years.

10000
# of words a native speaker can use

Is that realistic? Probably not. First of all, you won't do this every day. You might be too busy or simply forget it. Secondly, my calculation means that you have to remember all of these words. Now that you've already had quite a lot of experience with learning Swedish – how often do you have to repeat a word on average to remember it forever? Probably 3-5 times. This means that in order to keep up with a learning rate of 10 new words per day, you will have to repeat 30-50 words a day, 365 days a year.

So this is one of the simple reasons why people are unable to learn a language like native speakers within three years.

4000
# of words a fluent speaker of a foreign language can use

But I have good news for you. The thing is – you don't really have to know as many words as a native speaker in order to be fluent, much less to get around. 500 words will be sufficient for tourist level, 2000 if you'd like to have a decent working knowledge – but still, if you want to speak a language really well, you will need around 4000 words. So how can you achieve this goal?

You can only get there by working steadily, so make a habit of learning new words every single day. Pick a goal that's realistic for you, e.g. 3-5 new words per day, no more. Most people (me included) find it pretty hard to work on this every single day. It's so easy to take a

2000
# of words you will need to manage everyday life

500
# of words a tourist uses

break ... and then, suddenly, you find yourself not having worked with your new words for a week or more. There are a few things you can do to make it easier: you can use a vocabulary trainer (www.skapago.eu/alfred/bonus). You can also ask your partner/child/flat mate to remind you every single day to repeat your words. Moreover, I highly recommend finding a time that is reserved for this activity. It could be ten minutes before breakfast, or the very first thing you do when you come home, or the last thing you do before you go to bed – whatever works best for you, but make sure it becomes a habit like brushing your teeth. Improve your efficiency by not allowing anybody to disturb you during these ten minutes (when your boss calls you on the phone, don't answer, call him back – make an exception only when there is a fire in your home).

How can you make this work effectively? One option is to write new words on flashcards: Swedish on one side, your mother tongue on the other. Make sure to include the indefinite article and plural for nouns, past tense for verbs as well as any irregular forms. Write 3-5 new cards every day. Mix them up and try to repeat them. When repeating, don't look at the Swedish side. That's too easy, isn't it? You don't want to understand only, you also want to know the Swedish words actively. So look at the other side, try to figure out the solution, write it down, and then turn the card to check if you were right. If not, put the card aside. Repeat these difficult cards as many times as you need to in order to remember them. Then, repeat yesterday's cards, using the same system. Once a week, take all the cards from the previous week, and once a month, take any set of old cards.

**3 years
8 months
3 weeks
5 days**
time to achieve fluency if you learn 4 words every day

And one last thing: whenever this starts frustrating you, stop for the day and continue the next day. Don't be too strict on yourself. After all, language learning should be fun, shouldn't it?

19

"Är det någon som vet vad Luossajärvi betyder?"

Det är så läraren sätter igång den sista lektionen för dagen. Eleverna sitter tysta i klassrummet och väntar på att klockan ska ringa. Alla hoppas att någon annan måste svara.

"Ingen? Nähä. Luossajärvi betyder laxsjö på nordsamiska. Det var så orten hette innan man gav den namnet Kiruna. Nu heter bara sjön så. Vad heter Kirunas grundare då? Är det någon som vet det?"

Problemet är inte att de inte vet det. De är bara så trötta nu och behöver ha lite roligt. Efter en lång tystnad räcker Pontus försiktigt upp handen.

"Ja, Pontus!"

"Var det inte Hjalmar Lundbohm?"

"Ja, det stämmer! Och när gjorde han det?"

"Den tjugosjunde april år 1900."

"Det var inte dåligt, Pontus!"

En elev som sitter längst bak i klassrummet gäspar och ropar högt:

"Plugghäst!"

Barnen skrattar, men läraren blir arg:

"Om du inte kan sköta dig får du gå ut, Oskar!"

Ett tåg som åker genom ett vinterlandskap

Luossajärvi	*name of lake in northern Sweden*
att sätta <u>igång</u>	to start
sista	last
en lektion, lektioner [sj2]	lesson
tyst	quiet
ett klassrum, klassrum	classroom
att ringa, ringde, ringt	to ring
nähä	no, nope
nordsamiska	North Saami *(language)*
en ort, orter	district
en grundare, grundare	founding member, founder
rolig	fun, funny
att ha roligt	to have fun, to have a good time
att räcka upp handen, jag räckte	to raise one's hand
Hjalmar	*male first name*
Lundbohm	*surname*
sjugosjunde	twenty seventh
april	April *(month)*
dålig	bad
längst bak	furthest back, right at the back
att gäspa[j-], jag gäspade	to yawn
högt	loud
en plugghäst, plugghästar	swot
att sköta sig, jag sköter mig, skötte [sj2]	to behave
Oskar	*male first name*

Då blir det genast tyst igen. Läraren tar ett djupt andetag och vill precis börja berätta om Hjalmar Lundbohm när Pia nyser. Han andas in igen och tittar sedan ut över alla barn. Då kommer han ihåg att eleverna har med sig olika föremål till skolan. Han ger Pia en näsduk och frågar henne om hennes klädesplagg. Det är en kolt, förklarar hon. En kolt är en traditionell dräkt som hennes familj brukar bära under högtider och fester. Hennes bror Johan har med sig en kniv av horn.

"Och vad har du med dig, Åsa?"

"Jag har med mig ..."

Hon sträcker sig efter något i ryggsäcken.

"... en magisk sten!"

Då börjar alla barn lyssna ordentligt. Det här är verkligen intressant! Åsa tar fram ett gem och lägger det på bordet. Med den andra handen håller hon stenen under bordet, tittar ut över publiken och säger med en dramatisk röst:

"Mina damer och herrar! Jag presenterar: Ett gem som dansar!"

Åsa drar stenen under bordet och gemet följer med. Fram och tillbaka. Barnen applåderar.

"Magnetism är väl inte direkt magi, men tack Åsa för din presentation!" säger läraren. "Är det någon annan som har något att visa? Pontus! Vilken fin tavla du har med dig! Ett tåg som åker genom ett vinterlandskap. Vad heter konstnären?"

"Det vet jag tyvärr inte. Den var i huset när vi flyttade in för ett par år sedan."

"Jaså! Det säger du!"

Entusiasmen är inte lika stor för tavlan som den var för magin. En flicka tittar upp på klockan. Oskar står inte ut och måste öppna munnen. Han säger:

"Vad är det där för en grön gubbe? Det är ju helt klart att färgen inte passar till tavlan."

ett andetag, andetag	breath
Pia	female first name
att nysa, jag nyser, nös	to sneeze
att komma ihåg	to remember

ett föremål, föremål	object
en näsduk, näsdukar	handkerchief
ett klädesplagg, klädesplagg	garment
en kolt, koltar	Gákti, traditional Saami garment/ shirt

traditionell [sj2]	traditional
en dräkt, dräkter	attire, costume
en högtid, högtider	feast
en fest, fester	party
Johan	male first name
ett horn, horn	horn
en ryggsäck, ryggsäckar	backpack
ordentlig	proper(ly)
ett bord, bord	table
en publik, publiker	audience
dramatisk	dramatic
mina damer och herrar	ladies and gentlemen
att applådera, jag applåderade	to applaud
(en) magnetism	magnetism
inte direkt	not really (lit. not directly)
en presentation, presentationer [sj2]	presentation
ett vinterlandskap	winter landscape
för ett par år sedan	a couple of years ago
det säger du	oh, really (lit. "you say that")
(en) entusiasm	enthusiasm
inte lika ...	not as ...
en flicka, flickor	girl
han står inte ut	he cannot stand it any more, here: he cannot contain himself
helt klart	clearly

Subordinate clauses

Throughout this textbook I have told you again and again that the verb is always in the second position in a sentence. I also told you that when there is a second verb, it has to be in the infinitive or perfektum form. Now look at the following sentence, and notice the verb **är**:

> Astrid vet att Paul inte är hemma på eftermiddagen.

Är is definitely not in the second place, and it is definitely in the present tense. So what has gone wrong here? You might say that there are two sentences – and you are totally right!

There are:

> Astrid vet ...

and

> ... att Paul inte är hemma på eftermiddagen.

But still, look at the second sentence. Even if I ignore the word **att**, **är** is definitely in the third position and not in the second:

> ... (att) Paul inte är ...
>   1 (subj.) 2 (adv.) 3 (verb)

The reason for this special structure has to do with the word **att**. Take a look at this second sentence:

> att Paul inte är hemma på eftermiddagen.

What does this sentence mean? Nothing at all! Is has to be integrated into the first sentence starting with **Astrid vet** ... Otherwise it just doesn't make sense. We call this type of clause a *subordinate clause* (in Swedish: *bisatser*). Subordinate clauses have two common characteristics:

1. They cannot stand alone.
2. They usually start with a word that integrates them into the main clause, which, in this case, would be the word **att**. It could also be **som**, **om**, **när** ...

You already know some of these. We call these connecting words *subordinating conjunctions* (*subjunktion* in Swedish). If you can't remember this name, that's fine, just remember that these connecting words must be present if you want to merge two sentences like this.

A common mistake many students make is that they think there is a main clause *and* a subordinate clause. This is a misunderstanding. In reality there is a subordinate clause *within* a main clause. So in our example, the main clause is everything from **Astrid** to **eftermiddagen**, whereas the subordinate clause is everything from **att** to **eftermiddagen**.

Unfortunately, we have reached the point where I have no choice but to inform you that subordinate clauses have a special sentence structure and the verb is not at the second place there. I'm sorry, but I wasn't the one who invented the Swedish language!

Subordinate clauses always start with the *conjunction* (the word connecting them with the rest of the main clause). After that there is always the *subject*. Notice that we cannot put just any word at the beginning of the subordinate clause. After the subject there is the *adverbial* (if there is any), e.g. **inte**. And after that we have the *verb*. The rest of the sentence structure is exactly the same as in main clauses. Obviously the big problem here is where to place the adverbial. Imagine that we delete the word **inte** from the example:

Astrid vet att Paul är hemma på eftermiddagen.

We don't see a difference here between the structure in the main clause and in the subordinate clause, do we? So whenever you hear a connecting word (like **att**, **som** ...) and an adverbial (**inte**, **ofta**, **redan**, **egentligen** ...), then you should be aware that what you are dealing with may be a subordinate clause.

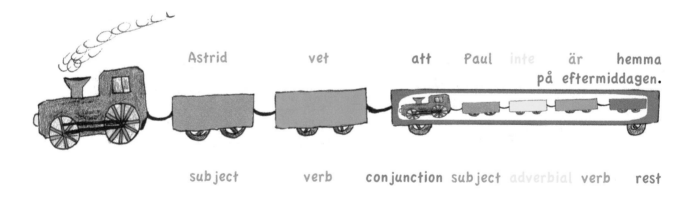

140

Saying the date

For this, you will have to learn *ordinal numbers* (e.g. **first**, **second**, and so on):
All the underlined ordinal numbers are irregular, so you will have to learn them by
heart. Sorry about that! But with all the other ones, everything is easier. All you do
is take the cardinal number (i.e. the "normal" number, like **femton**) and add a **-de**
ending. If the number has a vowel at the end, you will add **-nde**.

1:a	första
2:a	andra
3:e	tredje
4:e	fjärde
5:e	femte
6:e	sjätte
7:e	sjunde
8:e	åttonde
9:e	nionde
10:e	tionde
11:e	elfte
12:e	tolfte
13:e	trettonde
14:e	fjortonde
15:e	femtonde
16:e	sextonde
17:e	sjuttonde
18:e	artonde
19:e	nittonde
20:e	tjugonde
21:a	tjugoförsta
22:a	tjugoandra
30:e	trettionde

As you also can see we indicate the ordinal number with a colon and the last letter of the written number (**20th** in English would be written as **20:e** in Swedish). Basically we use the definite article with ordinal numbers (pretty logical – usually it's **the first** and not **a first**).

One important note is that, although dates in Swedish uses ordinal numbers in spoken language, they are not always written like that. The date **5:e oktober** is sometimes written **5 oktober**. Dates are also sometimes written in the D/M YYYY format, e.g. **05/10 2018**, or in YYYY-MM-DD format **(2018-10-05)** However, it is always pronounced **femte oktober**. In all other uses ordinal numbers are written like they are pronounced, with **:a** or **:e**.

Ok, that was the first (and most difficult) step you have to take in order to say the date. The rest is easy. As far as the months go (you will learn the names in this chapter) – when we write the months, we can use three letter abbreviations for months with names longer than four characters (e.g. **jan.** for **januari**, while **mars** remains unabbreviated), and the years are said in cardinal numbers (e.g. **2014 – tvåtusenfjorton**). Years before 2000 are a bit trickier. In Sweden, we count the years in hundreds, e.g. **1900 – nittonhundra**. The year 1991, for example, which in English would be pronounced **nineteen ninety one**, would be **nittonhundranittioett** in Swedish. Some people do the same for years after 2000 (e.g. **2014 – tjugohundrafjorton**).

So for example:

    5 okt. 2013
    den femte oktober tjugohundratretton   or
    den femte oktober tvåtusentretton

If you like challenges, you can also say the month as an ordinal number. Then we put an **i** before the month:

    2013-10-05
    den femte i tionde tvåtusentretton

Leaving out *att*

When we have two verbs in a sentence, the second one will be in infinite form and be combined with **att**.

> Han gillar att läsa böcker.

With modal verbs you leave out **att** in front of the second verb. (In chapter 6 you have a list with all the modal verbs.)

> Han kan lyfta kistan.

There are also verbs that are not modal verbs but are used the same way. You already know the first two (**att behöva**, **att bruka**) – here you have a list with the ones you also read in the text:

att behöva	De behöver ha lite roligt.
att bruka	Familjen brukar äta frukost tillsammans.
att börja	Alla barn började skratta igen.
att sluta	Hon slutade gråta med en gång.
att fortsätta	Anna fortsätter prata med Gunilla.
att försöka	Carina försökte fånga tavlan.
att hinna	Innan han hinner gå ut hoppar Oskar fram.
att låta	Pontus låter gemet ligga där i handen.

Får again

There is one additional meaning to **att få**: *to be allowed*.

> Jag får inte öppna dörren.

This meaning can, however, often also be interpreted in an ironic way meaning *to have to*:

> Om du inte kan sköta dig får du gå ut, Oskar!

Kläder

Describe the persons' clothes.

kläder (*always plural*)	clothes
en jacka, jackor	jacket
en byxa, byxor	pants
en tröja, tröjor	jersey/sweater
en topp/t-shirt, toppar/t-shirtar	top/t-shirt
en skjorta, skjortor [sj2]	shirt
en blus, blusar	blouse
en kjol, kjolar [sj1]	skirt
en schal/sjal, schalar/sjalar [sj2]	shawl, scarf
underbyxor (*plural*)	briefs, shorts
en bh, bh:ar	bra
strumpbyxor (*plural*)	pantyhose/tights
en klänning, klänningar	dress
att ha något på sig	to wear sth.
att vara klädd i något	to wear sth.
att klä på sig, jag klädde på mig	to put on, get dressed
att ta på sig	to put on, get dressed
att klä/ta av sig något	to take off, undress

Months & important events

What a mess! Everything in the calendar is wrong. Can you put the events back into the months that they belong to?

januari	Lucia
februari	kräftskiva
mars	Sveriges nationaldag
april	Valborg
maj	nyår
juni	sommarlov
juli	Kanelbullens dag
augusti	
september	påsk
oktober	jul
november	
december	Midsommar

The Swedish school system

The Swedish school system consists of daycare, preschool class, comprehensive school, high school and college/university. Every child has the right to a place in daycare (**förskola**) according to the need of the family, for instance depending on how much the parents are working. As a 6 year old the child has the right to take part in a preschool class, which works as a preparation for the school start. The year a child turns seven comprehensive school starts. The semester begins in August and the school year is over in June the following calendar year. After studying for nine years in comprehensive school a young person is provided an opportunity to study at high school, provided that the grades are good enough. If a student does not pass comprehensive school the young person can attend a special year of preparation for high school. In high school there are different study opportunities. There are more theoretical studies that prepare the students for college and university studies. There are also more practically oriented study opportunities, vocational training, and apprenticeships. After graduating from high school some start working and other young people apply to be accepted to a college or a university.

Förskola
(all pedagogical care before the age of 6)

Förskoleklass
(preschool class, one year prior to school start, for children the year they turn 6 years old)

Grundskola
(comprehensive school 1st-9th class for all children between 7 and 16)

Gymnasium
(high school includes different possibilities: preparation for college/university studies, vocational training and apprentice training)

Universitet eller högskola
(university or college)

Explain the school system in your home country.

Four children and their dreams about the future:

Jim, 5 år: Jag vill bli arkitekt. Då kan jag bygga hus.

Charlotta, 6 år: Jag vill bli frisör. Då får jag klippa hår och forma frisyrer.

Milton, 6 år: Jag vill bli busschaufför. Då får jag köra personer till jobbet.

Moa, 5 år: Jag vill bli skådespelare. Då får jag uppträda på stora scener.

Now write a story about what Jim, Charlotta, Milton and Moa would like to become when they grow up. Use modal verbs in your story.
Here is an example:
Jim vill bli arkitekt. Han är fem år. Då måste han först gå förskoleklassen. Då han är sju år får han börja skolan. Han måste klara sig bra i skolan för att komma in på en teoretisk linje på gymnasiet. Som arkitekt bör han kunna matematik, fysik och vara bra på bild. Då Jim kan flera språk är det lättare att få bättre jobb. Gymnasiet räcker tre år. Jim måste jobba hårt för att få bra betyg. Efter gymnasiet ska han söka in till universitetet där han kan studera till arkitekt. Lycka till Jim!

en frisyr, frisyrer	hairstyle
Milton	*male first name*
en busschauffför, busschaufförer [buss-sj2-]	bus driver
att köra, jag kör, körde [sj1]	to drive
en person, personer [sj1]	person
Moa	*female first name*
en skådespelare, skådespelare	actor
att uppträda, jag uppträdde	to perform
en scen, scener	stage
då	*here*: when
en skola, skolor	school
att klara sig, jag klarade mig	*here*: to get through
teoretisk	theoretical
en linje, linjer	*here*: program
(en) matematik	math
(en) fysik	physics
en bild, bilder	drawing, image, *here*: art (*subject*)
flera	several
ett språk, språk	language
att räcka	*here*: to last
hård	hard
att jobba hårt	to work hard
ett betyg, beytg	grade
Charlotta	*female first name*
en frisör, frisörer	hairdresser
att klippa, jag klippte	to cut

en förskola, förskolor	nursery school
en förskoleklass, förskoleklasser	nursery class
ett gymnasium, gymnasium	upper secondary school/high school

en högskola, högskolor	university/college
Jim	*male first name*
en arkitekt, arkitekter	architect
att bygga, jag byggde	to build
att forma, jag formade	to shape/create

1. Answer the following questions.

Vad hette Kiruna förr?

Vad betyder nordsamisk eller samisk?

Varför skrattar alla barn den första gången?

Vad tycker eleverna om Åsas gem?

Vad tycker eleverna om tavlan?

2. Read the sentences below and translate them into Swedish. Think about the different meanings of *att få*.

a) We're going to see (about that)!

b) My mom said I can't go to the cinema today.

c) If you want to eat something you have to cook first.

d) You shouldn't reach out of the train window.

e) Emma got a big red backpack from Elias.

f) I think a best friend should tell you everything.

3. Find the sentences that belong together.

1) Jag jobbade mycket för att få ett bättre jobb.

2) Det kan inte vara sant?!

3) Vilken intressant konsert!

4) Läraren står framför klassen.

5) Jag måste ändra på något!

6) Jag gillar din jacka!

7) Förlåt! Jag såg inte dig!

8) Hur kommer jag till skolan?

9) Sluta nu! Det är helt omöjligt att fixa!

10) Det var så underligt.

a) – Jag vet! Men jag kan inte låta bli att försöka!

b) På riktigt? Menar du allvar?

c) Han tittar ut över eleverna.

d) Den passar dig alldeles utmärkt!

e) Sedan märkte jag att barnen bara spelade ett spratt med mig.

f) – Ingen fara! Det är lugnt.

g) Till slut var det helt i onödan. Min chef märkte det inte ens.

h) Den var verkligen inte dålig!

i) – Du måste gå längs med vägen då kommer du fram till den.

j) Jag står inte ut längre så här!

4. Here you have some sentences with the verb *att komma*. Find the correct preposition for each sentence. Be careful – some sentences do not need a preposition.

När du kommer _____ _____ en stor korsning måste du gå till vänster.

Hur kommer man _____ med sport? Jag är alldeles för slö!

Då kommer _____ min kollega. Men jag kommer tyvärr inte _____ vad han heter.

Plötsligt kom vi _____ _____ det vackraste huset i världen.

Sara kommer _____ _____ trappan för att äta frukost med familjen.

Kommer du _____ vad läraren sa om matematik igår?

5. Infinitive with or without *att*?

a) Kan du (att) prata svenska?

b) Tycker du om (att) laga mat?

c) Mia vill gärna (att) skriva en bok.

d) Han brukar (att) ringa mig kl. 8 på kvällen.

e) Mamma hann inte (att) handla igår?
f) Min pappa börjar (att) arbeta redan kl. 5.30 på morgonen.
g) Du borde (att) sluta (att) dricka så mycket kaffe, älskling!
h) Det är inte särskilt enkelt (att) cykla.
i) Jag gillar (att) bara sitta i soffan och (att) läsa.
j) Hon vill (att) resa till norra Sverige.

6. Fill in the correct ordinal numbers.

(1.) gången jag såg dig tyckte jag om ditt leende. Vi pratade mycket och det var jättebra. Det var på Caros (34.) födelsedagsfest. Festen var högst uppe på det högsta huset i stan. Den (50.) våningen. Den (2.) gången vi träffades var även bättre. Då sågs vi på en konsert. Det var min (106.) konsert! Den var den bästa för att du var med. När sångaren sjöng den (18.) låten tittade jag i dina blåa ögon. Det var då jag visste: Du är den vackraste man som jag känner. Den (3.) gången vi träffades var det mest spännande! Jag frågade om du vill bli min man! Och du sa: "Du är nog en snäll kvinna, men först måste jag fråga min fru."

ett leende, leenden	smile
en födelsedag, födelsedagar	birthday
en födelsedagsfest, födelsedagsfester	birthday party

7. Read the following dates out loud.

01/08 1998	12/12 1813	14/02 2015	17/09 2011	03/07 2020
05/06 2002	09/04 1714	02/06 2008	06/07 2017	30/02 1917
19/05 2016	15/12 1970	10/01 1934	04/11 2011	12/03 2012
08/03 2018	07/10 1965	31/10 1916	16/05 2011	18/09 1808
20/08 2013	13/01 2010	11/04 2009	21/03 1332	25/11 2019

8. Answer the questions.

a) När är din födelsedag?
b) När är din morfars födelsedag?
c) När är din pappas födelsedag?
d) När är det jul?
e) När är Sveriges nationaldag?

20

"Jag vet inte varför gubben är grön" svarar Pontus snabbt.

"Det måste vara den fulaste gubben som finns" fortsätter Oskar. "Varför förstörde du tavlan med den?"

"Men det var inte jag …"

"Vadå inte du?"

"Det var norrsken och jag var ute med mina föräldrar och ..."

"Vänta lite! Jag förstår! Var det kanske ett spöke som målade färdigt tavlan?"

Alla barn börjar skratta igen.

"Nu räcker det! Lugn och ro i klassrummet!"

Det blir helt tyst och läraren stirrar argt på Oskar.

"Det var andra och sista gången jag säger till dig idag!"

Han lugnar ner sig och vänder sig mot Pontus.

snabb	fast
att förstöra, jag förstör, förstörde [sj1]	to ruin
att måla färdigt	to finish painting
att stirra (argt), jag stirrade	to stare (angrily)
att säga till någon	to tell sb., *here*: I won't tell you again
att lugna ner sig, jag lugnade ner mig	to calm down

Jamen titta: Där kommer ju sopbilen!

"Det är inte det vanligaste färgvalet, men du visar talang, Pontus! God teknik!"

Pontus blir alldeles röd om kinderna och tittar ner i golvet. Då ringer klockan. Skoldagen är slut och barnen får gå hem. Pontus börjar snabbt packa ihop, men innan han hinner gå ut hoppar Oskar fram och ropar:

"Bu, jag är ett spöke!"

Pontus springer förbi honom och ut ur klassrummet, genom snön, förbi det nya stadshuset med det högsta tornet i staden, och slutar inte förrän han kommer fram till järnvägsstationen.

"Dumma gubbe! Varför måste du vara i tavlan helt plötsligt?"

Pontus är så arg att han kastar tavlan på marken. Då hör han någon ropa:

"Pontus! Vänta på mig!"

När han ser att det är Åsa som kommer kan han andas ut.

"Lyssna inte på Oskar. Han är ju den elakaste pojken i hela skolan."

Han sätter sig ner i snön för att vila.

"Pontus! Kolla här!"

"Vad är det?"

Åsa pekar på tavlan. De tittar på varandra och sedan på tavlan igen. De kan inte tro vad de ser! Gubben sitter inte längre i loket som förut. Nu ligger han i snön framför tåget. Det måste de visa för Carina! De tar med sig tavlan och springer bort från järnvägsstationen, fram till sjön och sedan över fältet och förbi de underliga träden vid Åsas hus. När de kommer fram slänger Pontus upp dörren och de ser Carina stå där med en kopp kaffe i handen.

"Hej barn! Hur var det i skolan? Berättade du allt om Hjalmar Lun ...?"

"Tavlan, mamma! Den är faktiskt magisk, kolla!"

Men just då snubblar han på dammsugaren som står bakom dörren. Carina försöker fånga tavlan, men det är inte så lätt när man dricker kaffe. Den slår emot en kant på bordet och det blir ett stort hål i duken.

"Ojsan! Nej, det var ju synd! Hur gick det med dig?"

Pontus ställer sig upp och ser det stora hålet. Han vänder sig om mot Åsa.

"Åsa! Du såg det också!"

Men hon står där helt tyst och stirrar. Hon kan inte sluta tänka på den där gubben.

ett färgval, färgval	colour choice
en talang, talanger	talent
en teknik, tekniker	technique
en klocka, klockor	*here*: bell
en skoldag, skoldagar	school day
att hoppa, jag hoppade	to jump
bu	boo (*ghost sound*)
dum	stupid
en gubbe, gubbar	geezer, old man
Dumma gubbe!	Stupid old man!
att kasta, jag kastade	to throw
(en) mark	ground
elak	mean
att vila, jag vilade	to rest
förut	before
att visa för	to show to
att slänga upp, jag slängde upp	*here*: to open (*with force*)
faktisk	actual(ly)
att snubbla (på), jag snubblade	to trip/stumble (over)
en dammsugare, dammsugare	vacuum cleaner
en kant, kanter	edge
ett hål, hål	hole
en duk, dukar	*here*: canvas
ojsan	oops (*exclamation of suprise*)

"Nej. Den går inte att laga. Jag är ledsen barn, men vi måste nog slänga den …".

"Men mamma!" protesterar Pontus.

"Jamen titta: Där kommer ju sopbilen! Ja. Det är väl bäst att slänga den nu med en gång?"

hur gick det?	are you okay?
att slänga	*here*: to throw away
att protestera, jag protesterade	to object
jamen	*here*: oh
en sopbil, sopbilar	garbage truck

We love m and n

When we have a word ending in **-m** or **-n** and the vowel before the **-m/-n** is short, then we will get a double **m/n** if we add letters after the **-m** or **-n**:

tom → tommare

rum → rummet

vän → vännen

Vad vet du om Sverige?

Q U I Z

1. Vad heter Sveriges högsta berg?
a) Norberg
b) Matterhorn
c) Kebnekajse

2. Hur mycket kaffe dricker varje svensk i genomsnitt per år?
a) 2 kg
b) 9 kg
c) 23 kg

3. Vad kallas ibland älgen för?
a) Vildmarkens hjälte
b) Skogens konung
c) Sveriges stolthet

4. Vad stämmer inte?
a) I norra Sverige är det alltid vinter.
b) I norra Sverige går solen aldrig ner på sommaren.
c) I norra Sverige går solen aldrig upp på vintern.

5. Samerna är Sveriges ursprungsbefolkning. Vad har traditionellt varit deras viktigaste inkomstkälla?
a) osttillverkning
b) renskötsel
c) hantverk och konst

6. Vem beslutar om nya lagar i Sverige?
a) Riksdagen
b) kungen och drottningen
c) statsministern

Svenska	Engelska
Sveriges	Sweden's
varje	every
ett genomsnitt, genomsnitt	average
per	per
ett kilogram (kg), kilogram	kilogram
en älg, älgar	elk
en vildmark, vildmarker	wilderness
en hjälte, hjältar [jä-]	hero
en skog, skogar	forest
en konung, konungar	king
(en) stolthet	pride
en same, samer	sami
en ursprungsbefolkning	indigenous population
traditionell	traditional
viktig	important
en inkomst, inkomster	income
en källa, källor	source
en inkomstkälla, inkomstkällor	source of income
en tillverkning, tillverkningar	manufacturing, production
osttillverkning	cheese manufacturing
en ren, renar	reindeer

7. Vad stämmer?
a) Sverige är det största landet i EU.
b) Sverige är ungefär lika stort som Kalifornien.
c) Sverige är det enda land i Europa som kan ses från rymden. ?

8. Vilka ingredienser behöver du för att göra en semla, en populär bakelse i Sverige?
a) vispgrädde, mandelmassa och bröd
b) blåbär, bananer och choklad
c) kanel, smör och hallonsylt

9. Vad är surströmming?
a) en fisk som är arg
b) en maträtt som luktar illa ?
c) en godisbit

10. Sveriges två största sjöar heter …
a) Mälaren och Östersjön.
b) Lagan och Ätran.
c) Vänern och Vättern.

11. Vilket telefonnummer ringer du om ditt hus brinner och du vill att brandkåren ska komma?
a) 112
b) 999
c) 911

12. Vad heter Sveriges nuvarande kung i förnamn?
a) Erik
b) Carl ?
c) Birger

(en) skötsel [sj2]	care, management
renskötsel	reindeer herding
(ett) hantverk	handcraft
att besluta, jag beslutade	to decide
Riksdagen	*the Swedish parliament*
en kung, kungar	king
en drottning, drottningar	queen
en statsminister, statsministrar	prime minister
EU, Europeiska Unionen	EU, the European Union
ungefär	approximately
Kalifornien	California
enda	the only
Europa	Europe
en rymd, rymdar	space
en ingrediens, ingredienser	ingredient
en semla, semlor	cream puff
en bakelse, bakelser	pastry
(en) vispgrädde	whipped cream
(en) mandelmassa	almond paste
ett blåbär, blåbär	blueberry
en banan, bananer	banana
(en) choklad	chocolate
(en) kanel	cinnamon
(en) sylt	jam
ett hallon, hallon	raspberry
hallonsylt	raspberry jam
en fisk, fiskar	fish
en maträtt, maträtter	dish/course
illa, värre – värst – den värsta	bad
att lukta, det luktade (illa)	to smell (bad)
en godisbit, godisbitar	(a piece of) candy
vilken/vilket/vilka	which/what
att brinna, det brinner, brann	to burn
en brandkår, brandkårar	fire department
nuvarande	current/present
ett förnamn	first name

13. Stockholm är Sveriges huvudstad. Vad kallad den ibland?
a) Nordens Venedig
b) Östersjöns pärla
c) Sveriges kronjuvel

14. Vad har Astrid Lindgren inte skrivit?
a) en berättelse om de höga skatterna i Sverige
b) en kokbok för barn
c) en barnbok om en flicka som bor tillsammans med en häst

15. Sverige kan delas in i tre delar. Vad heter de?
a) Söderland, Mellanland, Uppland
b) Skåne, Medelpad, Nordland
c) Götaland, Svealand, Norrland

16. Varje år äter svenskarna i genomsnitt 16 kilogram av vad?
a) potatis
b) rökt lax
c) godis

154

en huvudstad, huvudstäder	capital city
Nordens Venedig	Scandinavia's Venice
Östersjöns pärla	the pearl of the Baltic Sea
en kronjuvel, kronjuveler	crown jewel
Astrid Lindgren	*Swedish author*
en berättelse, berättelser	story
hög, högre – högst -- den högsta	high
en skatt, skatter	*here*: tax
en kokbok, kokböcker	cookbook
en barnbok, barnböcker	children's book
en häst, hästar	horse
att dela in, jag delade in	to divide
en del, delar	part
en svensk, svenskar	Swede
en potatis, potatisar	potato
rökt	smoked
en lax, laxar	salmon
(ett) godis	candy

1. Answer the following questions.

Hur beter Oskar sig? ....

Vart springer Pontus när skoldagen är slut? ....

Varför blir Pontus arg? Vad gör han då? ....

Vad hände med gubben i tavlan? ....

Varför vill Carina slänga tavlan? ....

2. Form sentences and think about the correct word order.

Exempel: Alfred stolen medan Carina målar på tavla en sitter. → Alfred målar en tavla medan Carina sitter på stolen.

känner Erik sig lägga gå så han vill trött och sig.

van jag är timmar vid natt sova att per fyra.

kaffe vill ha te eller du?

skolan jag till innan börjar mig måste lektionen skynda .

förstår dator sönder jag inte gått min varför har.

min flyttade liten familj Malmö när till jag var.

tröja med kvällen en på det blir ta eftersom kallt.

Martin med han är vän men Peters inte vet jobbar vad fortfarande han.

är för sover Gunnar spöken på rädd så ljuset han med.   **på**   *here:* (switched) on

man inte dör blommorna hand tar om om så de.

lovade Mikael om att ta huset veckan hand hela.

mycket Jakob så paprika åt ont att han i fick magen.

Lisa måla vitt köket eftersom så vill mörkt det är.

vandra min hatar pappa att campa och.

bara farfar äta kan gröt tänder han inte eftersom har.

lugnt på gillar jag att söndagar ta det på och teve titta.

3. Think about the chapter *moving and not moving* (chapter 10). Fill in the right words.

Gemet ligger _____ på bordet och dansar.

Läraren kommer _____ i klassrummet.

Pontus går _____ för att gå hem.

Innan Pontus hinner gå _____ hoppar Oskar _____ och ropar: "Jag är ett spöke!"

Pontus väntar på Åsa _____ i snön.

"Kom _____!"

Innan de går _____ tittar båda på tavlan.

Var är gubben? Han sitter inte längre i loket! Är han _____ ?

Han sitter _____ på marken.

Carina är redan _____ och dricker kaffe.

När Pontus är _____ snubblar han och tavlan går sönder.

"Titta, sopbilen kommer _____ just nu!"

4. Make sentences. Write the dates and numbers in full words.

Exempel: 1/8 2002 → Den första augusti tvåtusentvå/tjugohundratvå

måste – i skolan – att gå – till – augusti – juni – man – i Sverige – från

födelsedag – Emmas – 13/3 – att vara

ett tåg – att gå – kl. 14:15 – till Stockholm

på kvällen – Erik – att gå och lägga sig – kl. 21:05

juni – att vara – midsommar – i – det

1/4 2018 – på – att börja – ett jobb – som läkare – jag

från – att bruka – mycket snö – till – att vara – november – mars – det

att böra – 25/2 – att komma – kl. 10 – du – hit

5. Describe what these people are wearing and what color these pieces of clothing have.

| *Filip* | *Ebba* | *Linnea* | *Paul* | *Thomas* | *Hilda* |

6. Think about what you wanted to become when you were a child and/or describe your dream job.

21

Jag kan inte sluta tänka på det som hände. Det var fruktansvärt. Jag vet inte hur länge jag har suttit här uppe på vinden. Det känns som en evighet. Det var faktiskt ganska roligt att leka med Pontus och att spela spratt med Carina. Jag var lite nyfiken, det erkänner jag! Och när jag märkte att norrskenet kunde lyfta in mig i tavlan, det var magiskt, det var underbart, då var jag bara tvungen att följa med till skolan! Jag ville så gärna se staden igen, och det var ju en ära att han ville presentera min tavla för klassen. Vad jag såg fram emot beröm och beundran!

   Men sedan hände det fruktansvärda. Allt är så annorlunda nu. Jag vill inte gå ner igen. Nej. Jag vågar inte. Sedan dess har jag suttit här

fruktansvärt	horrible
det känns som ...	it feels like ...
en evighet, evigheter	eternity
att leka, jag lekte	to play
att erkänna, jag erkände	to confess
underbar	wonderful
att vara tvungen	to have to
(en) ära	an honour
en klass, klasser	class
(ett) beröm	praise
(en) beundran	admiration
annorlunda	different
att våga, jag vågade	to dare
sedan dess	since then

Det var längesen som jag pressade mig genom ett nyckelhål.

uppe på vinden. För det mesta lämnar de mig i fred. Det är bra. De kommer bara upp ibland, kanske en gång i veckan, för att hämta eller lämna något. För ett tag sedan kom de upp med en massa saker som de inte ville ha längre. Det var ganska många saker, men värst av allt var de där förskräckligt fula sängkläderna! Vad ska jag göra med dem? Ett gult påslakan med blommor på. Lika gult och fult är lakanet och örngottet. Jag hoppas att de kommer upp och städar snart. Det ligger fortfarande här på golvet.

Nu är det väl ändå dags att gå ner? Alla ligger ju och sover, så vad kan hända? Om jag är riktigt tyst och försiktig så vaknar de säkert inte! Så bra att jag är ett spöke. Det var längesen som jag pressade mig genom ett nyckelhål, men det ska nog gå bra! Då behöver jag inte öppna vindsluckan. Okej. Sådär ja! Det är inte så enkelt, faktiskt! Och nu måste jag bara smyga ner för trappan, och ... Men vad är det som har hänt här? Var är min gungstol? Har de slängt den? Snälla! Säg att de inte har slängt min gungstol. Den har jag ju så kär! Nej! Och vad är det här? Har de redan hängt upp en ny tavla? I stället för det fina tåget som jag målade? Vad ful den är! Det är den fulaste tavlan som jag någonsin har sett! Nåväl. Nu ska vi se ... Här någonstans. Ja. Här hände det. Och där är dammsugaren som Pontus snubblade på. Här tog min resa slut. Och sedan kom sopbilen.

för det mesta	mostly
att komma upp	to come up
förskräcklig [sj1]	terrible
sängkläder (*plural*)	bedclothes/bedding
ett påslakan, påslakan	duvet cover
en blomma, blommor	flower
ett örngott, örngott	pillowcase
att städa, jag städade	to clean
ändå	anyway/nevertheless
dags att ...	time to ...
längesen	long time ago
att pressa, jag pressade	to squeeze
ett nyckelhål, nyckelhål	keyhole
en gungstol, gungstolar	rocking chair
kär	*here*: dear
att ha kär	to like a lot
att hänga upp	to hang
ny	new
någonsin	ever
nåväl	oh well
att ta slut	to end

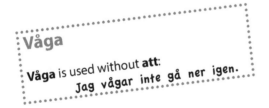

Våga

Våga is used without **att**:
Jag vågar inte gå ner igen.

Perfektum

You remember the past tense? There is also something similar to *present perfect* in Swedish, called *perfektum*. It is going to be pretty easy since you already know *preteritum*.

Basically what you do is combine **har** + *perfektum* form of the verb. Now all you have to know is the *perfektum* form for each verb. First, the bad news: if the verb is irregular, you have to learn it by heart. The forms are on the next page. However, if the verb is regular, then it's very, very simple to get to *perfektum*. The ending for *perfektum* is **-t**. So where you usually would put **-de**, **-te** or **-dde** for *preteritum*, you put **-t** or **-tt** at the end. That's all there is to it!

- **ending on** -de → t
    att koka, kokade, har kokat
    att öppna, öppnade, har öppnat
    att studera, studerade, har studerat

- **ending** -te → t
    att väcka, väckte, har väckt
    att läsa, läste, har läst
    att blåsa, blåste, har blåst

- **ending on** -dde → tt
    att bo, bodde, har bott
    att sy, sydde, har sytt

Why do we actually need *perfektum* if we already have *preteritum*? While *preteritum* is used with something that is completed or finished, *perfektum* has a connection to the present.

Preteritum
- things that are over
- when we say at what time something happened

Perfektum
- things that are still going on
- things that have à connection to the present

You will learn more about how to distinguish between *preteritum* and *perfektum* in chapter 23.

Irregular verbs

att komma, jag kommer, jag kom, har kommit
att sitta, jag sitter, jag satt, har suttit
att vara, jag är, jag var, har varit
att le, jag ler, jag log, har lett
att vilja, jag vill, jag ville, har velat
att ha, jag har, jag hade, har haft
att bära, jag bär, jag bar, har burit
att sova, jag sover, jag sov, har sovit
att kunna, jag kan, jag kunde, har kunnat
att veta, jag vet, jag visste, har vetat
att ligga, jag ligger, jag låg, har legat
att förstå, jag förstår, jag förstod, har förstått
att få, jag får, jag fick, har fått
att gå, jag går, jag gick, har gått
att sätta, jag sätter, jag satte, har satt
att ta, jag tar, jag tog, har tagit
att bli, jag blir, jag blev, har blivit
att fortsätta, jag fortsätter, jag fortsatte, har fortsatt
att se, jag ser, jag såg, har sett
att säga, jag säger, jag sa/sade, har sagt
att stå, jag står, jag stod, har stått
att ge, jag ger, jag gav, har gett
att heta, jag heter, jag hette, har hetat
att låta, jag låter, jag lät, har låtit
att göra, jag gör, jag gjorde, har gjort
att måste, jag måste, jag måste, har måst
att äta, jag äter, jag åt, har ätit
att dricka, jag dricker, jag drack, har druckit
att skola, jag ska, jag skulle, har skolat
att böra, jag bör, jag borde, har bort
att hålla, jag håller, jag höll, har hållit
att lägga, jag lägger, jag la/lade, har legat
att falla, jag faller, jag föll, har fallit
att springa, jag springer, jag sprang, har sprungit
att stiga, jag stiger, jag steg, har stigit
att skriva, jag skriver, jag skrev, har skrivit
att hinna, jag hinner, jag hann, har hunnit
att dra, jag drar, jag drog, har dragit
att slå, jag slår, jag slog, har slagit
att gråta, jag gråter, jag grät, har gråtit
att skära, jag skär, jag skar, har skurit
att dö, jag dör, jag dog, har dött

att översätta, jag översätter, jag översatte, har översatt
att smyga, jag smyger, jag smög, har smugit
att föreslå, jag föreslår, jag föreslog, har föreslagit
att sjunga, jag sjunger, jag sjöng, har sjungit
att lysa, jag lyser, jag lyste/lös, har lyst
att försvinna, jag försvinner, jag försvann, har försvunnit
att sitta, jag sitter, jag satt, har suttit
att rida, jag rider, jag red, har ridit
att hoppas, jag hoppas, jag hoppades, har hoppats
att andas, jag andas, jag andades, har andats
att finnas, jag finns, jag fanns, har funnits
att förlåta, jag förlåter, jag förlät, har förlåtit
att välja, jag väljer, jag valde, har valt
att röra (på sig), jag rör, jag rörde, har rört
att låta bli, jag låter bli, jag lät bli, har låtit bli
att flyga, jag flyger, jag flög, har flugit
att uppstå, jag uppstår, jag uppstod, har uppstått
att sköta (sig), jag sköter, jag skötte, har skött
att nysa, jag nyser, jag nös, har nyst
att köra, jag kör, jag körde, har kört
att förstöra, jag förstör, jag förstörde, har förstört
att brinna, det brinner, det brann, har brunnit

How often?

In Swedish *how often* (**hur ofta**) can be expressed in four different ways.

1 The preposition **per** + *noun* in indefinite form:

> Hur ofta ser du en film?
> – Jag tittar på en film två gånger per vecka.
> Hur ofta äter du ute?
> - Jag äter ute tre-fyra gånger per vecka.

2 The preposition **i** + *noun* in definite form are used for different ways of expressing time, but not for **året** *(year)*, **dagen** *(day)*, **dygnet** *(24 hours)*:

> Hur ofta reser du till Stockholm?
> - Jag reser till Stockholm en gång i månaden.
> Hur ofta går du på gym?
> - Jag går på gym tre gånger i veckan.

3 The preposition **om** + **året/dagen/dygnet**:

> Hur ofta har de semester?
> De har semester tre gånger om året.
> Hur ofta dricker hon vatten?
> Hon dricker vatten sju-åtta gånger om dagen.

4 If you want to express that something happens regularly, you can use **varje** *(every)*, **varannan** *(every second)*:

> Hur ofta åker du skidor?
> - Jag åker skidor varje vinter, t.o.m. varje dag då det finns tillräckligt med snö på marken.
> Hur ofta går du ut med hunden?
> - Jag går ut med hunden varje morgon och kväll.
> Hur ofta tänker ni på gamla minnen?
> - Vi tänker på sånt som hände förr varje jul om inte oftare.

en film, filmer	movie
året	*here*: a/per year
ett dygn, dygn	day
dygnet	*here*: a/per day
en månad, månader	month
månaden	*here*: a/per month
ett gym, gym	gym
veckan	*here*: a/per week
en semester, semestrar	vacation
en skida, skidor	ski
att åka skidor	to go skiing
tillräcklig (med)	enough (of)
en hund, hundar	dog
sån	such

Länge – långt

en lång väg

Kiruna
20 km

vi måste gå långt

8.30 en lång tid

öppet
10-18

vi måste vänta länge

Långt and **länge** are adverbs. They come from the adjective **lång**. There is a difference in meaning between the two: **långt** refers to distance, **länge** refers to time.
But remember:

en lång väg → (adjective)
en lång tid → (adjective)

The comparative and superlative forms for the adverbs are the same as for the adjective:

vi måste gå längre/längst
vi måste vänta längre/längst

1. Answer the questions.

Hur länge har Alfred stannat på vinden?

Ibland kommer Carina och Anders upp på vinden. Vad gör de där?

Varför ville Alfred följa med till skolan?

Varför måste Alfred vara tyst?

Vad tycker Alfred om den nya tavlan? Varför?

2. Fill in the correct verb form following the example below.

Infinitive	Present tense	Preteritum	Perfektum
att säga	jag säger	jag sa/sade	jag har sagt
att sitta			
		jag fick	
	jag gör		
att ta			
			jag har ätit
		jag hette	
att bli			

3. Complete the sentences with the correct *perfektum* form.

Jag har aldrig (att spela) fotboll.

Lea har aldrig (att vandra) på Kebnekajse.

Du har aldrig (att cykla) från Stockholm till Lund.

Sven har aldrig (att sy) byxor.

Astrid har aldrig (att sjunga) i en kör.

Paul har aldrig (att lyssna) på svensk musik.

4. Think about something you have never done before and write some sentences about it.

5. What is the closest way to the next supermarket for you? Write it down. Then, try to describe it to a friend or your teacher without looking at the notes. (If you don't have a Swedish speaking friend who will listen to you, describe it to your teddy bear.)

6. Take a look at the answers below and complete the questions accordingly.

- Vilken _____? – Den bästa vägen till parken är om du går rakt fram och sen tar du den första gatan till höger.
- Var _____? – Du hittar grundskolan mellan parken och restaurangen.

- När _____ ? – Filmen på bion börjar kl. 20.45.
- Hur _____? – Du lämnar sjukhuset och går till vänster. Sedan går du rakt fram till du kommer fram till en korsning. Nu går du fram till det andra huset till höger. Det är universitetet.
- Varför _____? – Man kan inte åka dit eftersom det inte finns gator eller parkeringsplatser.
- Vart _____?– Sandra går till restaurangen till höger om grundskolan för att äta efter jobbet.
- Hur _____? – Min vän Jonas kommer hit med tåget.

7. Answer the following questions.

Exempel: Hur ofta städar du köket? → Jag städar köket en gång i veckan.
Hur ofta städar du vardagsrummet?
Hur ofta städar du badrummet?
Hur ofta går/gick du till skolan?
Hur ofta hälsar du på din morfar?
Hur ofta klipper du håret?
Hur ofta borstar du tänderna?

8. Adjective or adverb? Fill in the correct form.

Förlåt! Har du väntat (lång) på mig?
Chris är väldigt (snäll).
Jag har längtat så (lång) efter en (god) kopp kaffe!
Tåget åkte (långsam) fast det heter snabbtåg.
Det är (jätterolig) i skolan!
Jag har inte sett min vän Louis sedan (lång).
Du pratar för (hög)! Var (tyst)!
Vilket (intressant) arbete Mika har!
Ni måste vara väldigt (törstig)! Ni dricker så (snabb).

ett snabbtåg, snabbtåg	express train

9. Think about what is special for your own country or a country you like.
Write a short text and use the following questions as inspiration.

What is the nature like in your/this country?
What original dish is there in your/this country?
What kind of activities or sports are there to do?
What is the weather like?
What is the political situation?
What does the flag look like?

22

När jag satt i tavlan var det nästan som att sitta i ett vanligt tåg. Det gällde däremot att sitta still. När jag rörde på mig så gjorde nämligen gubben också det. Det gick bra och ingen märkte någonting. Ända tills den där Pontus kastade tavlan på marken. Det var det som förändrade allt. Kraften var så stark att det var helt omöjligt att hålla sig fast. Jag flög ut ur loket och landade med ansiktet i snön. När jag vände mig om såg jag tåget framför mig. Jag var alltså fortfarande i bilden. Och då såg de mig. De såg att gubben låg i snön framför tåget. Jag glömmer aldrig den känslan. Det var fruktansvärt. Jag försökte klättra upp i tåget igen, men hela världen skakade när de sprang med tavlan.

Och när Pontus sedan snubblade på dammsugaren flög jag en gång till – men den här gången flög jag ut ur bilden. Det kändes som om himlen öppnade sig. Plötsligt var jag tillbaka i mitt hus. Jag var så rädd att jag sprang och gömde mig bakom gardinen. Det tog ganska lång tid innan jag märkte att de inte kunde se mig. Jag var ju inte i tavlan längre. Först då gick jag upp på vinden igen.

Nåväl. Det var då, det.

Fort! Jag måste gömma mig!

vanlig	normal, *here*: real
att gälla, det gällde	to be valid
det gällde att ...	I had to ...
nämligen	namely
ända tills ...	as long as/until ...
att förändra, jag förändrade	to change
(en) kraft	force
omöjlig	impossible
att landa, jag landade	to land
ett ansikte, ansikten	face
att öppna sig, jag öppnade mig	to open up
en gardin, gardiner	curtain
att ta tid	to take time

Men vad är det jag ser där borta på bordet? Är det inte ett kuvert som ligger där under hatten? Jo, det är det. Jag undrar vad det innehåller. Man ska ju inte ... men alla ligger ju och sover. Jag ska bara kolla lite snabbt. Är det biljetter? Ja, tågbiljetter! Tre stycken. Och ett kort: "Grattis på födelsedagen Pontus!" De ger honom en tågresa i födelsedagspresent! Till Stockholm. Så långa resor var ovanliga på min tid. Tänk om man kunde ... Nej! Inga fler äventyr för mig! Och tavlan är ju borta ändå! Även om jag vill så går det inte. De kan resa iväg! Då lämnar de mig ifred och jag får huset för mig själv! Fast tänk om ... tänk om det fanns ett sätt ... Jag har aldrig varit i Stockholm ...

Vad var det? Är det någon i köket? Hjälp! Det är Carina och Anders. Vad gör de uppe så här tidigt? Fort! Jag måste gömma mig! Här, bakom gardinen. Men vad ska de göra med tårtan? Jaha! De ska överraska Pontus. Sådär ja! Gå förbi nu! Men vänta lite ... De kan ju inte se mig. Så dum jag är! Men vad gör du, Anders? Varför ställer du tårtan på bordet? Åh! De letar efter kuvertet! Jag håller ju fortfarande i det! Vänd dig om, Carina, så ska jag lägga tillbaka det på bordet. Du får inte se när jag gör det ... Attans! Nej, det gick inte så bra. Om jag kastar det på golvet. Sådär ja! Precis framför fötterna nu! Bra! Så, bry er inte om mig. Jag finns inte. Jag är bara ett snällt litet spöke. Sådär ja! Gå upp till Pontus nu! Ja, må han leva, ja, må han leva ...

mycket mer – många fler
Remember:
mycket mer kaffe
but
många fler koppar kaffe

ett kuvert, kuvert	envelope
en hatt, hattar	hat
jo	yes (challenges a negative statement)
att innehålla, det innehåller, innehöll, har innehållit	to contain

en biljett, biljetter	ticket
en tågbiljett, tågbiljetter	train ticket
stycken	here: a total of
ett kort, kort	card
grattis på födelsedagen	happy birthday
en resa, resor	journey, trip
en tågresa, tågresor	train ride
en födelsedagspresent, födelsedagspresenter	birthday gift
i födelsedagspresent	as a birthday present
lång	long
ovanlig	unusual
Tänk om man kunde ...	Imagine if one could ...
fler	more
ett sätt, sätt	here: a way
tidig	early
fort	fast/quick
en tårta, tårtor	cake
att överraska, jag överraskade	to surprise
dum	stupid
att hålla i ...	to hold on to ...
attans	dang it
bry er inte om mig	don't mind me
snäll	kind
Ja, må han leva	May he live long! (Swedish birthday song)

Ja – jo

Är det ett kuvert som ligger där under hatten?
– Ja, det är det.

Är det inte ett kuvert som ligger där under hatten?
– Jo, det är det.

When you answer a question with **yes** and the question contains the word **inte** *(not)*, then you cannot respond with **ja** – you have to use the word **jo**. For those of you who know German: the Swedish **jo** is the same as the German *doch*.

Getting rid of *som*

Sentences starting with **som** are subordinate clauses. The word **som** can replace the object or subject in the subordinate clause (see chapter 12). Whenever **som** is the object in the subordinate clause, we do not have to say it. Look:

Men vad är det (som) jag ser där borta på bordet?

Let's analyse this sentence. We have a subordinate clause at the end of the main clause. This is the structure of the subordinate clause:

connecting word (**som**) – subject (**jag**) – verb (**ser**) – rest

Why can we leave out **som** here?

Many times, languages are not really logical. But there is at least *some* logic behind it: in the example, **som** is an object. I can divide the sentence and replace **det** with **som** in the second sentence:

Men vad är det?
Jag ser det där borta på bordet.

Look at another example where **som** is the subject in the subordinate clause:

Det var det som förändrade allt.

Why can we not leave out **som** here?

Because it is the subject, and *every* Swedish sentence (even a subordinate clause) must have a subject.

Very often, there is no waiter in Swedish restaurants: you go to a desk and order your food there. In this case, it is not common to tip staff. Otherwise tipping is not required, but you might round up a little if the service has been good.

At universities and many big companies, there is a canteen (**kafeteria**), which often serves hot food as well. For lunch, some Swedes prefer a snack taken from home (called **matlåda**), e.g. a sandwich or a salad.

You might have noticed that prices at restaurants can be high. But between 12:00-15:00 many restaurants have very reasonable lunch offers, so if you want to eat out on a budget that is something worth considering.

Look at the following sentences and find a suitable reply:

Har ni ett ledigt bord för fyra personer?	Ja. Kan vi få menyn?
Kan vi sitta här?	Ja. Hur vill du betala?
Vill ni äta?	Ja, självklart.
Kan du rekommendera något?	Ja, här vid fönstret.
Vad vill du dricka?	Ja, dagens fisk, till exempel.
Har ni italienskt rödvin?	Nej, bara kyckling.
Är det möjligt att få dagens soppa utan kött?	Jag tar ett glas öl, tack.
Är det fläskkött i den här rätten?	Ja, men det finns inte på menyn.
Har ni vegetarisk mat också?	Självklart. Det går bra.
Kan jag få notan?	Nej, tyvärr.

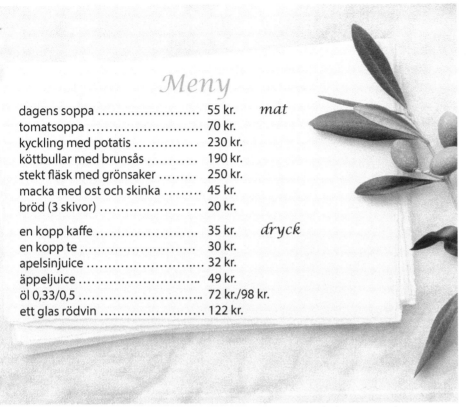

Meny

dagens soppa	55 kr.	*mat*
tomatsoppa	70 kr.	
kyckling med potatis	230 kr.	
köttbullar med brunsås	190 kr.	
stekt fläsk med grönsaker	250 kr.	
macka med ost och skinka	45 kr.	
bröd (3 skivor)	20 kr.	
en kopp kaffe	35 kr.	*dryck*
en kopp te	30 kr.	
apelsinjuice	32 kr.	
äppeljuice	49 kr.	
öl 0,33/0,5	72 kr./98 kr.	
ett glas rödvin	122 kr.	

Take a look at the sentences to the left and write your own dialogue. Use the menu to order your drinks and food and use the prices to calculate your bill.

> **!!**
> En **öl** – a glass of/bottle of beer
> Ett **öl** – a sort of/brand of beer
> En **kaffe** – a cup of coffee
> **Kaffet** – (the) coffee – the liquid itself

Thank you – please

Snälla, which you can use as *please*, is not as common in Swedish as the English *please*. At the same time, there are a lot of versions of saying *thank you* (see chapter 1). One alternative for **snälla** is to say **tack** when you order or ask for something.

en kafeteria, kafeterior	cafeteria
en matlåda, matlådor	lunch box
ledig	free/available/ vacant
att rekommendera, jag rekommenderade	to recommend
italiensk	Italian
(ett) rödvin	red wine
möjlig	possible
dagens	*here*: today's
en soppa, soppor	soup
(ett) kött	meat
(ett) fläskkött	pork
en rätt, rätter	meal
vegetarisk	vegetarian
en nota, notor	bill
en meny, menyer	menu
självklart [sj2]	of course
ett glas öl	a glass of beer
att betala, jag betalade	to pay
en kyckling, kycklingar	chicken
en tomatsoppa	tomato soup
en köttbulle, köttbullar	meatball
(en) brunsås	brown sauce
stekt	fried
en dryck, drycker	drink

1. Answer the questions.

Varför kunde inte Alfred klättra upp i tåget igen?
Vad gjorde Alfred när han föll ur tavlan?
Vad gör Carina och Anders i köket?
Vad får Pontus i present på födelsedagen?
Vill Alfred åka till Stockholm eller vill han stanna hemma?

2. Write at least one sentence with each verb, describing how often you do something. You can also use the words in brackets as inspiration. Think about changing the words correctly if necessary.

Exempel:

att vakna   (en klocka – att ringa – en sol – att lysa)
→ Jag vaknar aldrig innan klockan ringer. OR Jag vaknar sällan när solen lyser i mitt rum.

att försöka   (att öppna – eftersom – ett kylskåp – att arbeta – ett sjukhus)
att fortsätta   (att sova – att läsa – mörk – en klocka – sen)
att gömma   (under – godis – en bok – en säng – för att – en hund)
att klä på sig   (färgglad – byxor – fin – en jacka – kall – för att – en vinter)

3. Put in *länge/långt/mycket/många*.

Hur ... är tåget?
Hur ... borstar du tänderna?
Hur ... spelade du fotboll igår?
Hans födelsedag var för ... sedan.
Eleverna väntade ... på läraren.
Hur ... är det till Riksgränsen?
Hur ... kostar en biljett till London?
Hur ... länder finns det i Europa?
Hur ... dagar har augusti?
Läkare tjänar ofta ... pengar.
I djupa sjöar finns det ... fiskar.
En liten semla har sällan ... mandelmassa.

4. Fill in the right preposition.

Sara såg en stor hund till höger ____ huset.
Vill du komma ____ mig ikväll? – Jag har tyvärr ingen tid. Jag är faktiskt ____ Fred just nu.
____ min trädgård finns många olika träd och buskar.
Det står ett brunt skåp ____ fönstret.
_____ skolan går man rakt fram och tar den första gatan ____ vänster.
Vänd dig inte ____ ! Det står en förskräcklig man _____ dig!
Vad ska vi göra ____ helgen?
Man måste bara gå längs ____ vägen och så kommer man fram ____ mitt hus.
Barn sprang ner ____ trappan för att äta choklad.

5. Put the word pairs of adjectives and nouns in the correct plural form and then in the definite plural form with the superlative adjective form.

Exempel: en underlig veckodag (2) → två underliga veckodagar → de två underligaste veckodagarna

en viktig arbetsplats (13)

en elak chef (10)

en blå himmel (3)

ett fruktansvärt spöke (21)

en smutsig skjorta (9)

en gammal tradition (16)

en farlig aktivitet (35)

en vanlig spegel (4)

ett litet kort (72)

en tom stad (8)

en busig flicka (15)

en djup sjö (100)

en ny tröja (93)

ett ovanligt par (54)

6. Complete the sentences about feelings. Be creative.

Exempel:

Jag blir arg när min bror kommer i mitt rum.

→ Jag blir även argare när han leker med mina saker.

→ Men jag blir argast när han äter mina flingor!

a) Jag är lycklig när du kramar mig.

Jag är även lyckligare ...

Jag är lyckligast ...

b) Jag är varm när jag har på mig en tröja på sommaren.

c) Jag blev glad eftersom vi träffades igår efter en lång tid.

d) Jag känner mig nöjd efter att jag har sprungit i en timme.

e) Jag är pigg om jag dricker en kopp kaffe.

f) Jag känner mig ofta ledsen efter att jag har läst en bok.

g) Jag känner mig orolig om du inte ringer.

7. Pontus is writing a letter to a friend telling him what happened that day when the green guy appeared in the picture. Retell the story from Pontus' perspective including Pontus' thoughts and feelings about the events. Make sure to use the following words:

ett tåg, ny, att försöka, ovanlig, en dammsugare, en skola, en vän, möjligt

Have you fallen in love with grammar?

I know I sound like a cynic. Most people have hated grammar ever since school, and it gives them the creeps when they see tables or hear strange Latin expressions. Also, when people think of foreign languages they studied at school or university, they often say "we never learned to speak, we only did grammar".

Consequently, many language schools have almost abolished studying grammar. They might call this a "communicative approach", and they might compare this to how a child learns the mother tongue.

While I agree that grammar is unbelievably overestimated at traditional schools, I am also convinced that it is critically underestimated in many modern language courses. I strongly believe you should have a very good theoretical knowledge of the language you want to learn.

Now before you throw rotten tomatoes at me, let me first defend my view and then tell you how you can fall in love with grammar (yes, you can!).

Children have the ability to get it right without studying grammar, so how can that approach be wrong? Well firstly, you might not have as much time as a little child. A two-year old spends almost all day learning to talk. Secondly, children have a boundless capability of imitating, which deteriorates once you have learned your mother tongue. You will then compare everything to your mother tongue, so all structures of a new language appear to be wrong at first.

Therefore, if you want to learn a language fast, and use it correctly, do not avoid grammar. So how can you make the best of it?

1. Work on your attitude. Do you know people who have learned your mother tongue as a foreign language perfectly, who speak almost without any mistakes? How does that sound compared to those who never bothered about grammar? How would you like to speak Swedish? Do you want to be admired by Swedes?

2. Make sure you get the most important things right first. In Swedish, this is everything that has to do with verbs, not genders and adjective endings.

3. When you speak, do not think of grammar before you talk, but afterwards. Sounds weird? I have seen so many students who did not want to speak because they were afraid of mistakes. But you can learn from mistakes. Get help from teachers and friends – encourage them to correct you. Analyse what you have said: why was it wrong, and how did your friend/teacher say it? What rules did they apply? Do the same with texts – read through them after having written them.

4. Do not stress yourself out. Nobody is putting you to the test here. You have all the time you need to study grammar. If you do not understand a grammar issue today, put down your textbook. Go for a walk. Give it another try tomorrow.

In this book, we have tried to make explanations thorough, yet pleasant. However, if there is something you do not understand, or if you have a suggestion of how we could improve an explanation or exercise, please send an e-mail to alfred@skapago.eu.

23

Vinden blåser genom Anders hår. Han står på en båt som precis har lämnat Gamla stan och är på väg till Skeppsholmen. På höger sida kan han se de vackra klipporna på Södermalm. Rakt fram ligger Kastellholmen. Där, uppe i tornet på Kastellet, hänger den berömda flaggan. Den har hängt där i flera hundra år.

"Jag förstår fortfarande inte varför mamma inte kunde hänga med."

"Det har jag redan förklarat för dig, Pontus. Mamma måste arbeta först. Vi möter upp henne lite senare, vid Skeppsholmsbron."

"Ja, men varför måste hon jobba just nu då? Var det inte hon som ville titta på tavlor? Jag vill hellre se vakterna på slottet."

"Det har vi ju redan gjort."

"Ja, jag vet. Men i så fall vill jag gå till Skansen och titta på djur!"

en båt, båtar	boat
Gamla stan	the old town, *a part of Stockholm*
Skeppsholmen [sj2]	*one of Stockholm's islands*
en klippa, klippor	cliff
Södermalm	*a district in Stockholm*
Kastellholmen	*a small island in the centre of Stockholm*
ett torn, torn	tower
Kastellet	*a citadel located on Kastellholmen*
en flagga, flaggor	flag
att hänga med	to come along
att möta <u>upp</u>, jag möter <u>upp</u>, mötte, har mött	to meet up with
Skeppsholms-bron	*a bridge connecting Blasieholmen and Skeppsholmen*
hellre	rather
en vakt, vakter	guard
ett slott, slott [å]	castle
Skansen	*an open-air museum with a zoo in Stockholm*
ett djur, djur [jur]	animal

Och efter det går vi kanske till stranden och äter en glass.

"Vi åkte inte genom hela landet för att titta på djur. Det har vi gott om hemma i skogen. Först ska vi titta på Kastellholmen, och sedan går vi på en utställning på Moderna museet. Havsblickar från Wakkanai: Den inre rörelsen i nordjapanskt landskapsmåleri från 1952 till 1958."

Pontus säger ingenting och stirrar på honom.

"Du kommer att tacka mig när du blir äldre!"

"Jag tänker inte måla några tavlor när jag blir stor. Det vet jag i alla fall. Då vaktar jag hellre slottet!"

"När du blir gammal får du göra vad du vill. Men idag går vi till museet och tittar på tavlor. Det har mamma bestämt!"

Pontus lägger trotsigt armarna i kors och rullar med ögonen.

"Och efter det går vi kanske till stranden och äter en glass. Om du inte säger något till mamma!"

"Okej! Vi går väl och tittar på den där utställningen då!"

Fast egentligen tycker han fortfarande att slottet är mycket intressantare. Han klättrar upp på en stege för att få se slottet en sista gång. När han kommer upp har det tyvärr redan försvunnit bakom horisonten. Typiskt! I stället får han nöja sig med Kastellholmen. De åker förbi den nu. Flaggan som hänger där uppe dansar verkligen vilt i vinden.

"Håll i hatten, Pontus!"

ett land, länder	country
en utställning, utställningar	exhibition
Moderna museet	a state museum in Stockholm
Havsblickar	sea views
Wakkanai	a city located in Hokkaido, Japan
inre	inner
en rörelse, rörelser	movement
nordjapansk	northern Japanese
ett landskapsmåleri, -målerier	landscape painting
att tacka, jag tackade	to thank
några	here: any
att vakta, jag vaktade	to guard
att bestämma, jag bestämde	to decide
trotsig	defiant
att lägga armarna i kors	to cross one's arms
att rulla med ögonen, jag rullade	to roll one's eyes
en strand, stränder	beach
en glass, glassar	ice cream
en horisont, horisonter	horizon
typisk	typical
att nöja sig med ..., jag nöjde mig med	to settle for...
vilt	here: wildly

Preteritum and perfektum:
when to use which one

The main rule here is: if we are just telling what happened in the past, then we use *preteritum*. But if the things that took place have some connection to the present, then we use *perfektum*.

> **Har de slängt min gungstol?**
> → **Gungstolen är borta nu.**

So here we use *perfektum* because giving away the rocking chair in the past has an effect on the present: the rocking chair is gone.

> **Det har jag redan förklarat för dig.**

In this example the connection to the present is not in the text, but obviously it is there: Anders has explained it to Pontus before, so he does not want to explain it again.

This "connection to the present" can also mean that an action starting in the past is still going on:

> **Sedan dess har jag suttit här uppe på vinden.**

... He is still sitting in the attic.

Of course, sometimes (actually, pretty often), there can be quite some debate as to whether there is some relevance for the present or not. For example, look at the following sentence:

> **Vi åkte inte genom hela landet för att titta på djur.**

If Anders is just stating a fact, then *preteritum* is a good choice (no relevance for the present). But Anders might want to make the connection to the present (they are not going to the zoo). Then, *perfektum* would be a better choice.

But there is no need to turn it into a science. You will often hear people in Sweden making the "wrong" choice, so let's not get too carried away, ok?

The only thing you should *really* remember is the following:

Inger och Bengt har bott **tillsammans i tre år**
Perfektum: they are still living together.

Ida og Per bodde **tillsammans i tre år.**
Preteritum: they don't live together anymore but did so for three years.

---

i tre år	for/during three years

Future

There are three ways of expressing that something will happen in the future.

1   Simply use the present tense (see chapter 6). To make people understand that you are talking about something happening in the future, add an expression like for example **om 20 år** or **i morgon**:

> Jag vaktar hellre slottet om 20 år.
> Vi går på en utställning på Moderna museet i morgon.

2   **Ska** and another verb in *infinitive*. We use this when the future action depends on our own decision, i.e. when we have control over whether it will happen or not.

> Vi ska titta på Kastellholmen först.
> Jag ska gå till stranden och äta en glass.

Sometimes **tänker** is used instead of **ska**.

> Jag tänker inte måla några tavlor när jag blir stor.
> Han tänker klättra upp på en stege.

3   The form **kommer att** and the verb in *infinitive* is used when you talk about something in the future you cannot control. It can be about something predicted or a natural process, where the subject is not planning.

> Jag vet inte om jag kommer att lära mig att dansa vals.
> Pontus kommer ännu att rulla med ögonen många gånger.
> Det kommer att vara solsken i morgon.

Sometimes you can also use **blir** instead of **kommer att vara**:

> Det blir solsken i morgon.

> Remember that the preposition **om** expresses future time here:
> Jag vaktar hellre slottet om 20 år.
> I would rather guard the castle in 20 years.
>
> Jag vill gå till Skansen och titta på djur om ett par timmar.
> I want to go to Skansen and look at animals in a few hours.

vals	waltz
ännu	*here*: still

För ... sedan, om, i

> Klockan är 14.30.

> 14.20 → för tio minuter sedan
> 14.40 → om tio minuter
> från kl. 14.20 till kl. 14.30 → i tio minuter

Put that together with what you have learned about *preteritum* and *perfektum*:

> Jag har väntat på dig i tio minuter.
> → I started waiting at 14.20 and am still waiting.
> Jag väntade på dig i tio minuter.
> → I started waiting at, say, 14.15, and you came at 14.25.

1. Answer the following questions.

I vilken stad är familjen nu?

Vart ska Pontus och Anders åka?

Vad vill Pontus hellre göra ?

Vad gör Carina under tiden?

Vad ska Anders och Pontus äta senare?

Vad försöker Pontus se en sista gång?

2. What hobbies are associated to which emotions for you? Make sentences.

Exempel: Jag gillar att spela fotboll.

Jag älskar	att cykla.
Jag tycker om	att titta på teve.
Jag är rädd för	att simma i en sjö.
Jag tycker att det är spännande	att åka skidor.
Jag blir pigg av	att dricka kallt kaffe.
Jag hatar	att lyssna på skandinavisk musik.
Jag gillar	att spela gitarr.
Jag gillar inte	att spela datorspel.
Jag tycker att det är underbart	att sy.
Jag längtar efter	att gå på fest.

3. Fill in the correct future form.

Exempel: Jag ska/tänker klä på mig den blåa klänningen med de gula skorna till festen på fredag.

- Ta med en jacka! Det _____ regna.
- Dina vita kläder _____ rosa om du tvättar dem med en röd skjorta.
- Skolan _____ börja klockan kvart över åtta.
- Luisa behöver inga strumpbyxor eftersom det _____ varmt ikväll.
- Vad _____ vi göra imorgon?
- Lisa _____ köpa den fina tröjan.

4. *Perfektum* or *preteritum*? Read the pairs of sentences that have quite similar content but one of them is in *perfektum* and one in *preteritum*. Decide which is which and why.

a) Förra sommaren (att resa) _____ jag genom Sverige.

Jag (att resa) _____ genom Sverige (en gång).

b) Julia (att inte äta) ____ choklad på två år.

Julia (att äta) _____ choklad sista gången för två år sedan.

c) Familjen Andersson (att bo) ____ i ett hus i sju år.

Familjen Anderson (att flytta) _____ fem gånger de sista tre år.

5. Adjective or adverb? Fill in the correct form.

Anna syr klänningen särskilt (snabb).

Han är en (vuxen) människa men han beter sig som ett (busig) barn.

Du ser så (trött) ut! Du arbetar för (hård), älskling!

Den (ny) datorn är tyvärr mycket (långsam).

Norrskenet lyser mycket (ljus) ikväll.

Den här uppgiften är väldigt (enkel). Jag löser den (snabb) utan problem.

Elsa bryr sig (kärleksfull) om blommorna i trädgården.

Det är (omöjlig)! Det kan inte vara (sann)!

Din musik spelar för (hög)! Stäng av den nu!

Paul kör alltid (långsam) eftersom han är (rädd) för att något ska gå (sönder).

Hon tittar (förskräckt) på filmen. Den är så (spännande)!

Han har skrivit en (utmärkt) bok. Har du läst den?

Gustav hälsar (vänlig) på grannarna.

6. Describe what you are planning to do the next weekend. Think about including different forms of future tense in your text. Also take a look at previous chapters to get some inspiration. You may want to pick a topic like hobbies, food, family, eating out, or celebrating a party or special occasion. Be creative!

7. *Perfektum* eller *preteritum*?

När jag [vara] barn kunde jag inte spela något musikinstrument. Men jag [spela] piano i över 5 år nu. Jag [bli] ganska bra på det. När jag [träffa] min flickvän ville jag imponera på henne. Jag [sätta] mig ner vid mitt piano och [spela] *Für Elise* av Beethoven. När jag [vara] klar [skratta] hon bara. Jag [kunna] inte förstå varför. Då [berätta] hon att hon [jobba] som konsertpianist sedan hon var 10 år. Jag [känna] mig jättedum!

Vakterna på slottet, Stockholm

24

Men det är redan för sent. När båten svänger in mot bryggan vid hamnen har vinden blivit så stark att den blåser bort hatten från hans huvud. Nu flyger den genom luften. De följer hatten med blicken och ser hur den hamnar i vattnet.

En man ropar:

"Släpp förbi mig! Stackars pojke! Den fina hatten!"

Pontus tycker att mannen ser ut lite som en pirat. Han har en pipa i munnen, en vit och blå-randig tröja och till och med en käpp. Men det som sticker ut mest och som slutligen övertygar Pontus om att det här nog är en äkta pirat – det är en läskig liten detalj man bara inte kan missa: Han saknar ett öra!

att svänga in, jag svängde in	to turn towards
en brygga, bryggor	bridge
en hamn, hamnar	dock
att bli, jag blir, blev, har blivit	to become
hans	his
en blick, blickar	glimpse, glance
luft	air, *here*: wind
att hamna, jag hamnade	to end up/to land
att släppa, jag släppte	to let pass, to release
släpp förbi mig	let me through
en pirat, pirater	pirate
en pipa, pipor	pipe
randig	striped
en käpp, käppar	walking stick
att sticka **ut**, det sticker, stack, har stuckit	*here*: to stand out
slutligen	finally, eventually
att övertyga, jag övertygade	to persuade
äkta	genuine, real
läskig	scary, creepy
en detalj, detaljer	detail
att sakna, jag saknade	to miss

"Jaså, ni har unnat er glass!"

"Ingen fara! Jag ska fiska upp den åt dig. Vilken tur att båten har stannat."

Då känner Pontus att någon tar tag i hans ben. Det är Anders som rycker i honom. Han ser helt skräckslagen ut.

"Kom ner därifrån. Vi måste gå nu!"

Utan ett ord drar han iväg Pontus och de skyndar sig förbi mannen som nu står och försöker fånga upp hatten med käppen.

"Men min hatt, pappa!"

"Bry dig inte om hatten nu. Den är inte så viktig."

"Men kolla! Han försöker ju hjälpa oss!"

Anders svarar inte på Pontus protester. De fortsätter raskt framåt och han släpper inte taget om Pontus arm förrän de står på land och båten börjar åka igen, på väg därifrån, mot nästa hamn. Anders ser fortfarande rädd ut.

"Och inte ett ord om mannen till mamma! Lova mig det!"

Inte förrän några timmar senare, när de sitter och väntar på Carina, har Anders lugnat ner sig igen. De sitter och tittar ut mot havet med en glass i handen. Vilken lång dag!

"Jaså, ni har unnat er glass!"

"Hej Carina! Hur var det på kungliga biblioteket? Hittade du allt du letade efter?"

"Jodå. Jag är nöjd. Och vad har ni gjort idag?"

"Vi har tittat på tavlor!"

"Ja, det vet jag väl! Vad har ni gjort mer då?"

Hon vänder sig om mot Pontus.

"Ska du inte ta på dig hatten, Pontus? Det är ju så kallt."

"Den är borta, mamma."

"Och vi har åkt båt, Carina ..."

"Vad menar du med att den är borta, Pontus?"

"... 'Havsblickar från Wakkanai!' Jag har aldrig sett någonting liknande i hela mitt liv ..."

"Jo, det var så att jag klättrade upp på en stege."

"Upp på en stege?! Var då någonstans?"

"På båten. Och vinden blåste verkligen jättestarkt!"

"Vinden?!"

"Ja, och så tappade jag hatten, och då ville en pirat ..."

"... Hatten! Ja. Han tappade den i vattnet. Det var ju verkligen synd! Men titta! Klockan börjar bli så mycket. Det är dags att gå till teatern. Det har jag sett fram emot hela dagen! Så, kom nu! Vi måste skynda oss!"

att fiska upp, jag fiskade upp	*here*: to get/to fish out
att stanna, jag stannade	to stop
att rycka i något, jag ryckte	to pull something
skräckslagen	terrified
därifrån	from there
en man, män	man
en protest, protester	protest/outcry
rask	rapid
framåt	forward
att släppa taget, jag släppte taget	to let go
förrän	until
att lugna ner sig, jag lugnade ner mig	to calm (oneself) down
ett hav, hav	sea/ocean
att unna sig, jag unnade mig	to indulge
kungliga biblioteket	the royal library
jodå	oh, yes
vad ... mer	what else
kall	cold
liknande	similar
hela mitt liv	all my life
jätte- (stark)	very (strong)
en klocka, klockor	clock
klockan blir mycket	*common expression for* it's getting late
en teater, teatrar	theatre

With *som* or without *som?*

In this text there are some more examples where we have left out **som**.

> Det är en läskig liten detalj (som) man bara inte kan missa.

As you know, I can divide the sentence and replace **detaljen** with **som**:

> Det är en läskig liten detalj.
> Detaljen kan man bara inte missa.

Look at another example where som is the subject in the subordinate clause:

> De skyndar sig förbi mannen som nu står och försöker fånga
> upp hatten.

Why can we not leave out **som** here?

Because it is the subject, and every Swedish sentence (even a subordinate clause) must have a subject.

Skeppsholmen, Stockholm

Transport – att planera en resa

Du planerar en resa. Det är självklart att du planerar resan själv och inte resebyrån. Planera olika rutter, så att din resa börjar och slutar vid olika ställen/orter. Här finns några exempel på var du kan starta och sluta din resa.

a) Skansen, Stockholm → Klockstapeln, Kiruna
b) Sigtuna busstation → Mårbacka Minnesgård
c) Lilla torg, Malmö → Tomteland, Sollerön (Mora)
d) Friends Arena, Råsta Strandväg 1, Solna → Rådhusgatan 1, Kristinestad, Finland

Svara på följande frågor för alla rutter:
- Tar du bussen, tåget, färjan eller flyget?
- Behöver du tunnelbana, spårvagn eller taxi?
- Var måste du byta tåg, flyg, spårvagn eller så?
- Har du hittat de rätta stationerna, hållplatserna och spåren för avgång och ankomst?
- Har du kollat tidtabellen?
- Är ditt tåg eller flyg i tid eller försenat?
- Behöver du egna fordon? Bil, cykel, motorcykel – eller går du till fots?
- Vilka orter åker du förbi?
- Hur länge räcker din resa?
- Hur mycket kostar biljetterna eller bränslet?
- Får du rabatt på biljetterna?
- Måste man stämpla biljetterna eller finns det en konduktör?

Du kan få hjälp att hitta svar på dina frågor här:

www.sas.se	www.sj.se	www.vikingline.se
www.tallinksilja.se	www.sl.se	maps.google.se
vadkostarresan.se		

Exempel: Gröna Lund → Hantverkargatan 34, Kungsholmen, Stockholm
Jag tar går till fots från Gröna Lund till spårvagnshållplatsen. Vid Nybroplan stiger jag av spårvagnen och promenerar genom Berzelii parken mot Kungsträdgården. Därifrån tar jag den blåa tunnelbanan. Jag stiger av vid Rådhusets t-bana och promenerar söderut, jag korsar Berggatan och går längs Södra Agnesgatan. Nästa gata är Hantverkargatan. Där svänger jag till höger och korsar Pilgatan. Nu är jag framme vid Hantverkargatan 42 på Kungsholmen i Stockholm.

(en) transport	transport
att planera, jag planerade	to plan
en resebyrå, resebyråer	travel agency
en rutt, rutter	route
ett ställe, ställen	place
att starta, jag startade	to start
en busstation, -stationer [sj2]	bus stop
följande	following
en fråga, frågor	question
att ta (flyget)	to go by (plane)
en buss, bussar	bus
en färja, färjor	ferry
ett flyg, flyg	*here*: plane
en tunnelbana, tunnelbanor	subway
en spårvagn, spårvagnar	tram
en taxi, taxin	taxi
att byta, jag byter, bytte, har bytt	*here*: to transfer
de rätta (stationerna)	the right (stations/stops)
en station, stationer [sj2]	station
en hållplats, hållplatser	stop
ett spår, spår	track
en avgång, avgångar	departure
en ankomst, ankomster	arrival
en tidtabell, tidtabeller	timetable
i tid	on time

försenat	delayed
egen/eget/egna	own
ett fordon, fordon	vehicle
en bil, bilar	car
en cykel, cyklar	bicycle
en motorcykel, motorcyklar	motorcycle/motorbike
till fots	by foot
att räcka	*here*: to last
(ett) bränsle	fuel
(en) rabatt	discount
att stämpla, jag stämplade	*here*: to validate
en konduktör, konduktörer	conductor
Gröna Lund	*amusement park in Stockholm*
Kungsholmen	*island in Stockholm*
en spårvagns-hållplats	tram stop
Nybroplan	*public space in Stockholm*
att stiga av (spårvagnen)	to get off (the tram)
att promenera, jag promenerade	to walk/to take a walk
Berzeliiparken	*a park in central Stockholm*
Kungsträdgården	*a park in central Stockholm*
Rådhuset	town hall, *here: a transit station in Stockholm*
en t-bana, t-banor	metro
söderut	southward
att korsa, jag korsade	to cross

1. Answer the following questions.

Vad händer med Pontus hatt och varför?

Vad är det speciella med piraten?

Är piraten otrevlig?

Var var Carina hela dagen?

Hur beter sig Anders? Vad tycker du varför?

2. Find the opposite of the underlined words.

Exempel: Min bror är alltid jättepigg på morgnarna. → Min bror är alltid jättetrött på morgnarna.

a) Sångaren sjöng väldigt tyst på konserten i lördags.

b) Rummet ser så mörkt ut om möblerna är bruna.

c) Det är särskilt tråkigt på Gröna Lund.

d) Deras mamma är alltid orolig när de åker vilt med bilen.

e) Ditt svar är alldeles riktigt!

f) Med cykel kommer du att vara snabbare än med bilen.

g) Uppgiften är ganska svår att lösa.

h) Max är en elak människa.

i) Ta den första gatan till vänster för att komma till den bästa restaurangen i stan.

3. När går tåget?

Exempel: Martin, tåg, kl. 17:40 → Martins tåg avgår tjugo i sex/ tio över halv sex/ klockan sjutton och fyrtio.

du, en tunnelbana, kl. 12:35

vi, en buss, kl. 13:00

Linnea, ett tåg, kl. 18:55

jag, en spårvagn, kl. 22:20

Anna, en buss, kl. 17:25

han, ett flyg, kl. 11:10

4. Cross out the *som* if it is correct to leave it out.

Det är Anton som bryr sig om att diska i kväll.

Det här är boken som jag tycker om mest.

Ska vi gå på bion som är närmast stationen?

Det var min faster som mina vänner pratade med på festen förra veckan.

5. Write a dialogue between two friends talking about their holidays: Where are they going? What activities do they plan? When are they going? How are they traveling? Why are they traveling there? Use the following phrases and include as much future tenses as possible:

jag ska resa till ... – min ... avgår kl. ... – jag tänker att ... – vädret kommer att bli ... – på sommaren – jag planerar att ... – jag ska stanna där i ... dagar/veckor/månader – jag ska äta ... – på måndag – jag ska landa ...

6. Write the following dates in full words.

a) 4/5 1998   b) 31/9 2004   c) 12/10 1878   d) 6/6 1975

e) 3/12 2034   f) 19/2 1207   g) 23/11 1425   h) 21/8 1384

i) 17/3 1889   j) 7/7 2011

7. Take the draft of the journey you designed earlier and put it in future tense.

8. Negate the following sentences with *inte* or *ingen/inget/inga* like in the example below.

Exempel: David skakade på huvudet. → David skakade inte på huvudet.

a) Hilda har mycket mat i magen.

b) Du får hålla armar och ben i kors.

c) Jag vill ta din hand.

d) Saknar piraten ett öra?

e) Barnen lyssnar på läraren och rullar med ögonen.

f) Alla mina tår är kalla.

g) Gösta har ett hjärta för djur.

h) Fingrar ska hamna i näsorna!

i) "Armbågar på bordet under middagen är fruktansvärt!" säger mamma.

j) Helens haka är stor som Kebnekajse.

k) Eleverna har färgglada ryggsäckar på ryggen.

l) Jag har smärtor i båda mina axlar.

Drottningholms slott

25

Stockholm, våren 2018

Pontus står och tvekar framför dörren till sin lägenhet. Idag är ingen vanlig dag. Han tar ett djupt andetag, öppnar dörren och går in. Det är någonting som fattas. I morse var hans dotter Anna fortfarande här i lägenheten. Han går in i hennes rum. En tår rullar ner för hans kind. Nu sitter hon där uppe bland molnen och tittar ner över Nordsjön. Det är en lång resa till New York, och de kommer inte träffas igen förrän jul.

Han tänker på hur det var när han flyttade ner till Stockholm för mer än 30 år sedan. Tåget var fullt med människor och bagage. När de äntligen kom fram till centralstationen så ville alla kliva av samtidigt. En kille som stod på perrongen erbjöd att hjälpa honom med

"Då bokar jag en flygbiljett åt dig."

(en) vår	spring
att tveka, jag tvekade	to hesitate, *here*: to linger
sin	his/her
en lägenhet, lägenheter	apartment
att ta ett djupt andetag	to take a deep breath
att fattas, det fattas, fattades, har fattats	to miss
i morse	this morning
Anna	*female first name*
bland	amongst
ett moln, moln	cloud
Nordsjön [sj2]	the North Sea
jul	Christmas
att flytta, jag flyttade	to move
fullt med	*here*: full of
ett bagage, bagage	baggage/luggage
centralstation	central station
att kliva av, jag kliver av, klev av, har klivit av	to get off
samtidig	at the same time
en kille, killar	young man, guy
att stå, jag står, stod, har stått	to stand
en perrong, perronger	platform
att erbjuda, jag erbjuder, erbjöd, har erbjudit	to offer

hans bagage. Pontus lyfte upp sin resväska och sträckte ut den genom dörren, men då snubblade han på sina skosnören. Han tappade väskan, den gick upp – och vips – så låg alla hans kläder överallt på perrongen. Skjortor, byxor, ja till och med hans kalsonger och strumpor. Simon, som killen hette, tvekade inte en sekund och erbjöd även här sin hjälp. Det var ganska knasigt att sitta där och vika underkläder inför alla främlingar. Men så blev Simon hans första vän i Stockholm. De har kontakt än idag.

Vilken underbar tid det var! Världen låg framför hans fötter. Varje dag var så spännande att han aldrig kom att tänka på hur hans föräldrar kände sig hemma i Kiruna. Nu när han själv är förälder är det annorlunda. Vad tiden går! Helt plötsligt blev hans dotter vuxen, och han blev en gammal man. Anna lovade att ringa när hon kommer fram. Tänk om hon missar bytet i London. Hon har ju bara 45 minuter på sig. – Nej. Han ska inte sitta här och oroa sig. Han skjutsade henne till flygplatsen. Nu måste hon klara sig själv.

Just nu har han andra saker att ta hand om, och han välkomnar det. Hans föräldrar behöver hjälp, så han måste resa till Kiruna så fort som möjligt. Vad ska de göra med huset? Han reser sig upp och går ut i köket och kokar lite kaffe. Sedan sätter han sig framför datorn och börjar söka resor. Han hör hur någon öppnar dörren. Han vrider sig om i stolen och ropar:

"Välkommen hem, älskling! Det finns kaffe i köket!"

Han tar en klunk ur sin kopp och tittar på skärmen igen. Hans fingrar går över tangentbordet och han ska precis sträcka sig efter musen när han känner en välbekant hand på sin axel.

"Tack för kaffet! Det var precis vad jag behövde."

"Hur var det på jobbet?"

"Det är mycket som vanligt, men nu är vi nästan färdiga!"

"Jag sitter här och bokar biljetter till Kiruna."

"Just det! Det ville jag prata med dig om."

"Ja, ville du inte ta med dig det där paketet?"

"Precis. Jag vågar inte ta med mig det på flyget. Det är nämligen ganska ömtåligt."

"Ska vi inte ta tåget då? Det går ett nattåg på torsdag."

"På torsdag? Jag är ledsen, Pontus. Jag måste jobba över, så det hinner jag inte."

"Det gör inget. Jag har tagit ledigt från jobbet ändå. Jag kan ta med mig paketet på tåget, så flyger du någon gång under helgen. Vad säger du om det?"

en resväska, resväskor	suitcase
att sträcka ut, det sträckte ut, har sträckt ut	to extend, *here*: to hold out
ett skosnöre, skosnören	shoelace
en väska, väskor	bag
vips	swish
överallt	everywhere
en kalsong, kalsonger	underwear (*male and female*)
en strumpa, strumpor	sock
Simon	*male first name*
att heta, jag heter, hette, har hetat	to be called (*by a name*)
en sekund, sekunder	second
knasig	*here*: strange
att vika, jag viker, vek, har vikit	to fold
underkläder	underwear
inför	*here*: in front of
en främling, främlingar	stranger
att känna sig hemma, jag kände mig hemma	to feel at home/ comfortable
en förälder, föräldrar	parent
ett byte, byten	transfer
en minut, minuter	minute
att välkomna, jag välkomnade	to welcome

"Tack! Det blir utmärkt! Men tänk på att paketet är ömtåligt, och du får inte under några omständigheter öppna det. Det är en överraskning!"

"Ingen fara. Du kan lita på mig. Då bokar jag en flygbiljett åt dig, Åsa."

Så, så, så, så ...

The little word **så** has many slightly different meanings. I'm listing up the most important ones:

När de äntligen kom fram till centralstationen så **ville alla kliva av samtidigt.**
Here **så** means *at that time*.

Men så **blev Simon hans första vän i Stockholm.**
så = then, after that

Hans föräldrar behöver hjälp, så **han måste resa till Kiruna**
så = so, therefore. Note that this **så** is at position 0 in the sentence (like **men** or **och**).

Varför är du så **grön?**
så = so (combined with an adjective)

Det är så **läraren sätter igång den sista lektionen för dagen.**
så = how, in that way

Men i så **fall vill jag gå till Skansen.**
i så fall = in that case, "in such case"

Han måste resa till Kiruna så **fort som möjligt.**
så fort som möjligt = as quickly as possible

There are a few other meanings, but I think that's enough for today.

en dator, datorer	computer
att vrida (sig om), jag vrider, vred, har vridit	to turn (around)
en klunk, klunkar	gulp, sip
en skärm, skärmar [sj2]	screen
ett tangentbord, tangentbord	keyboard (*here:* for computer)
en mus, möss	mouse (*here:* for computer)
välbekant	familiar
färdig	done, ready, finished
att boka, jag bokade	to book
ett paket, paket	package
att våga, jag vågade	to dare
ömtålig	fragile
ett nattåg, nattåg	night train
att jobba <u>över</u>	to work late, work overtime
att ta ledigt	to take time off
en helg, helger	weekend
en omständighet, omständigheter	circumstance
en överraskning, överraskningar	surprise
en flygbiljett, flygbiljetter	plane ticket

His or his

In chapter 5 you learned about possessive pronouns. If you have read the text for this chapter carefully (which you always do, don't you?), then you noticed the little word **sin**:

> Han lyfte upp sin resväska.

Why not **hans resväska**? The reason is that this is his own suitcase. If we used **hans**, it would mean that he picks up someone else's suitcase.

We use **sin** (and the other forms **sitt** and **sina**, which change according to gender/number like **din, ditt, dina**) only when the subject is the same person who owns the object in question.

This might be a bit confusing. To get a better understanding, look at the following sentences:

> Pontus lyfter upp sin resväska. Hans resväska är tung.

We are always talking about the same suitcase, right? Nevertheless I used **hans** in the second sentence. Why? Because in the second sentence **hans resväska** is the subject. **Sin** never works as part of the subject, so I have to use **hans**.

Here is another example:

> Pontus letar efter sin nyckel. Den ligger i hans väska.

Again – why is it **hans** in the second sentence? After all, it is also Pontus' key. But take a closer look: what is the subject in the second sentence? You got it right – it's **den**. So the subject and the owner are not the same – we cannot use **sin**.

That wanted I talk with you about

Look at the structure of the following sentence:

> Det ville jag prata med dig om.

When we "pull out" the object that had a certain preposition with it and put it in the first place, then the preposition will stay alone at the last position. The original sentence was:

> Jag ville prata med dig om det.

We cannot say something like:

> ~~Om det ville jag prata med dig.~~

Media

Media usage varies a lot between generations. Some of the
following sentences apply to Anna, some to Carina – some
maybe to both.

Try to answer the following questions:
- Vad gör Anna?
- Vad gör Carina?
- Vad gör du?

Hon läser tidningen varje dag.
Hon skickar meddelanden till en vän.
Hon chattar med en väninna.
Hon lyssnar på radio.
Hon läser en bok på kvällen.
Hon är på Facebook.
Hon går på teater.
Hon tittar på TV-serier på datorn.
Hon lyssnar på musik på nätet.

att skicka, jag skickade [sj2]	to send
ett meddelande, meddelanden	message
att chatta [tjatta], jag chattade	to chat (*online*)
en väninna, väninnor	(*female*) friend
en radio, radion	radio
en TV-serie, TV-serier	TV series
ett nät, nät	*here*: internet

1. Answer the following questions.

Hur gammal är Pontus nu?
Vart flyger Pontus dotter och vad heter hon?
Hur blev Pontus och Simon vänner?
Varför ska Pontus resa till Kiruna?
Vem är Pontus "älskling"?
Vad tror du är i paketet de vill ta med sig till Kiruna?

2. Describe your apartment: its location, what it looks like, how many rooms it has, the furniture, which shops are close to it and who you live with.

3. Fill in *(för) ... sedan, om, i*.

- Min mamma köpte sin dator ____ fem år ____ .
- Gustav sa att han kommer tillbaka ____ fyra timmar ____.
- Vi har inte sett varandra ____ sjutton år ____.
- Han har redan läst i denna bok ____ tre timmar ____.
- Freja äter inte godis just nu. ____ två månader ____ ska hon äta choklad igen.
- Anja och Mikael flyttade till Berlin ____ elva år ____.
- Ulla studerade på universitetet ____ sex år ____ och nu har hon jobbat som läkare ____ nästan ett år ____.

4. Fill in the right pronoun, possessive or reflexive (*hennes, deras – sin* etc.).

Emil sitter i restaurangen och väntar på mamma och pappa. Han träffar ____ föräldrar.
Ella och Thomas har en syster och en bror. ____ syskon heter Sam och Susi.
Hannah arbetar på ett stor företag. Hon berättar för Tobias om ____ kollegor.
Din pappas cykel ser väldigt ny ut! När fick ____ pappa ____ cykel?
Alessa bor i Sundsvall tillsammans med ____ vän Sandra.
Teresa har en gul klänning på sig. Hon känner sig jättefin i ____ klänning och ____ mormor tycker också om klänningen.
Andrea har en dotter. Hon älskar ____ barn.
Filip fick ett nytt datorspel. Astrid vill spela med ____ spel.

5. Construct as many meaningful sentences as possible. Be aware of the sentence structure.

- dag – varje – lagar – mat – och – tillsammans – äter – vi.
- ibland – att – goda – han – han – dem – har – skriva ner – idéer – inte – men – glömmer – ofta.
- tycker – Susanne – och – att – till – matematik – om – gå – lära sig – skolan.
- ska – läkaren – om – i magen – till – man – blir – man – ont – värre – gå.

6. Which TV program do you like? Why?

26

Min kära gungstol! Äntligen får jag sitta i den igen. Länge trodde jag att den var borta, och jag var faktiskt ganska ledsen för det. Men en dag, helt utan anledning egentligen, så bestämde jag mig för att gå ner i källaren – och titta! – där var den ju! Det var allt lite märkvärdigt, tänkte jag, att ha en gungstol i källaren. Men mina känslor talade ett annat språk: "Vilken tur att de inte har slängt den!" Hur som helst. Nu är den ju här uppe i vardagsrummet igen, precis där den hör hemma, och jag brukar sitta här och gunga ibland. Carina står i köket och pratar i telefon med Pontus, och Anders är uppe på vinden med sin modelljärnväg. Det var ju därför jag blev så arg! En gungstol i källaren, det är väl inte så trevligt, men man får ju visa lite förståelse. Men när Anders kom upp på vinden och började dra järnväg åt höger och vänster – då blev jag ursinnig!

Vinden får man inte ha för sig själv längre, och när man vill koppla av så måste man gå ner i källaren. Det var droppen! Då gick jag ner och hämtade den. Jag ställde den mitt i vardagsrummet. Och vet ni vad? Ingenting hände! Carina trodde att det var Anders, och Anders att det var Carina.

Jag var lite försiktig i början. Det är väl inte så bra om man kommer in i ett rum, och så ser man helt plötsligt en gungande gungstol! Men man märker ju att de börjar bli gamla nu. Visserligen inte lika gammal som jag, men ändå! Det har hänt någon gång att jag

"Min kära gungstol!"

kär	dear, nice, lovely
en anledning, anledningar	a reason
att bestämma, jag bestämde	to decide
en källare, källare	cellar/basement
allt	all; *here:* indeed
märkvärdig	odd
att tala, jag talade	to speak
att gunga, jag gungade	to swing, *here:* rock
en telefon, telefoner	telephone
en järnväg, järnvägar	railway
en modelljärnväg	model railway
(en) förståelse	understanding
åt höger och vänster	all over the place, *lit.* to the right and left
ursinnig	furious
att koppla av, jag kopplade av	to relax
en droppe, droppar [å]	drop
det var droppen!	that was too much!
att hämta, jag hämtade	to fetch
att ställa, jag ställde	to put/place
att hända, det hände	to happen
gungande	swinging/rocking
gammal, *plural:* gamla	old
visserligen	certainly

har suttit här och gungat i lugn och ro, och så stod hon plötsligt där med stirrande ögon! Men sedan skakade hon bara på huvudet och gick iväg igen. Ett tag begränsade jag mina gungtider till natten, men sedan de har gått i pension och blivit mer nattaktiva så hjälper inte det heller. Det är lugnt så länge det inte händer för ofta. Jag har lärt känna dem nu. De är ganska förutsägbara. Och dessutom så tror ju vuxna människor inte på spöken. "Det är nog bara vinden!"

Vad pratar Carina och Pontus om så länge egentligen? Jaha, han kommer på besök! Så trevligt! Det är alltid roligt när han hälsar på. Jag hoppas att han tar med sig Åsa också. De hörde samman som barn och är fortfarande tillsammans. Helt otroligt: Det var 40 år sedan han flyttade härifrån. 40 år! 40 år är en lång tid, även om man är död.

Ibland kändes det lite tomt här utan Pontus. Det fanns inte så mycket att göra. Så då blev jag ganska glad över modelljärnvägen. Visst var jag först arg på Anders, att han tog min vind ifrån mig. Men å andra sidan så har vi ju ett gemensamt intresse med tåg och järnvägar. Så jag smög upp på vinden ibland och såg på när han byggde. Det var ganska fascinerande måste jag säga, och jag började hjälpa till lite grann. Han märkte ju ingenting, så då fortsatte jag lite till, ända tills den där natten ... jag satt med lödkolven och tänkte på hur jag skulle löda kabeln till en växelmotor, men så råkade jag komma åt gardinen och brände nästan ner hela huset! Då blev jag verkligen rädd! Om huset försvinner, vad händer med mig då?

Ja, nu har jag suttit här ett tag. Vad ska jag göra nu ... Pontus och Carina pratar ju fortfarande. Vad är det de diskuterar så livligt? Huset? Vad är det med det? Va?! Vad är det jag hör? Sa hon ... sa hon verkligen att de ska *riva* huset?

> **Råka** is used without *att*:
> Så råkade jag komma jag åt gardinen.

stirrande	staring
att begränsa, jag begränsade	to limit
gungtider	swinging/rocking hours
att gå i pension [sj2]	to retire

nattaktiv	nocturnal
att lära känna	to get to know
förutsägbar	predictable
en vuxen, de vuxna	adult
ett spöke, spöken	ghost

att höra samman	to belong together
otrolig	unbelievable
härifrån	from here
att kännas, det känns,s kändes, har känts	to feel
tom	empty
visst	sure, *here*: to be sure
ifrån	from
å andra sidan	on the other hand
gemensam	in common
att bygga, jag byggde	to build
lite grann	a little
att märka, jag märkte	to notice
att fortsätta, jag fortsatte, har fortsatt	to continue
en lödkolv, lödkolvar	soldering iron
att löda, jag lödde, har lött	to solder
en kabel, kablar	cable
en växelmotor, växelmotorer	gear motor
att råka, jag råkade	to happen to, chance to
at komma åt	to touch, to hit
att bränna, det brände	to burn, to inflame
att diskutera, jag diskuterade	to discuss
livlig	lively, heated
att riva, jag river, rev, har rivit	*here*: pull down, demolish

Presens particip

        en gungande gungstol

Maybe you realised that the word **gungande** is derived from the verb **att gunga**. We call the form **gungande** *present participle* (*presens particip*). We get this form by adding **-nde** to the infinitive.

        att gunga + nde → gungande

We use this word like an adjective. Fortunately it does not change according to the gender or number:

        en gungande gungstol
        ett gungande barn
        många gungande gungstolar/barn ...

Recycling words

In Swedish it's very easy to make new words out of existing words:

        att gunga + stol → gungstol

Notice that we can even make words that you won't find in the dictionary:

        att gunga + tider → gungtider

We can be pretty sure that Alfred is the only person who talks about **gungtider** in Swedish. But if he's allowed to invent new words, why shouldn't you be? Feel free to unleash your creative side!

Min kära gungstol!

How can we say that something belongs to someone? You might remember:

        Alfreds gungstol

But how should we say this with an adjective? Imagine that Alfred's rocking chair is big. Then we should say:

        Alfreds stora gungstol

You have to add **-s** to Alfred, with a *definite* form of the adjective and *indefinite* form of the noun. Strange, right? But that's just the way it is, sometimes languages are not logical.

This goes for all adjectives, even for numbers such as **första**, **andra** etc:

> Unfortunately there is one exception. When we use **egen** in this situation, we have to use the indefinite form:
>
>   Kristians egen bil
>   mitt eget hus

Kristians första år som student ...

Instead of using a person's name, we can also use possessive pronouns (for example **min/din/vår** ...):

min kära gungstol
mitt första år
hans stora bil
våra stora bilar

It's the same principle. Remember that the possessive pronouns should be in indefinite form (even though the adjective is in the definite form).

Tro, tycka, tänka

Carina trodde att det var Anders, och Anders att det var Carina.
(They thought, but they did not know.)

Carina tyckte att tavlan passade alldeles utmärkt.
(This is her opinion.)

Egentligen tycker han att slottet är mycket intressantare.
(This is his opinion, his experience.)

Han tycker om att laga mat. Det är avslappnande.
(This is his experience, what he likes.)

Hän tänker på vad han ska göra på kvällen.
(He thinks, he plans his evening.)

We use **tycka** when we express an opinion. However, we use **tro** when we want to say that we are not sure about a piece of information, i.e. when we think, but don't know. We use **tänka** when we think of or plan something.

*Put in **tro/tycka/tänka** in the right form:*
Vissa människor ... om att simma. De kan inte låta bli att åka till simhallen varje vecka för att ta sig ett dopp. Andra ... bättre om att simma utomhus, då de ... på hur klorvattnet i simhallen påverkar huden. En tredje grupp hatar simning. Jag tror att orsaken till att den tredje gruppen hatar simning kan bero på olika orsaker. Någon kanske ... att han eller hon inte kommer att lära sig simma, andra kanske ... på sin hälsa och vill inte utsätta sin hud för klorvattnet. Det kan också finnas personer som inte ... om tanken att vara naken i omklädningsrummet eller duschen med andra av samma kön. De ... att de inte skulle klara av det. Det är kanske främmande för deras kultur.

viss	some, certain
en simhall, simhallar	public bath/indoor swimming pool
ett dopp, dopp	dip
utomhus	outdoor
klorvatten	chlorine water
att påverka, jag påverkade	to affect
(en) hud	skin
(en) simning	swimming
en orsak, orsaker	reason
att bero, det berodde	to depend
att utsätta, jag utsätter, utsatte, har utsatt	*here:* to expose
en tanke, tankar	thought
naken	naked
ett omklädningsrum, omklädningsrum	locker room
en dusch, duschar [sj1]	shower
samma	same
(ett) kön	sex/gender
främmande	foreign/unknown

1. Answer the following questions.

Vad hittade Alfred i källaren efter en lång tid?

Vad hände på vinden?

Vilka spratt spelade Alfred med Carina och Anders?

Vad gör Carina just nu?

Vad tycker Alfred om Pontus?

Vad gjorde Pontus med lödkolven?

Vad tror du händer med Alfred om huset inte finns längre?

2. Describe your family members. Compare them with adjectives (i.e. who is younger than .../older than .../youngest/oldest/tallest ...).

3. Build imperative sentences with the words provided. Fill in *inte* or *ingen/inget/inga* and prepositions if necessary.

Exempel: att sitta, golvet → Sitt inte på golvet!

att borsta, tänderna

att vara rädd, grannarnas hund

att oroa sig, för dina barn

att spela, ett spratt, dina föräldrar

att hänga, tavlan, denna vägg

att bry sig, jobbet, nu

att tänka, på andra

att ringa, mig, om du är så här elak

att gråta, hela tiden

att börja, spelet, utan mig

4. Put in *i/för ... sedan/sedan/på/om* and nouns in the right form. Careful, some phrases don't need an extra preposition.

Maria och Erik sitter i ett café och väntar på Lukas. Klockan är 15.30.

Maria: Lukas ville träffa oss här (kl. 15.00). Vi har väntat (30 minuter) nu!

Erik: Vad konstigt! Jag förstår inte heller varför han är så sen. Och varför ringer han inte?

Maria: Så kanske ska vi ringa honom! Har du hans nummer? Han fick ett nytt nummer (1 månad), tror jag.

Erik: Ja, han gav mig sitt nummer (2 veckor). Jag ringer honom nu annars sitter vi här även (natten). ... Hej, Lukas! Var är du? Vi sitter här på cafèet (kl. 15.00) och väntar på dig nu (½ timme).

Lukas: Va sa du? Jag tänkte vi träffas (kl. 18.30), (3 timmar)! Jag kom bara hem (fem minuter). Nu måste jag ta bussen till stan och det tar ungefär (20 minuter).

Erik: Men vi ville fika och det gör man väl (eftermiddag) och inte (kvällen). Vi väntar här, okej? Så skynda dig och ta den riktiga bussen hit. Nästa buss avgår (10 minuter) och efter den måste du vänta (25 minuter). Vi ses!

Maria: Om jag förstår rätt kommer Lukas (en halvtimme)?

Erik: Det stämmer! Han är ju alltid för sent! Förra veckan (lördag) träffades vi på

ett fika, fikor	*coffee break, often with cake – a social institution in Sweden*
att fika, jag fikade	to take a coffee break *(to have a "fika")*

197

bio. Filmen började (kl. 19.10) men Lukas kom dit (kl. 20.55) och då var filmen redan slut.

Maria: Oj! (sommar) ville jag hämta honom på stationen men när jag kom dit var jag tvungen att vänta (1 ½ timme) eftersom Lukas berättade fel tid för mig!

5. Make sentences. Use comparative.

Exempel: mycket regn – Borås/Linköping – bra jacka
→ I Borås regnar det mer än i Linköping. Därför behöver man en bättre jacka i Borås.
få dagar med sol – Kiruna/Stockholm – långa byxor
stark vind – Lysekil/Karlstad – varm tröja
kall – Riksgränsen/Malmö – tjocka sockar
snö – Åre/Helsingborg – bra skor
dimma – Visby/Lund – bra glasögon
varma dagar – Växjö/Jukkasjärvi – kort T-tröja

(en) dimma	fog
glasögon	glasses
(always plural)	

6. Make a question with *som* out of the sentence provided asking for the underlined phrase. Leave out *som* if possible.

Exempel: Det lilla caféet ligger till vänster om universitetet. → Är det det lilla caféet som ligger till vänster om universitetet?
Mias lägenhet ligger på tredje våningen.
Du köpte den där boken om spöken.
Läraren menade att den första uppgiften är den svåraste.
Vårt tåg avgår från perrong sex.
Du berättade om biljetter till tåg eller flyg.

7. Telefonen ringer. Det är en vän. Han ställer följande frågor. Vad svarar du?

a) Kan jag få prata med Martin?
b) Har du lust att hälsa på mig ikväll?
c) Jag glömde att köpa potatis. Kan jag få några av dig?
d) Jag känner mig dålig. Jag har ont i bröstet. Vet du vad jag bör göra?
e) Jag måste städa min lägenhet idag. Kan du hjälpa mig?

27

Anders svänger in på garageuppfarten. Han har precis varit och hämtat Pontus på tågstationen. De säger inte så mycket. Pontus går ut ur bilen och hämtar sina saker. När han kommer fram till huset och öppnar dörren ser han Carina stå där med en kopp kaffe i handen.

"Pontus! Vad glad jag är att se dig! Kom och hjälp mig i köket är du snäll!"

Hon ger honom en kram och går in i köket. Pontus följer efter henne. På spisen kokar redan potatis, och Carina har förberett fisk med många kryddor och örter. På diskbänken har hon dessutom lagt fram olika sorters grönsaker. Hon tar fram en stekpanna och tre tallrikar.

"Var är Anders, förresten?"

"Han gick in i garaget. Han ville hämta något verktyg."

"Jaha, ja. Antingen är han uppe på vinden, eller ute i garaget. Ska du ha lite kaffe?"

"Ja, tack."
Pontus börjar

ett garage, garage [garasj1]	garage
en garageuppfart, garageuppfarter	garage driveway
han har varit och hämtat	he has been to fetch
en tågstation, tågstationer	train station
en kram, kramar	hug
en spis, spisar	stove
att förbereda, jag förberedde	to prepare
en krydda, kryddor	spice
en ört, örter	herb
en diskbänk, diskbänkar	sink unit, *here*: draining board
att lägga fram	to lay out/put out
en sort, sorter	kind, variety
en stekpanna, stekpannor	frying pan
antingen	either

Han råkade komma åt en liten kista som stod på en hylla.

199

skala en lök. Sedan skär han morötter. Han tycker om att laga mat. Det är avslappnande.

"Då och då beter han sig lite konstigt, tycker jag. Den där gamla gungstolen, till exempel. Den ställde han upp i vardagsrummet för ett par år sedan, men jag har aldrig sett honom gunga i den."

Hon skakar på huvudet och panerar fisken. Pontus börjar duka bordet, och är precis färdig när Anders kommer ner för trappan.

"Vad det luktar gott!"

De slår sig ner vid matbordet och börjar äta. Det känns lite som när Pontus var liten. Efter en stund bestämmer han sig för att ta upp problemet med huset. Det är ju därför han är här.

"Så vad tänker ni göra nu?"

Carina och Anders tittar upp från maten.

"Vad säger ni om att bo i Stockholm tillsammans med Åsa och mig?"

"Aldrig i livet!"

Anders lägger undan sina bestick och höjer rösten:

"Jag har levt i Kiruna i hela mitt vuxna liv! Jag flyttar inte härifrån."

"Okej då. Ni kan stanna i Kiruna. Men det är bara en tidsfråga innan gruvan expanderar och de måste riva huset."

Då tar Carina ton:

"Men ska vi bara acceptera att de river det här huset? Vi har ju bott här i mer än 40 år!"

Anders blir röd i ansiktet och tittar ner i bordet.

"Man måste ju också förstå dem. Utan gruvan lever inte Kiruna."

Då blir Carina arg. Hon slår nävarna i bordet och ställer sig upp.

"Kiruna är mer än gruvan! De kan inte expandera till vilket pris som helst! Och du som har jobbat där, Anders. Varför gör du ingenting?"

Hon lämnar bordet och säger till sig själv:

"Jag måste gå och tvätta nu."

"Vet du, Pontus, hon har skrivit hundratals brev till kommunen, men det hjälper inte. Vi måste bara acceptera att det är som det är."

De äter färdigt under tystnad.

När de har diskat går Anders upp på vinden igen. Pontus går till hallen. Han vill bära ner Åsas paket i källaren. Han går försiktigt ner för den korta trappan. När han ser sig omkring hör han hur något faller ner på golvet. Ojsan! Han råkade komma åt en liten kista som stod på en hylla. Den innehöll en massa bilder som nu ligger på golvet. De är gamla, från tiden när Anders var ung: Anders på en strand i bad-

att skala, jag skalade	to peel
en lök, lökar	onion
en morot, morötter	carrot
avslappnande	relaxing
konstig	strange
att panera, jag panerade	to bread
att slå sig ned	to sit down
ett matbord, matbord	dining table
att bo, jag bodde	to live
ett problem, problem	problem/issue
aldrig i livet!	over my dead body!
att höja rösten, jag höjde rösten	to raise one's voice
att leva, jag levde	to live
en tidsfråga	a matter of time
att expandera, det expanderade	to expand
att ta ton	*here*: to start talking
att acceptera, jag accepterade [aks-]	to accept
en näve, nävar	fist
att ställa sig upp	to get to one's feet, to stand up
till vilket pris	to what cost
vilket ... som helst	*here*: any
til vilket pris som helst	no matter what the cost

byxor, Anders och Carina framför huset när de flyttade in ...

På den sista bilden ser man Anders tillsammans med andra människor som Pontus inte känner. Bara mannen som står bredvid Anders känns bekant. Först förstår Pontus inte varför. Men efter en stund inser han vad det är som gör den här mannen så speciell: Han har bara ett öra.

att tvätta, jag tvättade	to wash (clothes)
att skriva, jag skriver, skrev, har skrivit	to write
hundratals	hundreds
ett brev, brev	letter
en kommun, kommuner	county, *here:* county council
att diska, jag diskade	to do the dishes
en hall, hallar	hallway
kort	short
att komma åt	*here:* to brush against
en hylla, hyllor	shelf
ung, yngre – yngst – den yngsta	young
badbyxor (*plural*)	bathing trunks
en bild, bilder	picture, photo
bekant	familiar
att inse, jag inser, insåg, har insett	to realize
speciell	special

Find the food from the word list on the pictures. What do you like/dislike? What do you eat in your home country?

en melon, meloner	melon
en apelsin, apelsi-ner	orange *(the fruit)*
en frukt, frukter	fruit
en paprika, papri-kor	paprika
en sallad, sallader	salad
en svamp, svampar	mushroom
en gurka, gurkor	cucumber
en banan, bananer	banana
en druva, druvor	grape
en lax, laxar	salmon
(ett) kött	meat
(ett) fläsk	pork
en räka, räkor	a shrimp
en kyckling, kyck-lingar	chicken
en skinka, skinkor [sj2]	ham
en tårta, tårtor	cake
en tomat, tomater	tomato
(ett) pålägg	*anything you can put on a slice of bread*
(en) pasta	pasta
ett päron, päron	pear
ett äpple, äpplen	apple

	I Sverige:	I ditt hemland:
När äter vi frukost?	ca. kl. 7	
När äter vi vi lunch?	ca. kl. 11	
När äter vi vi middag?	ca. kl. 16	
När äter vi vi kvällsmat?	ca. kl. 20	

kvällsmat	(late) dinner

1. Answer the following questions.

Vilken mat lagar Carina och Pontus i köket?
Vad säger Carina om gungstolen?
Varför vill de riva huset?
Vad tycker Carina och Anders om gruvan?
Vad hittar Anders i källaren?

2. Put pronouns, adjectives and nouns in the right form.

Exempel: jag, gul, en bil (sg.) → min gula bil

du, grå, en sko (pl.)
han, underbar, en grupp (sg.)
hon, tunn, en hals (sg.)
vi, otrolig, en lycka (sg.)
de, gammal, en telefon (pl.)
jag, ömtålig, en kropp (sg.)
ni, stökig, ett rum (pl.)
vi, ledig, en helg (pl.)
hon, kort, ett minne (sg.)
du, viktig, en tanke (pl.)
han, spännande, en historia (pl.)

3. What kind of café or restaurant do you like? Why? What do you like to eat or drink there?

4. Lars und Emma vill gå på café, på Moderna museet och på restaurang denna vecka. När har de tid och när är caféet/Moderna museet/restaurangen öppna? Hjälp dem att hitta tid att träffas. Skriv dialogen!

Café: varje dag kl. 9.00-18.00
Restaurang: varje kväll från kl. 18.00
Moderna museet: onsdag till lördag kl. 8.00-16.00

5. Answer the questions below and fill in the correct words to get the solution word.

1. I vilken stad bor Carina, Anders och Pontus?
2. Vart flyttade Pontus när han var vuxen?
3. Vad heter din mammas pappa?
4. Om du är inte lugn är du ...
5. Det är "många bilar" men "... vatten".
6. Inte en kniv, inte en gaffel utan en ...
7. Pontus tycker om att blanda äppeljuice och ...
8. Dagen mellan fredag och söndag heter ...
9. Vilken fest är det på 13:e december?
10. Vad heter den populära aktiviteten i Sverige där en massa människor sjunger tillsammans?

11. Vad säger man när man tycker samma sak som den andra personen.
12. Om du har tre små hundar, en är liten, den andra är mindre och den tredje är ...
13. Vad har man på sig när det är kallt?
14. När det lyser färgglatt på himlen kallar man det för ...
15. Skriv numret som ett ord: 12 spöken!

1.

2.

3.

4.

5.

6.

7.

8.

9.

10.

11.

12.

13.

14.

15.

6. The following sentences contain information about Swedish cities, people etc. Check out these items on Wikipedia (the Swedish version of course! Here is the link: https://sv.wikipedia.org/). Then, put in the correct adjective in the correct form.

långsam	slow
smal	narrow
bred	large
dyr	expensive
billig	cheap
galen	crazy

Exempel: stor/liten → Kiruna är mindre än Malmö.

stor/liten: Malmö är _____ än Kiruna.

snabb/långsam: X2000 är _____ än t-banan.

gammal/ung: Stefan Löfven är _____ än Gustav Fridolin.

stor/liten: Skåne är _____ än Västergötland.

kall/varm: I november är det _____ i Malmö än i Stockholm.

stor/liten: Arlanda är _____ än Malmö Airport.

smal/bred: Mårten Trotzigs gränd i Stockholm är _____ än Kungsgatan.

dyr/billig: En Volvo är _____ än en Koenigsegg.

lång/kort: Göta kanal är _____ än Ätran.

stor/liten: Vänern är _____ än Vättern.

gammal/ung: Gröna Lund är _____ än Liseberg.

7. Pick your personal favorites / records using superlatives:

Exempel: För mig är ... (Sveriges, vacker, stad). → För mig är Göteborg Sveriges vackraste stad.

Min (bra, vän) heter ...

Min (rolig, vän) heter ...

Min (gammal, bror/syster) är ... år gammal.

Mitt (stor, problem) är ...

Min (snäll, lärare) var ...

Min (galen, idé) är ...

Min (bra, dag) var ...

Min (lång, resa) var till ...

Mitt (stor, rum) är ...

Mitt (dyr, köp) var ...

Mårten Trotzigs gränd, Stockholm

Alphabetic Word List

Swedish	English	Ch.
acceptera [aks-], jag accepterade	to accept	27
adress, en, adresser	address	5
advokat [å], en, advokater	lawyer	13
aktivitet, en, aktiviteter	activity	15
aldrig [-i]	never	9
aldrig i livet!	over my dead body!	27
all, alla	all	5
alldeles	entirely	14
allmänt	in general	15
alls: inte alls	not at all	8
allsång, en, allsånger	(Swedish) public singing	15
allt	all; here: indeed	26
allt det där	all of that	6
alltid	always	9
alltså	so	5
allvar: på (stort) allvar	very seriously	12
allvarligt talat	serious(ly), lit. seriously spoken	16
analysera, jag analyserade	to analyse	13
andas, jag andas, andades, har andats	to breathe	17
Anders	male first name	1
andetag, ett, andetag	breath	19
att ta ett djupt andetag	to take a deep breath	25
andra: den andra	the other (one)/ the second (one)	4
å andra sidan	on the other hand	26
ankomst, en, ankomster	arrival	24
anledning, en, anledningar	a reason	26
Anna	female first name	25
annan: en annan	another	10
annars	otherwise, or else	17
annorlunda	different	21
ansikte, ett, ansikten	face	22

Swedish	English	Ch.
anställning, en, anställningar	employment, position	15
ansvarig	responsible	13
antingen	either	27
apelsin, en, apelsiner	orange (the fruit)	13
apelsinjuice, (en)	orange juice	13
applådera, jag applåderade	to applaud	19
april	April (the month)	19
arbeta, jag arbetade (med)	to work (with)	5
arbete, ett, arbete	work	15
arbetsplats, en, arbetsplatser	workplace	13
arbetsrum, ett, arbetsrum	study, home office	7
arg [arj]	angry	11
Argentina	Argentina	14
arkitekt, en, arkitekter	architect	19
arm, en, armar	arm	11
armbåge, en, armbågar	elbow	5
artist, en, artister	artist, musician	15
Astrid	female first name	20
atmosfär, en, atmosfärer	atmosphere	18
attans	dang it	22
augusti	August	19
aurora borealis	scientific term for polar light	18
av	of	15
en av de första	one of the first	15
avgång, en, avgångar	departure	24
avslappnande	relaxing	27
axel, en, axlar	shoulder	11
badbyxor (plural)	bathing trunks	27
badrum, ett, badrum	bathroom	7
bagage, ett, bagage	baggage/luggage	25
bakelse, en, bakelser	pastry	20
bakom [-åm]	behind	4
banan, en, bananer	banana	20
band, ett, band	band, music group	15

Swedish	English	Ch.
bara	just/only	2
barn [ba:n], ett, barn	child	1
barnbarn, ett, barnbarn	grandchild	5
barnbok, en, barnböcker	children's book	20
befolkning, en, befolkningar	population	18
begrepp, ett, begrepp	term, concept	18
begränsa, jag begränsade	to limit	26
behöva, jag behövde	to need	5
behöva hjälp (med), jag behövde	to need help (with)	5
bekant	familiar	27
ben, ett, ben	leg	11
berg [-j], ett, berg	mountain, rock	13
bero, det berodde	to depend	26
Berzeliiparken	a park in central Stockholm	24
berätta, jag berättade	to tell	15
berättelse, en, berättelser	story	20
beröm, (ett)	praise	21
berömd	famous	15
besluta, jag beslutade	to decide	20
bestick, ett, bestick	cutlery, silverware	14
bestämd	definite, certain, here: determined	13
bestämma sig för något, jag bestämde mig	to decide sth, choose sth.	7
besvärlig [-lij]	difficult, bothersome	8
besök, ett, besök	visit	5
betala, jag betalade	to pay	22
bete sig, jag betedde mig	to behave oneself, act	9
betyda: Vad betyder __ på engelska?, det betydde	What does __ mean in English?	2
betyg, ett, beytg	grade	19
beundran, (en)	admiration	21
bevisa (för), jag bevisade	to prove (to)	18
bh, en, bh:ar	bra	19

Swedish	English	Ch.
dess: sedan dess	since then	21
dessa: denna, detta, dessa	this	13
dessutom [-åm]	besides, furthermore, moreover	11
det [de]	it (see grammar explanation)	2
detalj, en, detaljer	detail	24
detta: denna, detta, dessa	this	13
dimma, (en)	fog	26
direkt: inte direkt	not really (lit. not directly)	19
disk, en, diskar	dish, dishes	14
diska, jag diskade	to do the dishes	27
diskbänk, en, diskbänkar	sink unit, draining board	12
diskutera, jag diskuterade	to discuss	26
dit	there	10
djup [jup]	deep	17
djur [jur], ett, djur	animal	23
dopp, ett, dopp	dip	26
doppa, jag doppade	to dip, plunge	16
dotter [då-], en, döttrar	daughter	5
dra (upp), jag drar, drog, har dragit	to pull (up), draw (up)	10
dramatisk	dramatic	19
dricka, jag dricker, drack, har druckit	to drink	6
dricka upp, jag dricker upp, drack, har druckit	to drink up	15
droppe [å], en, droppar	drop	26
det var droppen!	that was too much!	26
drottning, en, drottningar	queen	20
druva, en, druvor	grape	27
dryck, en, drycker	drink	22
dräkt, en, dräkter	attire, costume	19
du	you	1
duk, en, dukar	here: canvas	20
duka, jag dukade	to set the table	14
dum	stupid	20
Dumma gubbe!	Stupid old man!	20
dusch [sj1], en, duschar	shower	26
dygn, ett, dygn	day	21
dygnet	here: a/per day	21
dyr	expensive	27
då	then/when	3
dålig	bad, nasty	11
där (borta)	(over) there	2
där nere	down there	9
den där	that	13
därefter	afterwards	9
däremot	however	12
därför	because of this, for this reason	11
därifrån	from there	24
dö, jag dör, dog, har dött	to die	14
död	dead	5
dörr, en, dörrar	door	3
efter	after	6
eftermiddag, en, eftermiddagar	afternoon	9
eftersom [-sj1-]	because	17
egen/eget/egna	own	24
egentligen [ejentlijen]	actually	2
ehm	um	12
elak	evil, naughty, mean	5
elektriskt laddade partiklar	electrically charged particles	18
elev, en, elever	student, pupil	17
eller	or	9
en	a	1
en av de första	one of the first	15
enda	the only	20
energi [sj2], en, energier	energy	18
engelsk	English	14
engelska	English (language)	14
enkel	simple	18
ens: inte ens	not even	8
ensam	alone	8
entusiasm, (en)	enthusiasm	19
erbjuda, jag erbjuder, erbjöd, har erbjudit	to offer	25
erfarenhet, en, erfarenheter	experience	13
Erik	male first name	20
erkänna, jag erkände	to confess	21
ett	a	1
EU, Europeiska Unionen	EU, the European Union	20
Europa	Europe	20
evig	(for)ever, eternal	9
för evigt	forever	9
evighet, en, evigheter	eternity	21
exempel, et, exemplet, exempel	example	15
till exempel	for example	15
expandera, det expanderade	to expand	27
faktisk	actual(ly)	15
fall, ett, fall	fall	10
i alla fall	in any case	6
falla, jag faller, föll, har fallit	to fall	7
familj, en, familjer	family	5
familjemedlem, en, familjemedlemmar	family member	13
fara: Ingen fara!	No problem! (lit. no danger)	10
farbror, en, farbröder	uncle (father's brother)	5
farfar, en, farfäder	grandfather (father's father)	5
farlig	dangerous	14
farmor, en, farmödrar	grandmother (father's mother)	5
fascinerad	fascinated	18
fascinerande	fascinating	18
fast	although	15
fast	firm, tight, fixed	16
faster, en, fastrar	aunt (father's sister)	5
fattas, det fattas, fattades, har fattats	to miss	25
februari	February	19
fel, ett, fel	mistake	6
att ha fel	to be mistaken/wrong	6
fenomen, ett, fenomen	phenomenon	18

fest, en, fester	party	19
ficka, en, fickor	pocket	4
fika, jag fikade	to take a coffee break (to have a „fika")	26
film, en, filmer	movie	21
fin	nice, pretty	5
finger, ett, fingrar	finger	11
finnas, jag finns, fanns, har funnits	to exist, be	17
Det finns ...	there is ...	7
finsk	Finnish	14
finska	Finnish (language)	14
fisk, en, fiskar	fish	20
fiska upp, jag fiskade upp	here: to get/to fish out	24
fixa, jag fixade	to fix, prepare	9
flagga, en, flaggor	flag	23
fler	more	22
flera	several	19
flicka, en, flickor	girl	19
flinga, en, flingor	flake	12
flingor	cornflakes, cereal	12
flyg, ett, flyg	here: plane	24
flyga, jag flyger, flög, har flugit	to fly	18
flygbiljett, en, flygbiljetter	plane ticket	25
flytta in, jag flyttade in	to move in	8
flytta, jag flyttade	to move	25
att flytta på (sig)	to move (oneself)	10
flyttkartong, en, flyttkartonger	moving box	8
fläsk, (ett)	pork	27
fläskkött, (ett)	pork	22
folk, [få-], (ett)	people	5
fordon, ett, fordon	vehicle	24
form, en, former	form	17
forma, jag formade	to shape/create	19
forskare [fåsj1kare], en, forskare	scientist	13
fort	fast/quick	22
fortfarande [fot-]	still	6

fortsätta, jag fortsätter, fortsatte, har fortsatt	to continue	4
fot, en, fötter	foot	3
fotboll: att spela fotboll [fotbåll]	to play soccer	16
foto, ett, foton	photo	8
fots: till fots	by foot	24
fotsteg, ett, fotsteg	footstep	11
fram	ahead, forwards	10
fram och tillbaka	back and forth	8
att se fram emot	to look forward to	6
att ställa fram	to put down, put out	12
att ta fram	to take out	12
komma fram till	to arrive at	17
rakt fram	straight ahead	18
framför	in front of	4
framme	arrived	10
framåt	forward	24
fransk	French	14
franska	French (language)	14
fred: i fred	in peace	5
fredag [-da]	Friday	9
Fredmans epistlar	wellknown song collection by Bellmann	15
fri	free	13
frisyr, en, frisyrer	hairstyle	19
frisör, en, frisörer	hairdresser	19
fritid, (en)	spare time	16
på din fritid	in your free time	16
fru, en, fruar	wife	5
frukost [-åst], en, frukostar	breakfast	6
frukt, en, frukter	fruit	12
fruktansvärt	horrible	21
fråga, en, frågor	question	24
fråga, jag frågade	to ask	6
från	from	3
främling, en, främlingar	stranger	25
främmande	foreign/unknown	26
fröken solsken [sj2]	Miss Sunshine	13

ful	ugly	18
full	full	17
fullt med	here: full of	25
fundera, jag funderade	to think, consider, reflect upon	7
fyra	four	3
fysik, (en)	physics	19
fysikalisk	physical	18
få	here: few	12
få, jag får, fick, har fått	to get, to receive/ have to	3
att få någon att göra något	to get somebody to do something	11
att få tag på någon/ något	to get hold of sb./sth.	8
Så får det bli!	Let's do it like that!	13
fånga, jag fångade	to catch	15
fåtölj, en, fåtöljer	armchair	14
fält, ett, fält	field	17
färdig [-i]	done, ready, finished	12
att måla färdigt	to finish painting	20
färg [-j], en, färger	colour/paint	7
färgglad	colourful	7
färgval, ett, färgval	colour choice	20
färja, en, färjor	ferry	24
födelsedag, en, födelsedagar	birthday	19
födelsedagsfest, en, födelsedagsfester	birthday party	19
födelsedagspresent, en, födelsedagspresenter	birthday present	22
i födelsedagspresent	as a birthday present	22
följa, jag följer, följde, har följt	to follow	11
följa efter, jag följde efter	to follow	15
följa med, jag följer med	to come along	11
följande	following	24
fönster, ett , fönstret, fönster	window	2
i fönstret	at the window	4
för	for/too	3

för att + Inf.	so as to /in order to + infinitive	7
för det mesta	mostly	21
nu för tiden	nowadays	9
föra oväsen, jag för, förde, har fört	to be noisy	8
förbereda, jag förberedde	to prepare	27
förbi	past, by	10
släpp förbi mig	let me through	24
förekomma, jag förekommer, förekom, har förekommit	to occur, appear	18
föremål, ett, föremål	object	19
föreslå, jag föreslår, föreslog, har föreslagit	to suggest	15
föreställning, en, föreställningar	play, theatrical performance	18
företag, ett, företag	company	13
förklara, jag förklarade	to explain	18
förklaring, en, förklaringar	explanation	13
Förlåt mig!	Pardon me!	18
förlåta, förlåter, förlät, har förlåtit	to forgive, here: sorry	18
förmiddag, en, förmiddagar	late morning	9
förnamn, ett, förnamn	first name	20
förr	before (that)	9
förra gången	last time	16
förresten	by the way	6
förrän	until	24
försenat	delayed	24
försiktig [sj1]	careful	9
förskola, en, förskolor	nursery school	19
förskoleklass, en, förskoleklasser	nursery class	19
förskräcklig [sj1]	terrible	21
förskräckt [fösj1k-]	scared	4
först [-sj1t]	first	6
en av de första	one of the first	15
förstå, jag förstår [fösj1tå], förstod, har förstått	to understand	2
Jag förstår inte.	I don't understand.	2

Jag pratar/förstår bara lite svenska.	I speak/understand just a little Swedish.	2
förståelse, (en)	understanding	26
förstås [fösj1-]	of course	6
förstöra [sj1], jag förstör, förstörde, har förstört	to ruin	20
försvinna [-sj1], jag försvinner, försvann, har försvunnit	to vanish	16
försöka [fösj1-öka], jag försökte	to try	11
förut	before	20
förutom	except, unless	17
förutsägbar	predictable	26
förväntan, en, förväntningar	expectation, anticipation	17
förälder, en, föräldrar	parent	5
förändra, jag förändrade	to change	22
gaffel, en, gafflar	fork	12
galen	crazy	27
Gamla stan	the old town, a part of Stockholm	23
gammal, plural: gamla	old	3
ganska	quite	6
garage [garasj1], ett, garage	garage	27
garageuppfart, en, garageuppfarter	garage driveway	27
gardin, en, gardiner	curtain	22
gata, en, gator	street	18
ge, jag ger, gav, har gett	to give	4
gem, ett, gem	paperclip, clip	18
gemensam	in common	26
genast [j-]	immediately	10
genom [jenåm]	through	12
genomsnitt, ett, genomsnitt	average	20
gilla [j-], jag gillade	to like	4
gitarr, en, gitarrer	guitar	16
glad	happy, glad	11
glas, ett, glas	(drinking) glass	12
ett glas öl	a glass of beer	22
glass, en, glassar	ice cream	23
glasögon (always plural)	glasses	26

glömma, jag glömde	to forget	4
god morgon	good morning	13
godis, (ett)	candy	20
godisbit, en, godisbitar	(a piece of) candy	20
golv [å], et, golv	floor	1
gomorron	good morning (coll.)	13
grabb, en, grabbar	boy, youngster (male)	13
grann: lite grann	a little	26
granne, en, grannar	neighbour	8
grattis på födelsedagen	happy birthday	22
grekisk	Greek	14
Grekland	Greece	14
grunda, jag grundade	to found, establish	17
grundare, en, grundare	founding member, founder	19
grundskola, en, grundskolor	primary school	13
grupp, en, grupper	group	15
gruva, en, gruvor	mine	15
gruvarbetare, en, gruvarbetare	mineworker	13
grå	gray	7
gråta, jag gråter, grät, har gråtit	to cry	11
grön	green	7
Gröna Lund	an amusement park in Stockholm	24
grönsak, en, grönsaker	vegetable	12
gröt, en, grötar	porridge, grout	12
gubbe, en, gubbar	old man	9
gubbe, en, gubbar	geezer, old man	20
gul	yellow	7
gunga, jag gungade	to swing, here: rock	26
gungande	swinging/rocking	26
gungstol, en, gungstolar	rocking chair	21
gungtider	swinging/rocking hours	26
gurka, en, gurkor	cucumber	12
gym, ett, gym	gym	21

Swedish	English	#
gymnasium, ett, gymnasiet, gymnasium	upper secondary school/high school	19
gå, jag går, gick, har gått	to go	3
gå i pension	to retire	26
gå till	to work, to function	15
hur gick det?	are you okay?	20
gång, en, gånger	one time, occasion	11
en gång till	one more time	3
förra gången	last time	16
gånger	multiplied by	8
med en gång	immediately	6
gälla, det gällde	to be valid	22
det gällde att ...	I had to ...	22
gärna [j-]	gladly	6
jag vill (så) gärna ...	I would like to ... (so much)	6
gäspa [j-], jag gäspade	to yawn	19
gömma, jag gömde	to hide	16
göra, jag gör [j-], gjorde, har gjort	to do	6
Götaland	*one of three lands of Sweden*	20
ha, jag har, hade, har haft	to have	2
ha något med sig	to have sth. with you, to bring	17
ha något på sig	to wear sth.	19
att ha ont	to feel pain	10
haka, en, hakor	chin	11
hall, en, hallar	hallway	3
hallon, ett, hallon	raspberry	20
hallonsylt, (en)	raspberry jam	20
hals, en, halsar	throat	11
halv	half	6
halvklot: södra halvklot	southern hemisphere	18
halvt: ett halvt	a half	5
hammare, en, hammare	hammer	14
hamn, en, hamnar	dock	24
hamna, jag hamnade	to end up/to land	24
han	he	1

Swedish	English	#
hand, en, händer	hand	3
ta hand om	to take care of	6
handla, jag handlade	to grocery shop	6
hans	his	24
hantverk, (ett)	handcraft	20
hantverkare, en, hantverkare	craftsman	13
hat, (ett)	hate	11
hata, jag hatade	to hate	8
hatfull	hateful	11
hatt, en, hattar	hat	22
hav, ett, hav	sea/ocean	24
havregrynsgröt, en	porridge (oatmeal)	12
havsblickar	sea views	23
hej	hello	1
hejdå	good bye	1
hejsan	hello	5
hel	whole, complete	5
hela dagen	the whole day	5
hela mitt liv	all my life	24
helg [-j], en, helger	weekend	9
heller: inte heller	neither, not... either	5
hellre	rather	23
helst: hur som helst	whatsoever, any way, *here*: however they like	9
till vilket pris som helst	no matter what the cost	27
helt	fully, absolutely, completely	
helt klart	clearly	19
heltid	full time	13
hem	home (direction)	10
hem, ett, hem	a home	9
hemma	at home	6
henne	her	19
hennes	her (possessive pronoun)	19
herrar: mina damer och herrar	ladies and gentlemen	19
herregud	oh my God	9

Swedish	English	#
heta, jag heter, hette, har hetat	to be called (by a name)	5
himmel, en, himlen, himlar	sky, heaven	15
hinna, jag hinner, hann, har hunnit	to manage (in time)	10
historia, en, historier	history/story	17
hit	here (directional)	9
hitta, jag hittade	to find	5
hitta inga ord	literally: to find no words, to be speechless	5
Hjalmar	male first name	19
hjälm [j-], en, hjälmar	helmet	13
hjälp [j-], en	help	
behöva hjälp (med), jag behövde	to need help (with)	5
hjälpa [j-], jag hjälpte	to help	9
hjälte [jä-], en, hjältar	hero	20
hjärta [j-], ett, hjärtan	heart	10
hon	she	1
hoppa, jag hoppade	to jump	20
hoppas, jag hoppas, hoppades, har hoppats	to hope	17
horisont, en, horisonter	horizon	23
horn, ett, horn	horn	19
hos [å]	by, near, *here*: with	11
hud, (en)	skin	26
hund, en, hundar	dog	21
hundratals	hundreds	27
hur	how	3
hur gick det?	are you okay?	20
hur som helst	whatsoever, any way, *here*: however they like	9
hus, ett, hus	house	1
husnyckel, en, husnycklar	house key	7
huvud, ett, huvud(en)	head	10
huvudstad, en, huvudstäder	capital city	20
hylla, en, hyllor	shelf	27
hål, ett, hål	hole	20
hålla, jag håller, höll, har hållit	to hold	6
hålla i ...	to hold on to ...	22

Swedish	English	No.
hålla koll på något/ någon	to keep control	8
hålla med	to agree	6
hålla någon vaken	to keep somebody awake	7
hållplats, en, hållplatser	stop	24
hår, ett, hår	hair	11
hård	hard	19
hårdkokt	hard-boiled	13
hälla upp, jag hällde upp	to pour	15
hälsa (på någon), jag hälsade	to greet (someone)	5
Så hälsar man inte …	This is not how you/we greet …	5
hämta, jag hämtade	to fetch, get	7
hända, det hände	to happen	9
hänga, jag hängde	to hang	3
hänga med	to come along	23
hänga upp	to hang	21
här	here	2
den här	this	13
här och där	here and there	7
härifrån	from here	26
häst, en, hästar	horse	20
hög, högre – högst –– den högsta	high	20
höger	right	11
till höger om	on the right of	11
åt höger och vänster	all over the place, lit. to the right and left	26
högskola, en, högskolor	university/college	19
högt	loud	19
högtid, en, högtider	feast	19
höja rösten, jag höjde rösten	to raise one's voice	27
höra samman	to belong together	26
höra, jag hör, hörde, har hört	to hear	2
i	in/to	1
i morgon [mårån]	tomorrow	6
i morse	this morning	25
i tid	on time	24

Swedish	English	No.
i tre år	for/during three years	23
ibland	sometimes	9
idag	today	9
idé, en, idéer	idea	3
ifrån	from	26
igen [ijen]	again	2
igång: sätta igång	to start	19
igår	yesterday	9
ihop	together	6
ihåg: komma ihåg	to remember	19
ika, ett, fikor	coffee break, often with cake – a social institution in Sweden	26
ikväll	tonight	6
illa, värre – värst – den värsta	bad	20
in	into, inside	10
inför	here: in front of	25
ingen, inget, inga	none, no	6
ingenting	nothing	4
ingrediens, en, ingredienser	ingredient	20
inkomst, en, inkomster	income	20
inkomstkälla, en, inkomst- källor	source of income	20
innan	before	10
inne	inside, within	10
innehålla, det innehåller, innehöll, har innehållit	to contain	22
inre	inner	23
inse, jag inser, insåg, har insett	to realize	27
inte	not	2
inte alls	not at all	8
inte direkt	not really (lit. not directly)	19
inte ens	not even	8
inte heller	neither, not… either	5
internationell	international	15
intressant	interesting	3
intresse, ett, intressen	interest	14

Swedish	English	No.
intressera sig för, jag intres- serade mig	to be interested in	6
irländsk	Irish	14
isländsk	Icelandic	14
isländska	Icelandic (language)	14
italiensk	Italian	14
italienska	Italian (language)	14
iväg	away	14
ja	yes	1
ja, må han leva	May he live long! (Swedish birthday song)	22
jacka, en, jackor	jacket	19
jag [ja:]	I	1
jaga, jag jagade	to hunt	5
jaha	well then	13
jamen	here: oh	20
januari	January	19
jaså	I see, aha	12
javisst	of course	2
Jim	male first name	19
jisses	Oh goodness!	9
jo	yes (challenges a negative state- ment)	22
jobb [jå-], ett jobb	job	6
jobba [jå-], jag jobbade	to work	6
jobba över	to work late, work overtime	25
jobba hårt	to work hard	19
jodå	oh, yes	24
Johan	male first name	19
jord, en, jordar	earth, world	18
journalist, en, journalister	journalist	13
ju	see explanation	2
juice [jos], en, juicer	juice	12
juiceglas, ett, juiceglas	glass of juice	15
juicesmak, en, juicesmaker	taste in juice	14
jul	Christmas	19
juli	July	19
juni	June	19

just det!	right!	6
järnväg, en, järnvägar	railway	26
jätte-	very	11
jätte- (stark)	very (strong)	24
kabel, en, kablar	cable	26
kafeteria, en, kafeterior	cafeteria	22
kaffe, (ett)	coffee	6
kaffebryggare, en, kaffebryggare	coffee maker	15
Kalifornien	California	20
kall	cold	11
kallad: så kallad	so-called	15
kallas: någon/något kallas för ...	someone/something is called ...	18
kalsong, en, kalsonger	underwear (male and female)	25
Kanada	Canada	14
kanel, (en)	cinnamon	20
kanellbullensdag	lit. „day of the kanellbulle", a special Swedish cinnamon bun	19
kanske [-sj1e]	maybe	9
kant, en, kanter	edge	20
karaoke, (en)	karaoke	15
kartong [-ång], en, kartonger	cardboard box	2
kasta, jag kastade	to throw	20
Kastellet	a citadel located on Kastellholmen	23
Kastellholmen	a small island in the centre of Stockholm	23
kastrull, en, kastruller	saucepan	12
Kebnekajse	Kebnekaise, the highest mountain in Sweden	20
kille, en, killar	young man, guy	25
kilogram (kg), ett, kilogram	kilogram	20
kind [tj-], en, kinder	cheek	6
Kiruna	city in the north of Sweden	5
kista [tj-], en, kistor	trunk	1
kjol [sj1], kjolar	skirt	19

klaga, jag klagade	to complain	14
klara sig, jag klarade mig	here: to get through	19
klart: helt klart	clearly	19
klass, en, klasser	class	21
klassrum, ett, klassrum	classroom	19
klick, ett, klick	click	5
klippa, en, klippor	cliff	23
klippa, jag klippte	to cut	19
kliva av, jag kliver av, klev av, har klivit av	to get off	25
klocka [klå-], en, klockor	clock	6
klocka, en, klockor	clock/bell	24
klockan blir mycket	(common expression for) it's getting late	24
klorvatten	chlorine water	26
klunk, en, klunkar	gulp, sip	25
klä på sig, jag klädde på mig	to get dressed	9
klä/ta av sig något	to take off, undress	19
vara klädd i något	to wear sth.	19
kläder (always plural)	clothes	19
klädesplagg, ett, klädesplagg	garment	19
klänning, en, klänningar	dress	19
klättra upp, jag klättrade upp	to climb up	9
klättra, jag klättrade	to climb	7
knacka, jag knackade	to knock	3
knaka, jag knakade	to crack/to creak	6
knasig	here: strange	25
kniv [kn-], en, knivar	knife	12
knuff, en, knuffar	nudge	10
knuffa, jag knuffade	to nudge	5
knä, ett, knän	knee	11
knäckebröd, ett, -bröd	crispbread	12
knäppis, en, knäppisar	idiot	18
koka, jag kokade	to boil	6
kokbok, en, kokböcker	cookbook	20
koll [å], (en)	control, supervision, mastery	8

ha koll på något/någon	to control sth./ sb., here: to know about sth./sb.	8
hålla koll på något/ någon	to keep control	8
kolla [kå-], jag kollade	to check	5
kollega, en, kollegor	colleague	13
kollidera, jag kolliderade	to collide, clash	18
kolt, en, koltar	Gákti, traditional Saami garment/ shirt	19
komma [å], jag kommer, kom, har kommit	to come	1
komma fram till	to arrive at	17
komma igång	to get going	12
komma ihåg	to remember	19
komma upp	to come up	21
komma åt	to touch, to hit/to brush against	27
kommun, en, kommuner	county, here: county council	27
konduktör, en, konduktörer	conductor	24
konsert [å], en, konserter	concert	16
konservativ	conservative	14
konst [å], en, konster	art	16
konstig [å]	strange	10
konstnär, en, konstnärer	artist	13
kontakt [kå-], en, kontakter	contact	6
konung, en, konungar	king	20
kopp [å], en, koppar	cup	12
koppla av, jag kopplade av	to relax	26
korsa, jag korsade	to cross	24
korsning, en, korsningar	crossroads, road junction	17
kort	short	27
kort, ett, kort	card	22
kosta, det kostade	to cost	18
kraft, (en)	force	22
kram, en, kramar	hug	27
krama, jag kramade	to hug	11
kran, en, kranar	tap, water faucet	15
kreativ	creativ	13

Swedish	English	Ch.
krona, en, kronor	Swedish krona („crown") – currency in Sweden (kr., SEK)	18
kronjuvel, en, kronjuveler	crown jewel	20
kropp [å], en, kroppar	body	11
krydda, en, kryddor	spice	27
kräftskiva	lit. „crab feast", eating a lot of crab in late August	19
kudde, en, kuddar	cushion, pillow	5
kultur, en, kulturer	culture	15
kung, en, kungar	king	20
kungliga biblioteket	the royal library	24
Kungsholmen	an island in Stockholm	24
Kungsträdgården	a park in central Stockholm	24
kunna, jag kan, kunde, har kunnat	to be able to, can	2
kuvert, ett, kuvert	envelope	22
kvar	leftover, spare	9
kvart [-at]	quarter	6
kvinna, en, kvinnor	woman	1
kväll, en, kvällar	evening	5
kvällsmat, en	(late) dinner	27
kyckling, en, kycklingar	chicken	22
kylskåp [tj-], ett, kylskåp	fridge	12
källa, en, källor	source	20
källare, en, källare	cellar/basement	26
känd	known	15
känna (efter) [tj-], jag kände (efter)	to feel, to check	3
känna sig hemma, jag kände mig hemma	to feel at home/comfortable	25
lära känna	to get to know	26
kännas, det känns, kändes, har känts	to feel	26
det känns som ...	it feels like ...	21
känsla [tj-], en, känslor	emotion	11
käpp, en, käppar	walking stick	24
kär	dear, nice, lovely	21
ha kär	to like a lot	21
kärlek, (en) [tj-]	love	11
kärleksfull [tj-]	loving	11
kök, ett, kök	kitchen	3
kökshandduk, en, kökshanddukar	tea towel	12
köksskåp [tj-], ett, köksskåp	kitchen cabinet	12
kön, (ett)	sex/gender	26
köpa [sj1], köpte	to buy	18
kör, en, körer	choir	15
köra [sj1], jag kör, körde, har kört	to drive	19
kött, (ett)	meat	22
köttbulle, en, köttbullar	meatball	22
laga, jag lagade	to fix	14
laga mat, jag lagade mat	to cook, to „fix food"	9
Lagan	a river in Sweden	20
lampa, en, lampor	lamp	3
land, en, länder	country	15
landa, jag landade	to land	10
landning, en, landningar	landing	10
landskap, ett, landskap	countryside, landscape	12
landskapsmåleri, ett, -målerier	landscape painting	23
latin	Latin (language)	14
latinsk	Latin	14
lax, en, laxar	salmon	20
laxsjö	lake in Kiruna	17
le, jag ler, log, har lett	to smile	1
leda, jag ledde	to lead	17
ledig	free/available/vacant	22
ta ledigt	to take time off	25
ledsen [lessen]	sad, sorry	6
leende, ett, leenden	smile	19
lek, en, lekar	game	3
leka, jag lekte	to play	21
lektion [sj2], en, lektioner	lesson	19
leta (efter), jag letade	to look (for)	5
leva, jag levde	to live	5
levande	alive, living	14
ligga, jag ligger, låg, har legat	to lie	2
lika/inte lika ...	as/not as ...	19
liknande	similar	24
lila	purple	7
Lindgren	family name	20
linje, en, linjer	here: program	19
lita på, jag litade på	to trust sb., rely on sb.	13
lite	little, not much	12
lite grann	a little	26
Det var så lite så! [vasj1å]	You're welcome!	1
liten	small	3
livlig	lively, heated	26
ljud [j-], ett, ljud	sound	6
ljus [j-], ett, ljus	light, here: candle	2
ljusgrön	light green	18
lok, ett, lok	locomotive	16
lokaltidning, en, lokaltidningar	local paper	15
lokförare, en, lokförare	train driver, locomotive engineer	16
lova [å], jag lovade	to promise	17
Lucia	Swedish holiday named after Saint Lucia celebrated on the 13th of December	19
luft	air, here: wind	24
lugn	quiet, calm	9
Det är lugnt.	It's alright, lit. „it is calm"	
i lugn och ro	in peace and quiet	
ta det lugnt	to take it easy	9
lugna ner sig, jag lugnade ner mig	to calm (oneself) down	20
lukta, det luktade (illa)	to smell (bad)	20
lunch, en, luncher	lunch	9
Lundbohm	surname	19
Luossajärvi	name of lake in northern Sweden	19
Lycka till med det!	Good luck with that!	14
lycka, (en)	happines, luck	11

215

Swedish	English	#
lycklig [-li]	happy	1
lyfta, jag lyfte	to pick up	2
lysa, jag lyser, lyste/lös, har lyst	to shine	16
lyssna, jag lyssnade (på)	to listen (to)	12
låda, en, lådor	box	6
lång	long	6
långsam	slow	27
långt bort från	long way from	17
lås, ett, lås	lock	10
låsa, jag låste	to lock	3
låsa upp	to unlock	3
låst	locked	4
låt, en, låtar	song	15
låta, jag låter, lät, har låtit	to let/to let it be, leave sth. alone	5
läge, ett, lägen	situation	5
lägenhet, en, lägenheter	apartment	25
lägga, jag lägger, la(de), har lagt	to put, place	7
lägga armarna i kors	to cross one's arms	23
lägga fram	to lay out/put out	27
lägga sig, jag lägger mig, la(de), har lagt	to lie down, go to sleep	9
läkare, en, läkare	doctor	13
lämna, jag lämnade	to leave	8
lämna i fred	to leave someone alone/to leave someone be	8
länge	long (time)	9
längesen	long time ago	21
längre	longer (comparative form of länge)	13
längre upp på vägen	further down the road	5
längs med vägen	along the road	17
längst	longest, furthest	17
längst bak	furthest back, right at the back	19
längta, jag längtade	to long for	16
lära känna	to get to know	26
lärare, en, lärare	teacher	5
läsa, jag läste	to read	6
läskig	scary, creepy	24
lätt	easy/light	15
löda, jag lödde	to solder	26
lödkolv, en, lödkolvar	soldering iron	26
lök, en, lökar	onion	27
lördag [-da]	Saturday	9
lösa, jag löste	to solve	13
löskokt	soft-boiled	13
lösning, en, lösningar	solution	10
macka, en, mackor	slice of bread with different toppings	12
mage, en, magar	belly, stomach	11
magi, (en)	magic	16
magisk	magical	15
magnetfält, ett, magnetfält	magnetic field	18
magnetism, (en)	magnetism	19
maj	May	19
mamma, en, mammor	mum	5
man	(some)one, we	5
man, en, mannen, män	man	1
mandelmassa, (en)	almond paste	20
mark, (en)	ground	20
mars	March	18
massa, en, massor	mass, bulk	15
mat, (en)	food	9
matbord, ett, matbord	dining table	27
matematik, (en)	math	19
matlåda, en, matlådor	lunch box	22
maträtt, en, maträtter	dish/course	20
matta, en, mattor	carpet	3
Matterhorn	a mountain of the Alps	20
med [me(d)]	with	1
med en gång	immediately	6
medan	while	15
meddelande, ett, meddelanden	message	25
Medelpad	a province in the north of Sweden	20
medeltid, (en)	Middle Ages	13
medlem, en, medlemmar	member	13
mellan	between	8
melon, en, meloner	melon	27
men	but	4
nej men!	expression of surprise or astonishment	16
mena, jag menade	to mean	12
meny, en, menyer	menu	22
mer	more	10
mest	most	17
för det mesta	mostly	21
middag, en, middagar	dinner/(noon)	9
midsommar	big Swedish holiday celebrating the longest day of the year, sommer solstice	19
Milton	male first name	19
mina damer och herrar	ladies and gentlemen	19
mindre än ...	smaller than ...	17
minne, ett, minnen	memory	16
minst	smallest	17
minus	minus	8
minut, en, minuter	minute	25
missa, jag missade	to miss	15
mitt (på golvet)	in the middle of (the floor)	5
mjuk	soft	10
mjölk, (en)	milk	12
Moa	female first name	19
modelljärnväg, en, modelljärnvägar	model railway	26
Moderna museet	a state museum in Stockholm	23
moln, ett, moln	cloud	25
morbror, en, morbröder	uncle (mother's brother)	5
morfar, en, morfäder	grandfather (mother's father)	5
morgon [mårån], en, morgnar	morning	5
god morgon	good morning	13

Swedish	English	#	Swedish	English	#	Swedish	English	#
i morgon [mårån]	tomorrow	6	**naken**	naked	26	**nummer, ett, nummer**	number	4
mormor, en, mormödrar	grandmother (mother's mother)	5	**namn, ett, namn**	name	5	**nuvarande**	current/present	20
morot, en, morötter	carrot	27	**natt, en, nätter**	night	7	**ny**	new	21
morse: i morse	this morning	25	**god natt!**	good night!	5	**Nybroplan**	*a public space in central Stockholm*	24
moster, en, mostrar	aunt (mother's sister)	5	**nattaktiv**	nocturnal	26	**nyckel, en, nyckeln, nycklar**	key	2
motorcykel, en, motorcyklar	motorcycle/motorbike	24	**nattduksbord, ett, nattduksbord**	nightstand	6	**nyckelhål, ett, nyckelhål**	keyhole	21
mun, en, munnar	mouth	11	**nattåg, ett, nattåg**	night train	25	**nyckelskåp, ett, nyckelskåp**	key cabinet	5
mus, en, möss	mouse (here for computer)	25	**natur, (en)**	nature	16	**nyfiken**	curious	3
musik, (en)	music	13	**naturligtvis**	of course	15	**nyfikenhet, (en)**	curiosity	7
musiker, en, musiker	musician	15	**nedervåning, en, nedervåningar**	ground floor	7	**nysa, jag nyser, nös, har nyst**	to sneeze	19
musikscen [sen], en, musikscener	music scene	15	**nej**	no	2	**nyår**	New Year	19
mycket	much	4	**nej men!**	*expression of surprise or astonishment*	16	**nå, jag nådde**	to reach, arrive at	7
klockan blir mycket	*(common expression for)* it's getting late	24	**å nej**	Oh no!	13	**någon [-ån]**	someone	9
mys, (ett)	cosiness	16	**ner**	down, downwards	3	**någonsin**	ever	21
mysterium, mysteriet, mysterier, mysterierna	mystery	14	**nere**	below, downstairs	10	**någonstans**	somewhere, anywhere	13
må, jag mår, mådde, har mått	to feel	5	**där nere**	down there	9	**någonting**	something	5
måla, jag målade	to paint	14	**nog**	probably	2	**något**	something	2
månad, en, månader	month	21	**Norberg**	*a muncipality in Sweden*	20	**några**	*here*: any	23
månaden	*here*: a/per month	21	**Nordens Venedig**	Scandinavia's Venice	20	**nåväl**	oh well	21
måndag [-da]	Monday	9	**nordjapansk**	northern Japanese	23	**nähä**	no, nope	19
många	many	15	**nordsamiska**	North Saami (language)	19	**nämligen**	namely	22
måste	have to / has to (no infinitive)	6	**Nordsjön [sj2]**	the North Sea	25	**när**	as, when	3
Mälaren	*the third largest freshwater lake in Sweden*	20	**norra Sverige**	Northern Sweden	17	**närma sig, jag närmade mig**	to come closer	11
människa [-sj2or], en, människor	human being, person	13	**Norrland**	*one of three lands of Sweden*	20	**näsa, en, näsor**	nose	11
märka, jag märkte	to notice	5	**norrsken [nårrsj2en], ett, norrsken**	northern lights, aurora borealis	16	**näsduk, en, näsdukar**	handkerchief	19
märkvärdig	odd	26	**norsk**	Norwegian	14	**nästa**	next	6
möbel, en, möbler	(piece of) furniture	6	**norska**	Norwegian (language)	14	**nästan**	almost	6
möjlig	possible	22	**nota, en, notor**	bill	22	**nät, ett, nät**	*here*: internet	15
mörk	dark	4	**november**	November	19	**näve, en, nävar**	fist	27
möta upp, jag möter upp, mötte, har mött	to meet up with	23	**nu**	now	1	**nöja sig med ..., jag nöjde mig med**	to settle for...	23
			nu för tiden	nowadays	9	**nöjd**	satisfied, pleased	11
			nuförtiden	nowadays	15	**observera, jag observerade**	to observe, watch	18
						och [å]	and	1
						också [å-]	also	1
						ofta [å-]	often	6
						ofärdig	unfinished	13
						oj!	oh my!	5

ojsan	oops (exclamation of suprise)	20
okej [å-]	okay	5
oktober	October	18
olik	different	5
om [åm]	here: if	5
omklädningsrum, ett, omklädningsrum	locker room	26
omkring	around	7
område, ett, områden	area	18
omständighet, en, omständigheter	circumstance	25
omöjlig	impossible	17
onsdag [-da]	Wednesday	9
ont, (ett)	ache	10
ha ont	to feel pain	10
onödan: i onödan	unnecessary, unnecessarily	14
orange [oransj1]	orange (colour)	7
ordentlig [-li]	proper(ly)	6
oroa sig, jag oroade mig	to worry	11
orolig [-i]	restless, uneasy	10
orsak, en, orsaker	reason	26
ort, en, orter	district	19
Oskar	male first name	19
oss	us	24
ost, en, ostar	cheese	12
osttillverkning, en	cheese manufacturing	20
otrevlig [-li]	unfriendly	5
otrolig	unbelievable	26
ovanför	above, over	15
ovanlig	unusual	22
oväsen: föra oväsen, jag för, förde, har fört	to be noisy	8
packa upp, jag packade upp	to unpack	5
paket, ett, paket	package	12
panera, jag panerade	to bread	27
pappa, en, pappor	dad	5
papper, ett, papper	paper	9
paprika, en, paprikor	paprika	12
par, ett, par	pair, couple	17

park, en, parker	park	18
parkeringsplats, en, parkeringsplatser	parking, parking lot	18
partikel, en, partiklar	particle	18
passa, jag passade	to fit	3
pasta, (en)	pasta	27
peka, jag pekade (på)	to point (at)	4
pengar	money (only pl.)	13
tjäna pengar	to earn money	13
pensel, en, penslar	paintbrush	16
pension: gå i pension	to retire	26
per	per	20
perrong, en, perronger	platform	25
person [sj1], en, personer	person	19
Pia	female first name	19
piano [-å], ett, pianon	piano	8
pigg	awake, lively	11
pipa, en, pipor	pipe	24
pirat, en, pirater	pirate	24
planera, jag planerade	to plan	24
plats, en, platser	space, place	13
plugghäst, en, plugghästar	swot	19
plus	plus	8
plötsligt [-it]	suddenly	12
poet, en, poeter	poet	15
pojke, en, pojkar	boy	8
pol, en, poler	pole	18
polarområde, ett, polarområden	polar area	18
polarsken [sj2], ett, polarsken	polar light	18
politisk	political	13
polsk	Polish	14
polska	Polish (language)	14
Pontus	male first name	3
populär	popular	15
porslin, (ett)	china	14
portugisisk	Portuguese	14
portugisiska	Portuguese (language)	14
potatis, en, potatisar	potato	20

prata, jag pratade	to talk, to speak	2
Jag pratar/förstår bara lite svenska.	I speak/understand just a little Swedish.	2
Kan vi prata engelska?	Can we speak English?	2
precis	precise(ly), here: just	15
presentation [sj2], en, presentationer	presentation	19
presentera, jag presenterade	to introduce, to present	5
pressa, jag pressade	to squeeze	21
pris, ett, priser	price	27
till vilket pris	to what cost	27
problem, ett, problem	problem/issue	13
process, en, processer	process, action	18
promenera, jag promenerade	to walk/to take a walk	24
protest, en, protester	protest/outcry	24
protestera, jag protesterade	to object	20
publik, en, publiker	audience	19
pussa, jag pussade	to kiss	6
pyssla, jag pysslade	to do arts and crafts	16
på	at/on/(switched) on	1
ha något på sig	to wear sth.	19
pålägg, (ett)	anything you can put on a slice of bread	27
påsk	easter	19
påslakan, ett, påslakan	duvet cover	21
påverka, jag påverkade	to affect	26
päron, ett, päron	pear	27
rabatt, (en)	discount	24
radio, en, radion	radio	25
rak	straight	17
rakt fram	straight ahead	18
randig	striped	24
rask	rapid	24
redan	already	11
rekommendera, jag rekommenderade	to recommend	22

Swedish	English	№
ren, en, renar	reindeer	20
renovering, en, renoveringar	renovation	14
renskötsel [sj2], (en)	reindeer herding	20
resa, en, resor	journey, trip	22
resa, jag reste	to travel	6
resebyrå, en, resebyråer	travel agency	24
reservnyckel, en, -nycklar	spare key	10
restaurang, en, restauranger	restaurant	18
resväska, en, resväskor	suitcase	25
rida, jag rider, red, har ridit	to ride a horse	16
Riksdagen	*the Swedish parliament*	20
Riksgränsen	*village in northern Sweden at the Norwegian border; lit. „border of the empire"*	16
riktig	right, *here*: properly	16
på riktigt	in reallity	18
ringa, ringde	to ring	19
risgrynsgröt, en	porridge, rice pudding	12
riva, jag river, rev, har rivit	*here*: pull down, demolish	26
ro: i lugn och ro	in peace and quiet	7
rolig	fun, amusing	11
ha roligt	to have fun, to have a good time	19
rondell, en, rondeller	roundabout	18
ropa, jag ropade	to shout, to call	3
rosa [rå-]	pink	7
rulla med ögonen, jag rullade	to roll one's eyes	23
rum, ett, rum	room	7
runt	around	9
rutt, en, rutter	route	24
rycka i något, jag ryckte	to pull something	24
rygg, en, ryggar	back	11
ryggsäck, en, ryggsäckar	backpack	19
rymd, en, rymdar	space	20
rysk	Russian	14
ryska	Russian *(language)*	14
Ryssland	Russia	14
Rådhuset	town hall, *here: a transit station in Stockholm*	24
rågflingegröt, en	porridge (rye)	12
råka, jag råkade	to happen to, chance to	26
räcka	*here*: to last	24
räcka upp handen, jag räckte	to raise one's hand	19
räcka	*here*: to last	19
rädd	afraid	3
vara rädd för	to be afraid of	10
räka, en, räkor	shrimp	27
rätt	right	6
de rätta (stationerna)	the right (stations/stops)	24
rätt, en, rätter	meal	22
rättslig	legal(ly)	13
räv, en, rävar	fox	18
röd	red	7
rödvin, (ett)	red wine	22
rökt	smoked	20
röra på sig, jag rör på mig, rörde, har rört	to move	18
rörelse, en, rörelser	movement	23
röst, en, röster	voice	10
sak, en, saker	thing	14
sakna, jag saknade	to miss	24
sallad, en, sallader	salad	27
same, en, samer	sami	20
samisk	Sami	18
samma	same	26
samman: höra samman	to belong together	26
samtidig	at the same time	25
sann	true	16
scen, en, scener	stage	19
schal/sjal [sj2], en, schalar/sjalar	shawl, scarf	19
Schweiz	Switzerland	14
se, jag ser, såg, har sett	to see	4
se fram emot	to look forward to	6
se på någon att	to see in sb. face that, *lit. „see on someone that..."*	15
se till att + infinitiv	to see to/make sure that	15
se ... ut	to look (like) ..., to appear (as) ...	12
vi ses	we will see each other, see you	17
sedan	then, after that	3
för ett par år sedan	a couple of years ago	19
sedan dess	since then	21
sekund, en, sekunder	second	25
semester, en, semestrar	vacation	21
semla, en, semlor	cream puff	20
senare	later *(comparative of sen)*	17
sent	late	2
september	September	19
ses: Vi ses snart!	See you soon!	5
sida, en, sidor	side	18
å andra sidan	on the other hand	26
simhall, en, simhallar	public bath/ indoor swimming pool	26
simma, jag simmade	to swim	16
simning, (en)	swimming	26
Simon	*male first name*	25
sin	his/her	25
sista	last	19
sitta, jag sitter, satt, har suttit	to sit	1
sitta fast	to be stuck, *lit.* to sit fixed	18
sjal/schal [sj2], en, sjalar/schalar	shawl, scarf	19
sjugosjunde	twenty seventh	19
sjuk [sj2]	sick, ill	13
sjukhus [sj2], ett, sjukhus	hospital	13
sjuksköterska [sj2uksj2ötesj-1ka], en, sjuksköterskor	nurse	13

sjunga [sj2], jag sjunger, sjöng, har sjungit	to sing	15
själv [sj2-], själva	-self, -selves	4
självklart [sj2-]	of course	22
sjö, en, sjöar	lake	17
skaka, jag skakade	to shake	10
skaka på huvudet	to shake one's head	10
skala, jag skalade	to peel	27
Skandinavien	Scandinavia	18
Skansen	*an open-air museum with a zoo in Stockholm*	23
skatt, en, skatter	*here*: tax	20
sked [sj2-], en, skedar	spoon	12
Skeppsholmen [sj2]	*one of Stockholm's islands*	23
Skeppsholmsbron	*a bridge connecting Blasieholmen and Skeppsholmen*	23
skicka [sj2], jag skickade	to send	25
skida, en, skidor	ski	21
åka skidor	to go skiing	21
skillnad [sj2-], en, skillnader	difference	17
skilsmässa [sj2], en, skilsmässor	divorce	13
skinka [sj2-], en, skinkor	ham	12
skiva [sj2-], jag skivade	to slice	12
skiva upp	to slice up	12
skjorta [sj2], skjortor	shirt	19
sko, en, skor	shoe	17
skog, en, skogar	wood, forest	5
skola, en, skolor	school	9
skola, jag ska, skulle, har skolat	to be supposed to	6
skoldag, en, skoldagar	school day	20
skosnöre, ett, skosnören	shoelace	25
skratta, jag skrattade	to laugh	5
skrik, ett, skrik	scream	4
skriva, jag skriver, skrev, har skrivit	to write	9
skruvmejsel, en, skruvmejslar	screwdriver	14

skräckslagen	terrified	24
skull: för säkerhets skull	for safety's sake	15
skynda sig, jag skyndade mig [sj2-]	to hurry	4
skådespelare, en, skådespelare	actor	19
skål, en, skålar	bowl	12
Skåne	*the southernmost county of Sweden*	20
skåp, ett, skåp	cupboard, closet	5
skära, jag skär [sj2-], skar, har skurit	to cut	12
skärm [sj2], en, skärmar	screen	25
skön [sj2-]	comfortable	8
sköta sig [sj2], jag sköter, skötte mig	to behave	19
skötsel [sj2], (en)	care, management	20
slappna av, jag slappnade av	to relax	16
slott [å], en, slott	castle	23
slut	finished; *here*: exhausted	6
ta slut	to end	21
till slut	eventually, finally	15
sluta, jag slutade	to stop	12
slutligen	finally, eventually	24
slå, jag slår, slog, har slagit	to beat	10
slå in, jag slår in	to knock down	10
slå sig ned	to sit down	27
släcka, jag släckte	to put out	6
slänga upp, jag slängde upp	*here*: to open (with force)	20
slänga	*here*: to throw away	20
släppa, jag släppte	to let pass, to release	24
släpp förbi mig	let me through	24
släppa taget	to let go	24
slö	lazy	9
slöjd, en, slöjder	handcraft	16
smaka, jag smakade	to taste	15
smal	narrow	27
smutsig	dirty	13

smyga, jag smyger, smög, har smugit	to sneak	14
smäll, en, smällar	bang	10
smälla, jag smällde	to bang	11
smärta [smäta], en, smärtor	pain, ache	10
smör, (ett)	butter	12
smörgås, en, smörgåsar	(open) sandwich	12
snabb	fast	10
snabbtåg, ett, snabbtåg	express train	21
snart [snat]	soon	2
snubbla (på), jag snubblade	to trip/stumble (over)	20
snäll	kind	1
var snäll och...	would you be so kind as to...	1
är du snäll.	if you wouldn't mind	1
snälla	please	1
tack snälla!	thanks, that's very kind!	1
snö, (en)	snow	17
soffa [så-], en, soffor	sofa	3
soffkudde, en, soffkuddar	sofa cushion	5
sol, en, solar	sun	18
solsken: fröken solsken [sj2]	Miss Sunshine	13
som [å]	as/like/that, which	5
sommar, en, somrar	summer	18
sommarlov, (ett)	sommer holiday	19
son [sån], en, söner	son	5
sopbil, en, sopbilar	garbage truck	20
soppa, en, soppor	soup	22
sorg [sårj], en, sorger	sorrow, misery	11
sort, en, sorter	kind, variety	27
sova [så-], jag sover, sov, har sovit	to sleep	2
sov gott! [gå-]	sleep well!	6
sovrum, ett, sovrum	bedroom	7
spansk	Spanish	14
spanska	Spanish (language)	14
specialist, en, specialister	specialist	13
speciell	special	27

Swedish	English	Ch.
spegel, en, speglar	mirror	16
spela, jag spelade	to play	13
spela ett spratt med någon	to hoax/pull someone's leg	13
spela fotboll [fotbåll]	to play soccer	16
spis, en, spisar	stove	27
sport, en, sporter	sport, exercise	16
spratt: spela ett spratt med någon, jag spelade	to hoax/pull someone's leg	13
springa, jag springer, sprang, har sprungit	to run	4
springa upp och ner för trappan	to run up and down the stairs	8
språk, ett, språk	language	19
spår, ett, spår	track	24
spårvagn, en, spårvagnar	tram	24
spårvagnshållplats, en	tram stop	24
spännande	exciting	16
spöke, ett, spöken	ghost	14
Stackars pojke!	Poor boy!	15
stad, en, städer	city	17
stamm, en, stammar	(tree)trunk/stem	17
stanna, jag stannade	to stay	4
stark	strong	6
starta, jag startade	to start	24
station [sj2], en, stationer	station	24
statsminister, en, statsministrar	prime minister	20
steg, ett, steg	step	13
stege, en, stegar	ladder	7
stekpanna, en, stekpannor	frying pan	27
stekt	fried	22
sten, en, stenar	stone	10
sticka, jag stickade	to knit	16
sticka ut, det sticker, stack, har stuckit	here: to stand out	24
stig, en, stigar	path, trail	17
stiga av (spårvagnen), jag stiger, steg, har stigit	to get off (the tram)	24
stiga upp	to get up	9
still	calm, quiet, still	17
stirra (argt), jag stirrade	to stare (angrily)	20
stirra, jag stirrade	to stare	11
stirrande	staring	26
stol, en, stolar	chair	3
stolthet, (en)	pride	20
stor	big, tall	5
Storbritannien	United Kingdom	14
strand, en, stränder	beach	23
strax	right away	6
strumpa, en, strumpor	sock	25
strumpbyxor (plural)	pantyhose/tights	19
sträcka (sig), jag sträckte	to stretch (oneself)	7
sträcka ut handen	to hold out one's hand	5
sträcka ut	to extend, here: to hold out	25
student, en, studenter	student	13
studera, jag studerade	to study	6
studera till något	to train as sth./ study sth.	13
stund, en, stunder	a little while	3
efter en stund	after a while	7
stycken	here: a total of	22
stå, jag står, stod, har stått	to stand	4
han står inte ut	he cannot stand it any more, here: he cannot contain himself	19
städa, jag städade	to clean	21
ställa, jag ställde	to put	2
ställa, jag ställde	to put/place	26
ställa fram	to put down, put out	12
ställa sig upp	to get to one's feet, to stand up	27
ställa till	to cause, start	8
ställa till med besvär	to make trouble	8
ställa undan	to put back	12
ställe, ett, ställen	place	24
i stället	instead	5
stämma, jag stämde	to be right	6
stämpla, jag stämplade	here: to validate	24
stänga, jag stängde	to close	7
stänga av	to turn off	15
stökig [-kj]	messy, untidy	5
störa, jag stör, störde har stört	to interrupt	5
större	bigger	17
störst	biggest	17
sucka, jag suckade	to sigh	10
Sundsvall	city in central Sweden	5
surströmming, en, surströmmingar	fermented herring	20
svag	weak	10
svamp, en, svampar	mushroom	27
svans, en, svansar	tail	18
svar, ett, svar	answer	14
svara, jag svarade	to answer	4
svart [-at]	black	7
Svealand	one of three lands of Sweden	20
svensk	Swedish	14
svensk, en, svenskar	Swede	20
svenska	Swedish (language)	14
Sverige	Sweden	14
Sveriges	Sweden's	20
Sveriges nationaldag	Swedish national day (June 6th)	19
svår	heavy/difficult	15
svänga in, jag svängde in	to turn towards	24
sy, jag sydde	to sew	16
sydafrikansk	South African	14
sylt, (en)	jam	20
synd	too bad; pity, shame	6
Det är synd!	What a pity!	12
syskon, ett, syskon [-ån]	sibling	5
sysselsätta (någon), jag sysselsätter, sysselsatte, har sysselsatt	to keep someone busy	15
syster, en, systrar	sister	5
så	so/then/like this	1
Så får det bli!	Let's do it like that!	13

Swedish	English	No.
sådan	such	12
sådant	such a thing	14
sådär	so so	5
sån	such	21
sångare, en, sångare	singer	15
säga, jag säger [-j-], sa(de), har sagt	to say	4
säga till någon	to tell sb., *here*: I won't tell you again	20
det säger du	oh, really (*lit.* "you say that")	19
Kan du säga det en gång till?	Can you say/ repeat that one more time?	2
Vad sa du?	What did you say?	2
säker	sure/safe	12
vara säker på något	to be sure about sth.	12
säkerhet, (en)	safety	15
för säkerhets skull	for safety's sake	15
säkert [-et]	surely	6
sällan	seldom	9
sämre	worse	17
sämst	worst	17
säng, en, sängar	bed	6
sängkläder *(plural)*	bedclothes/bedding	21
särskild [säsj2ild]	special(ly)	8
särskilt [sj2]	specially	15
sätt, ett, sätt	*here*: a way	22
sätta, jag sätter, satte, har satt	to sit, to put	3
sätta igång	to start	19
sätta ihop	to put together, *here*: assemble	6
sätta på	to turn on	8
sätta sig i	to sit down on	3
Södermalm	*a district in Stockholm*	23
söderut	southward	24
södra halvklot	southern hemisphere	18
söka, jag sökte	to search, look for	13
sömn, (en)	sleep	12
söndag [-da]	Sunday	9
sönder	broken	14
gå sönder	to break	14
söt	sweet	5
sötnos	sweetie (*lit.* sweet-nose)	13
T-bana	metro	24
t-shirt, en, t-shirtar	t-shirt	19
ta, jag tar, tog, har tagit	to take	3
ta (flyget)	to go by (plane)	24
ta av sig något	to take off, undress	19
ta fram	to take out	12
ta hand om	to take care of	6
ta i hand	to shake hands	5
ta ledigt	to take time off	25
ta med	to take with, to bring	7
ta på sig	to put on, get dressed	19
ta slut	to end	21
ta tid	to take time	22
ta upp	*here*: to pick up	4
tack	thanks	1
tack	thank you	1
tack för igår	*literally*: thanks for yesterday	1
tack för senast	*literally*: thanks for last (time)	1
tack så mycket	thank you very much	1
tusen tack	thank you very much (*literally* „thousand thanks")	1
tacka, jag tackade	to thank	23
tag, ett, tag	moment	17
få tag på någon/något	to get hold of sb./sth.	8
tak, ett, tak	roof/ceiling	3
tala, jag talade	to talk, speak	10
talang, en, talanger	talent	20
talat: allvarligt talat	serious(ly), *lit.* seriously spoken	16
talet: 1700-talet	18th-century (1700-1799)	15
tallrik, en, tallrikar	plate	12
tand, en, tänder	tooth	9
tandläkare, en, tandläkare	dentist	13
tangentbord, ett, tangentbord	keyboard (*here* for computer)	25
tanke, en, tankar	thought	26
tappa, jag tappade	to drop, lose	13
tavla, en, tavlor	picture, painting	3
taxi, en, taxin	taxi	24
te, (ett)	tea	12
teater, en, teatrar	theatre	24
teckna, jag tecknade	to draw	16
teknik, en, tekniker	technique	20
telefon, en, telefoner	telephone	26
telefonnummer, ett, telefonnummer	telephone number	4
tema, ett, teman	topic	13
teoretisk	theoretical	19
termin, en, terminer	semester, term	6
teve, en, teve/tevear	television	3
text, en, texter	text	13
tid, en, tider	time	6
i tid	on time	24
nu för tiden	nowadays	9
ta tid	to take time	22
tidig	early	14
tidning, en, tidningar	newspaper	13
tidsfråga, en	a matter of time	27
tidtabell, en, tidtabeller	timetable	24
till	to/for	2
en gång till	one more time	3
till fots	by foot	24
till och med	even, in fact	7
tillbaka	back	3
tillräcklig	enough	21
tills: ända tills ...	as long as/until ...	22
tillsammans	together	9

Swedish	English	Ch.
tillverkning, en, tillverkningar	manufacturing, production	20
timme, en, timmar	hour	9
tisdag [-da]	Tuesday	9
titta (på), jag tittade	to look (at)	1
titta in i väggen	to stare into space ("the wall")	12
tja	*very informal* hello	5
tjena	*informal* hello	5
tjäna, jag tjänade	to earn	13
tjäna pengar	to earn money	13
tok: på tok	wrong, odd	10
Är något på tok?	Is something wrong?	10
tom	empty	15
tomat, en, tomater	tomato	12
tomatsoppa, en	tomato soup	22
ton: att ta ton	*here*: to start talking	27
topp, en, toppar	t-shirt	19
torka [å], jag torkade	to dry	11
torn, ett, torn	tower	23
torsdag [sj1-da]	Thursday	9
tradition [sj2], en, traditioner	tradition	15
traditionell [sj2]	traditional	19
transport, (en)	transport	24
trappa, en, trappor	stairs	7
tredje	third	11
trevlig [-lj]	nice	5
tro, jag trodde	to believe	6
tro på någon/något	to believe in sb./sth.	14
trots allt [å]	in spite of everything, after all	16
trotsig	defiant	23
tråkig	boring	11
träd, ett, träd	tree	17
trädgård [trägåd], en, trädgårdar	garden	7
träffa, jag träffade	to meet	5
trevligt att träffas!	nice to meet you!	5
vi träffas	we will meet each other	17
träna, jag tränade	to train, to work out	16
tröja, en, tröjor	jersey/sweater	19
trött	tired	1
tumult, ett, tumult	uproar, riot	9
tung	heavy	2
tunga, en, tungor	tongue	18
tunn	thin	17
tunnelbana, en, tunnelbanor	subway	24
tur: vilken tur att ...	how fortunate that ...	15
Turkiet	Turkey	14
turkisk	Turkish	14
turkiska	Turkish (language)	14
TV-serie, en, TV-serier	TV series	25
tveka, jag tvekade	to hesitate, *here*: to linger	25
tvilling, en, tvillingar	twin	5
tvungen: att vara tvungen	to have to	21
tvätta, jag tvättade	to wash (clothes)	27
tycka (om), jag tyckte (om)	to think (about)	8
tycka om, jag tyckte om	to like	8
tyngre	heavier	17
tyngst	heaviest	17
typisk	typical	23
tysk	German	14
tyska	German (language)	14
tyst	silent, silently	5
tyst	quiet	19
tystnad, (en)	silence	10
tyvärr	unfortunately, sadly	15
tå, en, tår	toe	11
tåg, ett, tåg	train	12
tågbiljett, en, tågbiljetter	train ticket	22
tågresa, en, tågresor	train ride	22
tågstation, en, tågstationer	train station	27
tågtrafik, (en)	rail traffic, rail service	17
tålamod, (ett)	patience	13
tår, en, tårar	tears	11
tårta, en, tårtor	cake	22
tända, jag tände	to light, strike (a match)	15
tänka (på), jag tänkte	to think (about)	3
Tänk om ... !	Imagine ... ! / What if ... !	8
Tänk om man kunde ...	Imagine if one could ...	22
törstig	thirsty	15
undan: att ställa undan	to put back	12
under	under/during	3
underbar	wonderful	16
underbyxor (*plural*)	briefs, shorts	19
underkläder	underwear	25
underlig	odd	17
undersöka, jag undersökte	to examine, investigate	15
undra, jag undrade	to wonder, ask oneself	14
ung, yngre – yngst – den yngsta	young	27
ungefär	approximately	20
universitet [-sj1itet], ett, universitet	university	11
unna sig, jag unnade mig	to indulge	24
upp	up, upwards	3
uppe	up (location), above, upstairs	8
uppgift, en, uppgifter	task, assignment	13
Uppland	*a province on the eastern coast of Sweden*	20
uppstå, jag uppstår, uppstod, har uppstått	to emerge, originate	18
uppträda, jag uppträdde	to perform	19
upptäcka, jag upptäckte	to discover	15
upptäcksfärd [-äd], en, upptäcksfärder	expedition, adventure	7
ur	out of	15
ursinnig	furious	26
ursprungsbefolkning, en	indigenous population	20

ursäkta [sj1-]	sorry	2
usch!	Ugh!	8
ut	out, outside	10
ut mot vägen	out towards the road	5
utan	without/but instead *(see grammar explanation chapter 17)*	6
ute	outside, out in the open	4
utfart, en, utfarter	exit, off-ramp	18
utgångspunkt, en, utgångs-punkter	starting point	15
utmärkt	excellent(ly)	17
utomhus	outdoor	26
utställning, en, utställningar	exhibition	23
utsätta, jag utsätter, utsatte, har utsatt	*here:* to expose	26
va?	What? What's the matter?	10
vacker	beautiful	5
vad ... mer	what else	24
vad [va:]	what	2
vad han interesserar sig ...	How come he is interested ...	
vad tiden går	time flies	6
vadå	what's next, what's the matter? what now?	3
vaken	awake	7
vakna, jag vaknade	to wake up *(by oneself)*	10
vakt, en, vakter	guard	23
vakta, jag vaktade	to guard	23
val, ett, val	choice	10
Valborg	*Walpurgis night, marking the arrival of spring on April 30th*	19
vals	waltz	23
van	familiar	8
vara van vid något	to be used to	8
vandra, jag vandrade	to hike	16
vanlig	ordinary, common	17

vanlig	normal, *here:* real	22
vanligtvis	usually	17
var [va:]	where	2
vara, jag är, var, har varit	to be	3
varandra	each other	4
vardagsrum [va:dag-], ett, vardagsrum	living room	3
varför	why	3
varifrån	from where	5
varit: han har varit och hämtat	he has been to fetch	27
varje	every	20
varm	warm	11
varsågod [vasj1ågo(d)]	you're welcome	1
vart [-at]	where to	13
vatten, (ett)	water	12
vecka, en, veckor	week	9
veckan	*here:* a/per week	21
veckodag, en, veckodagar	weekday	9
vegetarisk	vegetarian	22
vem	who	3
verkligen [-ijen]	actually, really	4
verkstad, en, verkstäder	workshop, atelier	13
verktyg, ett, verktyg	tool	14
veta, jag vet, visste, har vetat	to know	2
vi	we	1
vid	by/near/at	2
vidare	further	17
video, en, videor	video clip	15
vika, jag viker, vek, har vikit	to fold	25
viktig	important	17
vila, jag vilade	to rest	20
vildmark, en, vildmarker	wilderness	20
vilja, jag vill, ville, har velat	want	2
vilka	which *(pl.)*	8
vilken/vilket/vilka	which/what	12
vilken lång dag	what a long day	6
vilken tur att ...	how fortunate that ...	15
vilket ... som helst	here: any	27
vilt	*here:* wildly	23

vind, en, vindar	wind/attic	2
vindslucka, en, vindsluckor	attic hatch	7
vinka, jag vinkade	to wave	4
vinter, en, vintrar	winter	4
vinterlandskap, ett	winter landscape	19
vips	swish	25
visa (för), jag visade	to show (to)	14
viska, jag viskade	to whisper	5
vispgrädde, (en)	whipped cream	20
viss	some, certain	26
vissamling, en, vissamlingar	song collection	15
visserligen	certainly	26
visst	sure, *here:* to be sure	26
vit	white	7
vrida (sig om), jag vrider, vred, har vridit	to turn (around)	25
vuxen	grown-up, adult	15
vuxen, en, den vuxna, vuxna, de vuxna	adult	26
våga, jag vågade	to dare	21
våning, en, våningar	floor	7
vår, (en)	spring	25
vårda, jag vårdade	to nurse, tend	13
väcka, jag väckte	to wake up *(someone)*	7
väg, en, vägar	road	5
vara på väg (till)	to be on the way (to)	13
vägg, en, väggar	wall	2
titta in i väggen	to stare into space ("the wall")	12
väl	probably, indeed; wasn't it, doesn't it ... ?	11
välbekant	familiar	25
väldigt [-di(g)t]	very, really	3
välja, jag väljer, valde, har valt	to choose	18
välkommen, välkomna (till)	welcome (to)	5
välkomna, jag välkomnade	to welcome	25
vän, en, vänner	friend	5

vända sig om, jag vände mig om	to turn around	10
Vänern	*the largest lake in Sweden*	20
väninna, en, väninnor	*(female)* friend	25
vänlig [-lj]	friendly	5
vännen	the friend; *here:* my friend	5
vänster	left	11
till vänster om	on the left of	11
vänta, jag väntade	to wait	6
värld, en, världar	world	13
värre	worse	17
värre – värst – den värsta (*from* illa)	bad	20
väska, en, väskor	bag	25
värst	worst	17
Vättern	*the second largest lake in Sweden*	20
växa (upp), jag växte	to grow (up)	17
växelmotor, en, växelmotorer	gear motor	26
Wakkanai	*a city located in Hokkaido, Japan*	23
yngre – yngst – den yngsta	younger/youngest	27
yrke, ett, yrke	work	13
å andra sidan	on the other hand	26
åka, jag åkte	to go (by vehicle)	12
åka skidor	to go skiing	21
Åke	*male first name*	5
år, ett, år	year	3
året	*here:* a/per year	21
Åsa	*female first name*	5
åt	for, at, towards	15
åt höger och vänster	all over the place, *lit.* to the right and left	26
komma åt	to touch, to hit	26
ägg, ett, ägg	egg	6
äkta	genuine, real	24
äldre	older	17
äldst	oldest	17
älg, en, älgar	elk	20

älska, jag älskade	to love	6
jag älskar dig	I love you	6
älskling, en, älsklingar	darling	2
ända tills ...	as long as/until ...	22
ändra på något, jag ändrade	to change sth.	8
ändå	anyway/nevertheless	21
ännu	*here:* still	23
äntligen	finally	9
äppeljuice, (en)	apple juice	13
äpple, ett, äpplen	apple	8
är [ä:(r)] (*present tense of* att vara)	am, is, are	1
ära, (en)	an honour	21
äta, jag äter, åt, har ätit	to eat	6
Ätran	*a creek in Sweden*	20
även	even, yet	15
äventyr, ett, äventyr	adventure	14
öga, ett, ögon	eye	11
ömtålig	fragile	25
öppen	open	12
öppna, jag öppnade	to open	2
öppna sig	to open up	22
öra, ett, öron	ear	11
örngott, ett, örngott	pillowcase	21
ört, en, örter	herb	27
Österjöns pärla	the pearl of the Baltic Sea	20
Österrike	Austria	14
österrikisk	Austrian	14
Östersjön	the Baltic Sea	20
över	above/past	6
överallt	everywhere	25
överraska, jag överraskade	to surprise	22
överraskning, en, överraskningar	surprise	25
översätta, jag översätter, översatte, har översatt	to translate	13
övertyga, jag övertygade	to persuade	24
övervåning, en, övervåningar	upper floor	7

Irregular verbs

att andas	jag andas	jag andades	har andats	**att le**	jag ler	jag log	har lett
att bli	jag blir	jag blev	har blivit	**att ligga**	jag ligger	jag låg	har legat
att brinna	det brinner	det brann	har brunnit	**att lysa**	jag lyser	jag lyste/lös	har lyst
att byta	jag byter	jag bytte	har bytt	**att låta**	jag låter	jag lät	har låtit
att bära	jag bär	jag bar	har burit	**att lägga**	jag lägger	jag la/lade	har legat
att böra	jag bör	jag borde	har bort	**att måste**	jag måste	jag måste	har måst
att dra	jag drar	jag drog	har dragit	**att möta**	jag möter	jag mötte	har mött
att dricka	jag dricker	jag drack	har druckit	**att nysa**	jag nyser	jag nös	har nyst
att dö	jag dör	jag dog	har dött	**att rida**	jag rider	jag red	har ridit
att erbjuda	jag erbjuder	jag erbjöd	har erbjudit	**att riva**	jag river	jag rev	har rivit
att falla	jag faller	jag föll	har fallit	**att röra (på sig)**	jag rör	jag rörde	har rört
att fattas	det fattas	det fattades	har fattats	**att se**	jag ser	jag såg	har sett
att finnas	jag finns	jag fanns	har funnits	**att sitta**	jag sitter	jag satt	har suttit
att flyga	jag flyger	jag flög	har flugit	**att sjunga**	jag sjunger	jag sjöng	har sjungit
att fortsätta	jag fortsätter	jag fortsatte	har fortsatt	**att skola**	jag ska	jag skulle	har skolat
att få	jag får	jag fick	har fått	**att skriva**	jag skriver	jag skrev	har skrivit
att föreslå	jag föreslår	jag föreslog	har föreslagit	**att skära**	jag skär	jag skar	har skurit
att förlåta	jag förlåter	jag förlät	har förlåtit	**att sköta (sig)**	jag sköter	jag skötte	har skött
att förstå	jag förstår	jag förstod	har förstått	**att slå**	jag slår	jag slog	har slagit
att förstöra	jag förstör	jag förstörde	har förstört	**att smyga**	jag smyger	jag smög	har smugit
att försvinna	jag försvinner	jag försvann	har försvunnit	**att sova**	jag sover	jag sov	har sovit
att ge	jag ger	jag gav	har gett	**att springa**	jag springer	jag sprang	har sprungit
att gråta	jag gråter	jag grät	har gråtit	**att sticka ut**	det sticker	jag stack	har stuckit
att gå	jag går	jag gick	har gått	**att stiga**	jag stiger	jag steg	har stigit
att göra	jag gör	jag gjorde	har gjort	**att stå**	jag står	jag stod	har stått
att ha	jag har	jag hade	har haft	**att säga**	jag säger	jag sa/sade	har sagt
att heta	jag heter	jag hette	har hetat	**att sätta**	jag sätter	jag satte	har satt
att hinna	jag hinner	jag hann	har hunnit	**att ta**	jag tar	jag tog	har tagit
att hoppas	jag hoppas	jag hoppades	har hoppats	**att uppstå**	jag uppstår	jag uppstod	har uppstått
att hålla	jag håller	jag höll	har hållit	**att utsätta**	jag utsätter	jag utsatte	har utsatt
att innehålla	det innehåller	det innehöll	har innehållit	**att vara**	jag är	jag var	har varit
att inse	jag inser	jag insåg	har insett	**att veta**	jag vet	jag visste	har vetat
att kliva av	jag kliver av	jag klev av	har klivit av	**att vika**	jag viker	jag vek	har vikit
att komma	jag kommer	jag kom	har kommit	**att vilja**	jag vill	jag ville	har velat
att kunna	jag kan	jag kunde	har kunnat	**att vrida (sig om)**	jag vrider	jag vred	har vridit
att kännas	det känns	det kändes	har känts	**att välja**	jag väljer	jag valde	har valt
att köra	jag kör	jag körde	har kört	**att äta**	jag äter	jag åt	har ätit
				att översätta	jag översätter	jag översatte	har översatt

Key to the exercises

1

1

Är du lycklig? – Ja, jag är lycklig.
Anders ler. Han är lycklig.
Carina sitter på golvet. Hon är trött.
"Nu bor vi i ett hus, Anders!"
Jag tittar på Anders och Carina. De ler.

2

Ex.: 1) Carina sitter på golvet.
a) Carina är trött
b) Anders ler och är lycklig./A. är lycklig och ler.
c) Carina och Anders bor i ett hus.
d) Han tittar på Carina.
e) Han kommer med en kista.

3

Nu är Carina trött.
Nu ler Anders och är lycklig./Nu är Anders lycklig och ler.
Nu bor Carina och Anders i ett hus.
Nu tittar han på Carina.
Nu kommer han med en kista.

4

De/Carina och Anders bor i ett hus.
Carina och Anders ler.
Carina sitter på golvet.
Anders kommer med en kista.

2

1

en kista, ett golv, ett hus, en vägg, en nyckel, ett ljus, ett bord, ett fönster, en vind

2

golvet, kistan, väggen, nyckeln, vinden, golvet, huset, ljuset, bordet, fönstret

3

Jag är trött. Vill du också sova snart, Anders?
Kan Anders lyfta kistan? – Ja. Han bär den till väggen.
Carina vill öppna kistan. Var är/ligger nyckeln? Är/Ligger den på bordet?
Vad har Carina i kistan? Anders vet inte det.
Han tittar i kartongen. Var är ljuset?
Carina kan höra något vid fönstret.
Jag vill ha nyckeln nu!

4

Kan Anders bära kistan till väggen? Ja.
Sitter Carina på golvet? Ja.
Vad är det vid fönstret? Det är nog bara vinden.
Vill de sova snart? Ja.
Öppnar Anders kistan? Nej.
Var är nyckeln? Det vet de inte.
Är kartongen tung? Nej, kistan är tung.

5

Den ligger inte på bordet.
Han tittar inte i kartongen.
Hon kan inte bära kistan.
Det är nog inte bara vinden.

6

Anders bär kistan. Den är så tung.
Han har ett ljus och ställer det på bordet.
Carina är så trött. Det är sent.
De har inte nyckeln till kistan. Den ligger inte på bordet.
Anders lyfter kistan. Carina vill ha den där borta.

Det är något vid fönstret.

7

Carina och Anders bor i ett hus. Anders bär en kista. Vad har Carina i kistan? Och var är nyckeln till kistan? De vet inte. Ligger den på bordet? Nej! Är den i kartongen? Nej !
Vad har du i kistan, Carina? – Ursäkta? – Vad har du i kistan, älskling? – Bara böcker.
Anders öppnar en kartong och tittar i kartongen.
Kan du ställa ljuset på bordet? – Javisst! – Tack! - Varsågod.

3

2

Vem sitter i soffan?
Var är Pontus?
Vad hänger på väggen?
Hur gammal är Pontus?
Hur är nyckeln på golvet?
När/Varför blir Pontus rädd?
Vem knackar på dörren?
Vad är det här?

3

Pontus sitter på en stol i köket. Sedan sätter han sig i soffan. I vardagsrummet hänger en tavla på väggen. Pontus tittar på den en stund. Han är fyra år gammal och väldigt nyfiken. Han har nyckeln i handen. Då ser han en nyckel till på golvet. Nyckeln är liten och intressant. Pontus låser dörren i hallen och låser upp den igen.
Det knackar på dörren. Carina ropar: "Kan du öppna dörren?" Anders hör inte. Carina ropar en gång till: "Anders, kan du öppna dörren?"

4

att se → jag ser
att höra → jag hör
att vara → jag är
att känna → jag känner
att ta → jag tar
att tänka → jag tänker
att kunna → jag kan
att sitta → jag sitter
att vilja → jag vill
att veta → jag vet
att sätta → jag sätter
att ropa → jag ropar

5

två tavlor, fem stolar, fyra hus, tre lampor, åtta barn, en nyckel

4

1

a) Jag är väldigt trött. Jag vill sätta mig.
b) Anna är också här. Ser du henne?
c) Karl och Linea står framför huset. Jag ser dem.
d) Kistan är tung. Kan du lyfta den?
e) Vi står i fönstret och Lars ser oss.
f) Hej, Johan och Emil! Vill ni sätta er?

2

a) Jag vet inte var Paul är. Men nu kommer han! Kan du se honom?
b) Paul och Olof är i huset. Paul säger till honom:"Vill du titta på teve med mig?"
c) Erika är i köket. Vi ser henne i fönstret.

d) "Skynda dig!", säger Monika till Peter. De/han springer till huset.
e) Snälla, ge oss nyckeln, Pontus. Vi vill låsa upp dörren!
f) "Där borta står Astrid!", säger jag och pekar på henne.

3
a3 – b4 – c2 – d1

4
Ja, Pontus låser dörren i hallen.
Ja, på bordet ligger nyckeln till kistan.
Nej, Pontus har två nycklar.
Ja, Pontus har nyckeln till dörren i fickan.
Carina ser en man i fönstret.

5
jag → Hon ser mig.
vi → Han ser oss.
du → Hon ser dig.
ni → Han ser er.
han → Hon ser honom.
de → Han ser dem.
hon → Jag ser henne.
Jag ser mig själv.
Du ser dig själv.
Han ser sig själv.
Hon ser sig själv.
Vi ser oss själva.
Ni ser er själva.
De ser sig själva.

5

1
Hej!
Hej!/Tjena!
Hur är läget?
Bara bra, tack! Och själv?/Hur mår du?
Tack, allt är bra!
Vad heter du?
Jag heter Alice. Och du?
Jag heter _____.

Trevligt att träffas! Varifrån kommer du?
Jag kommer från _____. Och du?/Själv?
Jag kommer från Kiruna. Nu bor jag här i Stockholm.
Vad arbetar du med?
Jag arbetar som lärare. Vad arbetar du med?
Jag är _____.
Oj, jag är sen, men vi ses snart!
Okej! Trevligt att träffas! Vi ses! Hejdå!
Ha det så bra! Hejdå!

2
Vad heter du?
Var bor du?
Har du en bror?.
Hur gammal är din syster?

4
en fin lärare
tre vackra dagar
fem snälla vänner
en lycklig familj
sex mörka skogar
en liten hand
ett nyfiket barn
ett bra namn

5
Det här är min vän Paul. Han säger: "Jag gillar din syster Eva!" Mina föräldrar gillar inte Paul. Det gör inte min mormor heller. Min andra syster heter Cornelia. Hon bor i Sundsvall och hennes hus är litet och fint. Hennes man heter Olaf och deras barn är trevliga. Jag säger till dem: "Era barn är så vackra!"

6

2
For example:
Jag brukar dricka kaffe.
Hon brukar läsa en bok.

Ni brukar leta efter nycklarna.
Han brukar säga: "Jag älskar dig!"
Du brukar äta ett ägg till frukost.

3
Jag brukar gå och äta frukost på ett litet café. Det är fint att sitta och dricka kaffe. Då ser jag en man vid fönstret. Det är min vän Johan! Jag skyndar mig att vinka. Johan kan se mig och så kommer han in! "Vad trevligt att träffa varandra igen!" "Ja, det är det!" "Vad synd! Jag har ingen tid att prata nu. Jag måste gå och arbeta. Men vi kan väl gå på bio ikväll? Jag svarar: "Bra idé! Det gör vi!" Jag gillar att träffa vänner.

4
Vad är klockan?
Var kan man hitta ett bra jobb?
Varför letar du efter nyckeln?
När kommer du på besök?
Behöver du hjälp med någonting?
Hur mår du?
Vem vet var nyckeln är?

5
Klockan är nästan åtta! Gustav måste skynda sig!
Vi har ingenting att äta hemma. Mamma måste gå och handla!
Sara, kan du hjälpa mig?
Marion ska resa till Sundsvall i morgon.
Jag vill gärna äta ett ägg till.
Du borde äta en ordentlig frukost

6
Nyckeln var under soffan.
Johan hade en trevlig dag.
Var du trött?
Hon var helt slut.
Gustav hade rätt i det.
Det var trevligt att gå på bio med min syster.
Peter hade en lång dag.

7
Jag ser att du äter frukost.
Birger vet att Lars bor i Kiruna.
Mamma vill att Linea skyndar sig.
Ebba gillar att Leon pussar henne.
Du ser att jag letar efter min bok?

7

1
Jag måste egentligen skynda mig.
Anders läser gärna en bok.
Astrid äter ofta ett ägg till frukost.
Min mormor dricker bara kaffe hela dagen.
Jag vill inte sätta ihop mina möbler i morgon.
Hon är fortfarande väldigt trött.

2
Jonas springer omkring i vardagsrummet. Han är sju år gammal och kan till och med klockan. Efter en stund ser han en vacker lampa på bokhyllan. Den vill han ha! Men han måste vara tyst. Mamma är i arbetsrummet. Han klättrar upp på hyllan utan ett ljud och sträcker sig. Nu håller Jonas lampan i handen. Med ett brak faller lampan ner mot golvet. Oj nej! Med en gång står mamma i vardagsrummet. "Jonas, vad gör du?! Jag vill arbeta i lugn och ro!

3
for example:
en liten vän, ett litet hus, små föräldrar
sex stora söner, ett stort skåp, en stor tavla
två vackra nätter, ett vackert skåp, en vacker dotter
ett bra hus, en bra tavla, ett bra skåp
en lycklig dotter, sex lyckliga söner, lyckliga föräldrar

ett gammalt hus, femton gamla
lampor, en gammal tavla
en nyfiken vän, nyfikna föräldrar,
en nyfiken dotter
ett mörkt skåp. två mörka nätter.
femton mörka lampor

6

Nummer elva är orange.
Nummer tjugoåtta är gult.
Nummer trettiotvå är grått.
Nummer fyrtiotre är brunt.
Nummer femtioett är vitt.
Nummer sjuttionio är blått.
Nummer åttiofyra är grönt.
Nummer nittiofem är rött.

8

1

sexhundratrettiofyra stolar
åttahundranittiosju händer
(ett) tusentvåhundrafemtionio
   färger
sextio fötter
etthundrasextioåtta leenden
sjuttiosex namn
femhundratrettiofyra besök
niotusenåttahundraelva skogar
trettiofyra bord
åttatusensexhundratretton lägen
sjuttiotre sängar
nittioen lekar
trehundrafemtio trädgårdar
niotusenniohundranittionio fel

2

Han vill hälsa <u>på</u> mig.
Familjen <u>bor</u> i ett stort hus.
Jag tycker <u>om</u> min mormor.
Kan du låsa <u>upp</u> dörren?
Jag <u>gillar</u> min mormor.
Pernilla och Erika <u>letar</u> efter
   nycklarna.
Det <u>vet</u> jag inte.

3

a5, b2, c1, d4, e3

6

Sängen är orange.
Soffan är blå.
Skåpet är gult.
Bokhyllan är grå.
Teven är grön.
Stolen är röd.
Lampan är grön.
Dörren är brun.
Nattduksbordet är grått.
Den andra lampan är vit.
Bordet är gult.
Det andra bordet är svart.

7

a) Det här tycker jag inte om.
b) Med möbler och flyttkartonger
   kommer familjen.
c) I huset finns det fem rum.
d) Dörren kan Anders inte öppna.
e) Det är helt tyst i huset på
   kvällen.
f) Alltid måste man ha koll på
   nyckeln.

9

1

en, morgon, morgonen, morgnar,
   morgnarna
en, matta, mattan, mattor, mat-
   torna
ett, ljud, ljudet, ljud, ljuden
en, bok, boken, böcker, böckerna
en, vän, vännen, vänner, vänner-
   na
ett, skåp, skåpet, skåp, skåpen

2

Alfred tycker inte om det här. Han
är van vid att vara ensam i huset.
Men nu flyttar en familj in och
Alfred måste bo på vinden. Han
vill ändra på det. Han fundera
över familjen, Pontus, Carina
och Anders. Vad besvärliga de
är! Särskilt pojken! Föräldrarna
kan inte hålla koll på pojken och
inte på nycklarna heller. Pontus

är väldigt nyfiken. Tänk om han
är för nyfiken! Han är så nyfiken
att han vill klättra/komma upp
på vinden. Han hämtar en stol
men han når inte. Då hämtar han
också ett bord. Herregud/Jisses!
Han faller ju!

4

hans tand, hennes piano, vår
   lunch, deras händer, mitt foto/
   mina foto, din vän, er granne,
   dina fickor

5

a) mig   b) honom
c) oss   d) honom
e) dem   f) det
g) dig   h) ni

7

Ella går alltid och handlar på
   lördagar.
Malte hade besök i fredags.
På måndagar dricker Holger ofta
   för mycket kaffe.
Jag reser till Stockholm på tisdag.
Min vän Klara var väldigt trött i
   torsdags.

10

1

Birgit sitter uppe på taket och
   läser en bok.
Jag bor där uppe på vinden.
Vad finns där nere ?
Pontus går ner för trappan.
Väntar Lisa där inne?
Carl vill gå in!
Jag vill stanna ute i trädgården.
Ska vi gå ut ikväll?
Lars och Ella går alltid hem till-
   sammans.
Är du hemma nu?
Han går bort till fönstret.
Alla är redan borta.
Vi är nästan framme!
Barnet springer fram och tillbaka.

Nu måste du verkligen skynda
   dig dit.
Stanna där!
Kom hit!
Kan jag träffa dig här?

2

Pontus landar mjukt.
Han sitter på golvet och är rädd.
Carina är orolig.
Hon pratar förskräckt med
   Pontus.
Barnet tittar ledset på dörren.
Anders pratar lugnt med Carina.
Anders öppnar dörren försiktigt.

3

Ser du mannen där borta? Han
   har något konstigt på huvu-
   det.
Jag kan se någon vid fönstret. Är
   det kanske min granne Lars?
Carla hör ett ljud. Någonting
   faller på golvet.
Jag har sex hundra Facebookvän-
   ner. Men jag känner bara några
   av dem.
Vill du ha någonting att äta? Tack,
   det vill jag gärna.
Har du kanske något att dricka
   hemma? Vill du ha kaffe?

4

Måste du arbeta i en vecka?/Nej,
   jag måste arbeta i fyra veckor.
Har du två systrar?/Nej, jag har
   sju systrar.
Finns det sex stolar vid bordet?/
   Nej, det finns fem stolar vid
   bordet.
Har din mamma en dator?/Nej,
   min mamma har ingen dator/
   har inte någon dator.
Behöver Linus en flyttkartong)?/
   Nej, Linus behöver femton
   flyttkartonger.

11

1

rolig	tråkig
under	över
inne	ute
ledsen	glad
orolig	lugn
efter	innan
bakom	framför
pigg	trött
upp	ner
allt	inget
stark	svag

2

Gustav intresserar sig för att laga mat.
Ni kan väl ta hand om era böcker.
Du tar din morfar i hand.
Jag är van vid mina syskon.
De drar i mina armar.
Lars kan inte bestämma sig för någon färg.
Är något på tok?
Barn är ofta rädda för smällar.
Hon skakar på huvudet.
Linnea springer upp för trappan.

3

Du kan väl stänga dörren?
Du kan väl börja nu.
Du kan väl vänta lite.
Du kan väl skriva en bok.
Du kan väl leta efter nycklarna.
Du kan väl ställa lampan på bordet.
Du kan väl låsa upp dörren.
Du kan väl glömma den idén.
Du kan väl hålla koll på pojken.

5

Är det ert universitet? – Nej, det är deras universitet.
Är det ditt/dina fotsteg – Nej, det är hennes fotsteg.
mitt/mina val – hans val
vårt/våra skåp – deras skåp
er idé – hans idé
din dator – hennes dator
min kudde – din kudde
din farfar – deras farfar
deras husnyckel – min husnyckel

12

Frukost

diskbänk, kniv, grönsak, skål, tomat, ägg, te, kopp, gaffel, frukt, sked, tallrik, kylskåp, kaffe, smör, vatten, glas

1

Äpplet är över kastrullen.
Skålen står bredvid/till höger om brödet.
Koppen finns bredvid/till vänster om tomaten.
Paprikan är under gurkan.
Äpplet ligger mellan ett paket flingor och paprikan.
Allt finns i köksskåpet.
Tallriken och ett paket flingor är över brödet.
Kökshandduken ligger under skeden och till höger om skålen.

4

a) Han har inga pengar./Han har inte mycket pengar.
b) Oskar har inget fint hus.
c) Mamma och pappa äter inte smörgåsar med ost och skinka/inga smörgåsar med ost och skinka.
d) Det är inte synd!
e) I kylskåpet finns inget smör.
f) Mormor har inga smärtor i ryggen.
g) Jag vill inte dricka kaffe med mjölk.

5

a) den	b) henne
c) dem	d) honom/det
e) ni	f) det
g) dig	h) ni

7

Vilken smörgås vill du ha? Denna med ost eller denna med ägg?
Öppna inte det! Detta är mitt paket!
Där borta ligger några gurkor. – Dessa är mina!
Dessa tavlor är stora.
Denna känsla är mycket bra för alla människor.
Du få inte ha denna nyckel!
Detta tåg är jättevackert!

8

a) Vilket hus bor du i?
b) Vilken är din telefon?
c) Vilka barn är nyfikna?
d) Vilket kaffe är gott?
e) Vilket jobb vill du ha?
f) Vilken pojke menar du?
g) Vilka tavlor tycker du om?
h) Vilken macka vill du äta?

13

Jobb

a) student/läkare
b) forskare
c) advokat
d) lärare/journalist
e) hantverkare
f) konstnär
g) sjuksköterska
h) gruvarbetare

1

det hårda arbetet
den röda munnen
de tio fria pojkarna
det bestämda steget
de fem arga familjemedlemmarna
det dåliga temat
den konstiga förklaringen
det mjuka paketen
den slöa grabben
de tre svarta hjälmarna
den rädda kollegan
den trötta studenten

2

en gammal verkstad, ett gammalt tema, gamla verkstäder/teman, den gamla verkstaden/det gamla temat
en liten flinga, ett litet problem, små flingor/problem, den lilla flingan/det lilla problemet
en vacker värld, ett vackert köksskåp, vackra världar/köksskåp, den vackra världen, det vackra köksskåpet
en sjuk hantverkare, ett sjukt hjärta, sjuka hantverkare/hjärtan, den sjuka hantverkaren, det sjuka hjärtat
en ordentlig frukost, ett ordentligt yrke, ordentliga frukostar/yrken, den ordentliga frukosten, det ordentliga yrket
en gul tidning, ett gult papper, gula tidningar/papper, den gula tidningen, det gula pappret
en snabb grabb, ett snabbt tåg, snabba grabbar/tåg, den snabba grabben, det snabba tåget

4

Familj Anderson bor i ett hus. Huset är i Sundsvall. Idag ska de åka tåg till Abisko. Familjen vill hälsa på farmor och farfar. Familjemedlemmarna sitter i tåget och pratar och skrattar. Efter en stund blir det lugnt. Pappa sover, mamma läser en bok, Emil äter ett äpple och Luisa tittar ut genom fönstret. De är nästan framme. Här är ljuset så vackert. Luisa ser röda hus i landskapet. Plötsligt ser hon något konstigt: husen ändrar helt plötsligt färg! Det där huset blir rosa, det där huset blir grönt och huset där borta blir orange! "Titta! Husen ändrar färg!" Ingen lyssnar. "Men Luisa, du spelar ju ett spratt med oss!" säger mamma. "Jag är helt säker på det, mamma! Tro på mig! Titta!" Men de andra ser inte husen med andra färger. På kvällen pratar Luisa med farmor om de konstiga husen. Hon säger: "Jaså! Vad bra! Nu är det inte längre bara jag som ser de färgglada husen!"

5

Din bror är pigg.
Vår uppgift är intressant.
Mitt finger är smutsigt.
Hennes hjärta är kallt.
Er lek är besvärlig.
Vårt problem är stort.
Deras lärare är nöjd.
Din röst är stark.
Era tänder är svarta.
Hans arbetsplats är skön.

14

1

slutade, att sluta, jag slutar
dog, att dö, jag dör
skyndade, att skynda, jag skyndar
förstod, att förstå, jag förstår
flyttade på, att flytta på, jag flyttar på
var, att vara, jag är
gick, att gå, jag går
vaknade, att vakna, jag vaknar
dukade, att duka, jag dukar
ställde fram, att ställa fram, jag ställer fram
skivade upp, att skiva upp, jag skivar upp
skar, att skära, jag skär
tog fram, att ta fram, jag tar fram
drack, att dricka, jag dricker
lämnade, att lämna, jag lämnar
tog, att ta, jag tar
lagade, att laga, jag lagar
hämtade, att hämta, jag hämtar
stod, att stå, jag står
tittade, att titta, jag tittar
tappade, att tappa, jag tappar
letade, att leta, jag letar
kunde, att kunna, jag kan

2

att se, jag ser, jag såg
att heta, jag heter, jag hette
att ta, jag tar, jag tog
att vilja, jag vill, jag ville
no infinitive, jag måste, jag var tvungen
att falla, jag faller, jag föll
att få, jag får, jag fick
att sätta, jag sätter, jag satte
att förstå, jag förstår, jag förstod
att hinna, jag hinner, jag hann
att veta, jag vet, jag visste
att ge, jag ger, jag gav

3

Med vem pratar han?
Var studerar Sandra till läkare?
Vad vill du äta till frukost?
Var arbetar han?
Vad/vem arbetar hon med?
Vad gör man som advokat?
När måste man stiga upp som gruvarbetare?
Vad vill du bli?
Vem ska du träffa på bio?

5

Den irländska flaggan är orange, grön och vit.
Den norska flaggan är blå, vit och röd.
Den grekiska flaggan är blå och vit.
Den italienska flaggan är grön, vit och röd.
Den tyska flaggan är svart, gul och röd.
Den sydafrikanska flaggan är grön, vit, röd, blå, svart och gul.
Den österrikiska flaggan är röd och vit.

15

1

Det är flingor som Anna äter till frukost.
Det är läkaren som tjänar mycket pengar.
Det är mamma som väcker Paul kl. 7.
Men det är Susi som vaknar kl. 6.30.
Det är fönstret som knakar och inte dörren.
Det är mormor som hälsar på mig sent på kvällen.
Är det du som gråter?

3

• Hur gammal är din mamma?
• Min mamma är bara 64, men min mormor, hennes mamma, är redan 93 år gammal.
• Vadå, din mormor lever fortfarande?! Min tyvärr inte. Inte min farmor heller. Men Eriks mormor är redan 97 och är dessutom väldigt pigg!
• Är Erik din man?
• Just det!
• Har ni barn?
• Vi tre barn, Anna, Julia och Sven. Och du?
• Nej, jag har inga barn, men jag är faster till två söta pojkar. Min bror och hans fru är mina grannar, så jag ser deras barn ganska ofta.

4

satte
bodde
satt
var, gick, la/lade
åt
låg
visste
drack
sprang
fortsatte
blev

5

Alfred
Pontus – badrum – Carina/Anders
kök – vardagsrum – arbetsrum

16

1

Jag tycker om att rida.
Tycker du om ditt arbete som journalist?
Ni gillar människor som gör allt ni vill.
Lisa gillar att arbeta som konstnär.
Linnea tyckte om att pussa Linus på munnen.
De gillar naturen.
Tycker du om allsång?
Jag gillar att slappna av med en god bok på kvällarna.

2

På morgonen steg jag upp kl. fem. Jag var vaken nästan hela natten! Det bodde en familj här också och jag var tvungen att vara tyst och försiktig här på vinden. Men förr hade jag hela huset för mig själv! Föräldrarna steg upp kl. 7. Pappan fixade frukost och mamman satt bara där. Barnet sov en timme till! Var han inte tvungen att gå till skolan? Barn var inte så slöa på min tid! Därefter åt de frukost tillsammans och jag var fortfarande här uppe. Kl. tio gick mamman till arbetsrummet och pappan och sonen klädde på sig och lämnade huset och mig i fred. Då kunde jag kolla läget i huset och titta/tittade på tavlan i vardagsrummet. Klockan ett åt kvinnan lunch. Sedan satt hon i rummet igen med böcker och papper och skrev. Kl. fyra på eftermiddagen kom pappan och sonen hem. Det var tumult igen! Barnet sprang runt i huset och pratade med sig själv. Och mannen? Han lagade mat! Kvinnan arbetade och han lagade mat! De åt middag kl. sju och efter det var barnet tvunget att borsta tänderna och gå/gick **231** och lägga/la/lade sig. Föräldrarna satt kvar i vardagsrummet och läste eller pratade. De gick och la/lade sig kl. tio på kvällen. Då var det äntligen lugnt igen.

3
mycket juice
många chefer
många lok
mycket magi
många gitarrer
mycket kärlek
mycket musik
mycket pengar/många pengar
(for pengar, *both are possible)*
många texter
mycket smör
mycket sömn
mycket lycka
många huvud
många röster
många foton
många dagar

4
Jag hjälper dig om/när du vill.
Mamma stänger av teven innan hon går och lägger sig.
Alfred behöver många färger för att måla en vacker tavla.
Astrid tyckte om att gå till skolan när hon var barn.
Jag lyssnar på svensk musik för att lugna ner mig.

6
Vilken tur att läraren inte kan se mig.
Stackars pojke! Någon borde hjälpa honom!
Du får inte glömma dina böcker!
Jag vill verkligen inte gå och lyssna på någon tråkig konsert!
Luise fick/får Hanna att hjälpa henne med att flytta.
Vad ska du göra i morgon? – Lycka till med det!
Du borde gå och campa med mig en gång. Det är så jätteroligt!

Det ser ut som en grön lampa på himlen! Det måste vara norrsken.
Du får/borde äta mycket frukt och grönsaker säger läkaren.

17

1
Det här huset är mindre än det där huset.
Den här boken är intressantare än den där boken.
Den här flyttkartongen är tyngre än den där flyttkartongen.
Den här datorn är äldre än den där datorn.
Den här tavlan är mer magisk än den där tavlan.
Den här bokhyllan är tommare än den där bokhyllan.
Det här bordet är längre än det där bordet.
Den här stolen är mer färgglad än den där stolen.
Den här teven är bättre än den där teven.
Den här mattan är mjukare än den där mattan.
Den här soffan är större än den där soffan.
Den här lampan är lättare, än den där lampan.
Den här maten är bättre än den där maten.

2
a) Det röda huset är större än det gröna huset. Men det gula huset där borta är det största huset.
b) Du är den bästa vännen i hela världen!
d) Det är inte den öppna dörren jag menar utan den stängda dörren.
e) Det här skåpet är nästan fullt. Kanske finns det mer plats i det där skåpet.

f) Problemet är större nu än det var igår.
g) Vill du titta på en rolig video?
h) Tidningen skriver inte så mycket om politiska tema utan mer om kultur och musik.
c) Min morfar är mer kärleksfull än min farfar. Men min mormor är mer kärleksfull än de två.
i) Pauls hobby är inte farligare än min utan bara besvärligare.
j) Anna är den kreativaste människan i familjen.
k) Min arbetsplats här är mycket lugnare än min arbetsplats hemma.

3
Det är inte kl. 5 utan kl. 9.
Tavlan är fin men den gröna gubben passar inte.
Pontus är trött men nyfikenheten håller honom vaken.
Tidningen skriver mycket om kultur men också om politik.
Skåpet är inte rött utan grönt.
Tidningen skriver inte om kultur utan bara om politik.
Det är inte Pontus som gillar kaffe utan Carina.

4
Ont i huvudet är mycket besvärligt. Idag är det även värre.
Datorspel är det värsta jag vet!
Karls smärtor är värre än Linneas.
Den här hantverkaren är sämre än den andra.
Oväsendet blir värre och värre.
Bröd med ost är sämre än flingor med mjölk.
Det här pianot är sämre än det där. Men detta pianot är sämst! Det går sönder ofta.

5
Jag hoppas att Jonas blir lycklig med Andrea.
Problemet finns inte längre.
Du måste andas djupt!

Det finns många skålar i skåpet.
Lars hoppas att maten är god.
Martin andas väldigt snabbt.

18

2
Gunnar: Lördag var en jättefin dag!
Jan: Vad gjorde du då?
Gunnar: Jag låg i sängen hela förmiddagen. Sedan fortsatte jag dagen med en stor frukost.
Jan: Vad åt du till frukost?
Gunnar: Till frukost blev det två ägg och bröd med skinka. Jag ville egentligen ha flingor med mjölk men det fanns inga kvar. Jag hällde upp en kopp kaffe och drack kaffet på en gång. Nu var jag helt vaken!
Jan: Jaha! Vad hände sen?
Gunnar: Sen gick jag och lyssnade på musik i mitt arbetsrum. Sabaton spelar så fint! Jag grät och log och sjöng hela eftermiddagen. Det var alldeles magiskt!
Jan: Kanske borde jag lyssna på dem en gång.
Gunnar: En bra idé! Men hur var din helg?
Jan: Jag var ute i naturen! Jag cyklade, simmade och vandrade. Sedan stod jag mitt i skogen och lyssnade: allt var lugnt. När det blev sent ville jag sova men jag glömde mina saker för att campa!
Gunnar: Oh nej! Vad sa/sade du?
Jan: Men då hittade jag ett fint träd. Så jag sov i trädet i stället.

4
Ingrid: Jag arbetar på sjukhuset. Det är väldigt hårt men jag gillar att jobba med människor. Jag studerade till läkare eftersom jag ville hjälpa dem

som behöver det mest. Men just nu arbetar jag bara deltid eftersom/för att jag har två små barn hemma.

Sven: På mitt jobb arbetar jag med mycket folk. Som lärare är det ofta tumult med många barn och ibland blir jag lite trött. På min fritid vill jag inte vara med många människor utan vara ensam och vandra eller cykla i naturen.

Lena: Jag tycker om att vara kreativ och då passar det bra att jag arbetar med konst. Det är jag som är chef; jag bestämmer. Ofta målar jag stora tavlor men ibland tecknar jag också på små papper.

Daniel: Nu studerar jag för att bli advokat. Jag hörde att man tjänar mycket pengar som specialist på skilsmässor men kanske vill jag nog arbeta på ett företag. Vi ska se hur det blir.

Anna: Som journalist reser jag runt hela världen. Jag arbetar på en liten tidning i Göteborg och jag tycker om mitt/detta arbete. Mina kollegor och jag har en fin arbetsplats med stora fönster i ett gammalt hus.

5
En tomat kostar fyra kronor sextiosju. Tio tomater kostar fyrtiosex kronor sjuttio.
Tvåhundrafemtio gram smör kostar tjugo kronor åttiofyra. Femhundra gram/Två gånger 250g smör kostar fyrtioett kronor sextioåtta.
Ett äpple kostar en krona nittioåtta. Åtta äpplen kostar femton kronor åttiotre.
En paprika kostar tretton kronor åttionio. Tolv paprikor kostar hundrasextiosex kronor sextioåtta.

En gurka kostar tjugosju kronor sjuttionio. Nio gurkor kostar tvåhundrafemtio kronor elva.
En skiva bröd kostar sju kronor nittiofyra. Fem skivor bröd kostar trettiofem kronor fyrtiosju.
En kökshandduk kostar åttioåtta kronor trettiotre. Sju kökshanddukar kostar sexhundra kronor och trettioett.
Allt tillsammans kostar 1156,78 (ett tusen etthundrafemtiosex kronor sjuttioåtta).

19

Months and important events
januari: nyår
mars/april: påsk
30:e april: Valborg
juni: Midsommar, Sveriges nationaldag (6:e juni)
juli: sommarlov
augusti: kräftskiva, (sommarlov)
oktober: Kanelbullens dag (4:e oktober)
december: jul, Lucia (13:e december)

2
a) Vi får se!
b) Min mamma sa jag får inte gå på bio idag.
c) Om du vill äta något får du laga mat först.
d) Man får inte sträcka ut armarna ur tågfönstret..
e) Emma fick en stor röd ryggsäck från Elias.
f) Jag tycker att den bästa vännen får berätta allt!

3
1g 2b 3h 4c 5j 6d 7f 8i 9a 10e

4
När du kommer fram till en stor korsning måste du gå till

vänster.
Hur kommer man igång med sport? Jag är alldeles för slö!
Då kommer min kollega. Men jag kommer tyvärr inte ihåg vad han heter.
Plötsligt kom vi fram till det vackraste huset i världen.
Saga kommer ner för trappan för att äta frukost med familjen.
Kommer du ihåg vad läraren sa om matematik igår?

5
a) Kan du prata svenska?
b) Tycker du om att laga mat?
c) Mia vill gärna skriva en bok.
d) Han brukar ringa mig kl. 8 på kvällen.
e) Mamma hann inte handla igår?
f) Min pappa börjar arbeta redan kl. 5.30 på morgonen.
g) Du borde sluta dricka så mycket kaffe, älskling!
h) Det är inte särskilt enkelt att cykla.
i) Jag gillar att bara sitta i soffan och (att) läsa.
j) Hon vill resa till norra Sverige.

6
Första gången jag såg dig tyckte jag om ditt leende. Vi pratade mycket och det var jättebra. Det var på Caros trettiofjärde födelsedagsfest. Festen var högst uppe på det högsta huset i stan. Den femtionde våningen. Den andra gången vi träffades var även bättre. Då sågs vi på en konsert. Det var min hundrasjätte konsert! Den var den bästa för att du var med. När sångaren sjöng den artonde låten tittade jag i dina blåa ögon. Det var då jag visste: Du är den vackraste man som jag känner. Den tredje gången vi träffades var det mest spännande! Jag frågade om du vill bli min man! Och du sa: "Du är nog en

snäll kvinna, men först måste jag fråga min fru.

20

Vad vet du om Sverige?
1c, 2b, 3b, 4a, 5b, 6a, 7b, 8a, 9b, 10c, 11a, 12b, 13a, 14b, 15c, 16c

2
Erik känner sig trött, så han vill gå och lägga sig.
Jag är van vid att sova fyra timmar per natt.
Vill du ha kaffe eller te?
Jag måste skynda mig till skolan innan lektionen börjar.
Jag förstår inte varför min dator har gått sönder.
Min familj flyttade till Malmö när jag var liten.
Ta med en tröja eftersom det blir kallt på kvällen.
Martin är Peters vän men han vet fortfarande inte vad han jobbar med.
Gunnar är rädd för spöken, så han sover med ljuset på.
Om man inte tar hand om blommorna så dör de.
Mikael lovade att ta hand om huset hela veckan.
Jakob åt så mycket paprika att han fick ont i magen.
Lisa vill måla köket vitt eftersom det är så mörkt.
Min pappa hatar att vandra och campa.
Farfar kan bara äta gröt eftersom han inte har tänder.
På söndagar gillar jag att ta det lugnt och titta på teve.

3
Gemet ligger uppe på bordet och dansar.
Läraren kommer in i klassrummet.
Pontus går ut för att gå

233

hem.

Innan Pontus hinner gå ut hoppar Oskar fram och ropar: "Jag är ett spöke!"

Pontus väntar på Åsa ute i snön. "Kom hit!"

Innan de går hem tittar båda på tavlan.

Var är gubben? Han sitter inte längre i loket! Är han borta?

Han sitter nere på marken.

Carina är redan hemma och dricker kaffe.

När Pontus är framme snubblar han och tavlan går sönder.

"Titta, sopbilen kommer hit just nu!"

4

Man måste gå i skolan från augusti till juni.

Den trettonde mars är Emmas födelsedag.

Tåget/ett tåg till Stockholm går kl. fjorton och femton/kvart över två.

Erik går och lägger sig kl. tjugoett och fem/fem över nio på kvällen.

I juni är det midsommar.

Jag börjar på ett jobb som läkare den första april tvåtusenarton./ Den första april tvåtusenarton börjar jag på ett jobb som läkare.

Det brukar vara mycket snö från november till mars.

Du borde komma hit den tjugofemte februari kl. tio.

5

Filip har på sig en vit skjorta, en röd jacka, svarta byxor och svarta skor.

Ebba är klädd i gröna strumpbyxor, en brun kjol, en blå t-shirt och bruna skor.

Linnea har på sig blå/blåa byxor, en orange tröja och röda skor.

Paul har på sig en gul tröja, vita byxor och inga skor.

Thomas har på sig lila underbyxor.

Hilda har på sig en grå t-shirt, en rosa schal, röda byxor och svarta skor.

21

2

att sitta, jag sitter, jag satt, jag har suttit

att få, jag får, jag fick, jag har fått

att göra, jag gör, jag gjorde, jag har gjort

att ta, jag tar, jag tog, jag har tagit

att äta, jag äter, jag åt, jag har ätit

att heta, jag heter, jag hette, jag har hetat

att bli, jag blir, jag blev, jag har blivit

3

Jag har aldrig spelat fotboll.

Lea har aldrig vandrat på Kebnekajse.

Du har aldrig cyklat från Stockholm till Lund.

Sven har aldrig sytt byxor.

Astrid har aldrig sjungit i en kör.

Paul har aldrig lyssnat på svensk musik.

6

Vilken väg är den bästa för att komma till parken? – Den bästa vägen till parken är om du går rakt fram och sen tar du den första gatan till höger.

Var hittar jag grundskolan? – Du hittar grundskolan mellan parken och restaurangen.

När börjar filmen på bion? – Filmen på bion börjar kl. 20.45.

Hur kommer man från sjukhuset till universitetet? – Du lämnar sjukhuset och går till vänster. Sedan går du rakt fram till du kommer fram till en korsning.

Nu går du fram till det andra huset till höger. Det är universitetet.

Varför kan man inte åka dit? – Man kan inte åka dit eftersom det inte finns gator eller parkeringsplatser.

Vart går Sandra efter jobbet för att äta middag? – Sandra går till restaurangen till höger om grundskolan för att äta efter jobbet.

Hur kommer din vän Jonas hit? – Min vän Jonas kommer hit med tåget.

8

Förlåt! Har du väntat länge på mig?

Chris är väldigt snäll.

Jag har längtat så länge efter en god kopp kaffe!

Tåget åkte långsamt fast det heter snabbtåg.

Det är jätteroligt i skolan!

Jag har inte sett min vän Louis sedan länge.

Du pratar för högt! Var tyst!

Vilket intressant arbete Mika har!

Ni måste vara väldigt törstiga! Ni dricker så snabbt.

22

3

Hur långt är tåget?

Hur länge borstar du tänderna?

Hur länge spelade du fotboll igår?

Hans födelsedag var för länge sedan.

Eleverna väntade länge på läraren.

Hur långt är det till Riksgränsen?

Hur mycket kostar en biljett till London?

Hur många länder finns det i Europa?

Hur många dagar har augusti?

Läkare tjänar ofta mycket / många pengar.

I djupa sjöar finns det många fiskar.

En liten semla har sällan mycket mandelmassa.

4

Sara såg en stor hund till höger om huset.

Vill du komma till mig ikväll? – Jag har tyvärr ingen tid. Jag är faktiskt hos Fred just nu.

I min trädgård finns många olika träd och buskar.

Det står ett brunt skåp vid fönstret.

Från skolan går man rakt fram och tar den första gatan till vänster.

Vänd dig inte om! Det står en förskräcklig man bakom dig!

Vad ska vi göra i helgen?

Man måste bara gå längs med vägen och så kommer man fram till mitt hus.

Barn sprang ner för trappan för att äta choklad.

5

tretton viktiga arbetsplatser – de tretton viktigaste arbetsplatserna

tio elaka chefer – de tio elakaste cheferna

tre blå(a) himlar – de tre blåaste himlarna

tjugoett fruktansvärda spöken – de tjugoett fruktansvärdaste spökena

nio smutsiga skjortor – de nio smutsigaste skjortorna

sexton gamla traditioner – de sexton äldsta traditionerna

trettiofem farliga aktiviteter – de trettiofem farligaste aktiviteterna

fyra vanliga speglar – de fyra vanligaste speglarna

sjuttiotvå små kort – de sjuttiotvå

minsta korten

åtta tomma städer – de åtta tommaste städerna

femton busiga flickor – de femton busigaste flickorna

hundra djupa sjöar – de hundra djupaste sjöarna

nittiotre nya tröjor – de nittiotre nyaste tröjorna

femtiofyra ovanliga par – de femtiofyra ovanligaste paren

6

a) Jag är lycklig när du kramar mig.

Jag är även lyckligare ...

Jag är lyckligast ...

b) Jag är varm när jag har på mig en tröja på sommaren.

Jag är varmare ...

Jag varmast ...

c) Jag blev glad eftersom vi träffades igår efter en lång tid.

Jag blev gladare...

Jag blev gladast...

d) Jag känner mig nöjd efter att jag har sprungit i en timme.

Jag känner mig nöjdare

Jag känner mig nöjdast

e) Jag är pigg om jag dricker en kopp kaffe.

Jag är piggare ...

Jag är piggast ...

f) Jag känner mig ofta ledsen efter att jag har läst en bok.

Jag känner mig ledsnare ...

Jag känner mig ledsnast ...

g) Jag känner mig orolig om du inte ringer.

Jag känner mig oroligare ...

Jag känner mig oroligast ...

23

3

Ta med en jacka! Det kommer att regna.

Dina vita kläder kommer att bli/blir rosa om du tvättar dem

med en röd skjorta.

Skolan börjar kl. kvart över åtta.

Luisa behöver inga strumpbyxor eftersom det kommer att bli/blir varmt ikväll.

Vad ska vi göra imorgon?

Lisa ska/tänker köpa den fina tröjan.

4

Fa) örra sommaren reste jag genom Sverige. vs. Jag har rest genom Sverige (en gång).

1st sentence: preteritum, because the sentence mentions a special time in the past and a completed event.

2nd sentence: perfektum, because there is no special time reference. It's just in the past.

b) Julia har inte ätit choklad på två år. vs. Julia åt choklad sista gången för två år sedan.

1st sentence: perfektum, because Julia is still not eating chocolate today so there is an effect in the present.

2nd sentence: preteritum, because it refers to one event two years ago.

c) Familjen Andersson har bott i ett hus i sju år. vs. Familj Anderson flyttade fem gånger de sista tre år.

1st sentence: perfektum, because they moved in seven years ago and are still living there

2nd sentence: preteritum, because the moving is a completed action.

5

Anna syr klänningen särskilt snabbt.

Han är en vuxen människa men han beter sig som ett busigt

barn.

Du ser så trött ut! Du arbetar för hårt, älskling!

Den nya datorn är tyvärr mycket långsam.

Norrskenet lyser mycket ljust ikväll.

Den här uppgiften är väldigt enkel. Jag löser den snabbt utan problem.

Elsa bryr sig kärleksfullt om blommorna i trädgården.

Det är omöjligt! Det kan inte vara sant!

Din musik spelar för högt! Stäng av den nu!

Paul kör alltid långsamt eftersom han är rädd för att något ska gå sönder.

Hon tittar förskräckt på filmen. Den är så spännande!

Han har skrivit en utmärkt bok. Har du läst den?

Gustav hälsar vänligt på grannarna.

7

När jag var barn kunde jag inte spela något musikinstrument. Men jag har spelat piano i över 5 år nu. Jag har blivit ganska bra på det. När jag träffade min flickvän ville jag imponera på henne. Jag satte mig ner vid mitt piano och spelade *Für Elise* av Beethoven. När jag var klar skrattade hon bara. Jag kunde inte förstå varför. Då berättade hon att hon har jobbat som konsertpianist sedan hon var 10 år. Jag kände mig jättedum!

24

2

a) högt

b) ljust, vita/gula/ljusa

c) spännande/roligt

d) lugn, långsamt/ordentligt

e) fel *(will not be changed)*

f) långsammare

g) lätt

h) vänlig/trevlig

i) höger – värsta

3

Din tunnelbana avgår kl tolv och trettiofem/fem över halv ett.

Vår buss avgår klockan ett.

Linneas tåg avgår klockan fem i sju/arton och femtiofem.

Min spårvagn avgår klockan tjugo över tio/tio i halv elva/tjugotvå och tjugo.

Annas buss avgår klockan fem i halv sex/tjugofem över fem/sjutton och tjugofem.

Hans flyg avgår klockan tio över elva/elva och tio.

4

Det är Anton som bryr sig om att diska i kväll.

Det här är boken som jag tycker om mest.

Ska vi gå på bion som är närmast stationen?

Det var min faster som mina vänner pratade med på festen förra vecka.

8

a) Hilda har ingen mat i magen.

b) Du får inte hålla armar och ben i kors.

c) Jag vill inte ta din hand.

d) Saknar piraten inte ett öra?

e) Barnen lyssnar inte på läraren och rullar (inte) med ögonen

f) Ingen av mina tår är kall.

g) Gösta har inget hjärta för djur.

h) Inga fingrar ska hamna i näsorna! Fingrar ska inte hamna i näsorna!

i) Armbågar på bordet är inte fruktansvärt!" säger mamma.

j) Helens haka är inte stor som Kebnekajse.

k) Eleverna har inga

färgglada ryggsäckar på ryggen.
l) Jag har inga smärtor i båda mina axlar

25

3

Min mamma köpte sin dator för fem år sedan .

Gustav sa att han kommer tillbaka om fyra timmar.

Vi har inte sett varandra sedan sjutton år.

Han har redan läst i denna bok sedan/i tre timmar.

Freja äter inte godis just nu. Om två månader ska hon äta choklad igen.

Anja och Mikael flyttade till Berlin för elva år sedan.

Ulla studerade på universitetet i sex år och nu har hon jobbat som läkare sedan/i nästan ett år.

4

Emil sitter i restaurangen och väntar på mamma och pappa. Han träffar sina föräldrar.

Ella och Thomas har en syster och en bror. Deras syskon heter Sam och Susi.

Hannah arbetar på ett stor företag. Hon berättar för Tobias om sina kollegor.

Din pappas cykel ser väldigt ny ut! När fick din pappa sin cykel?

Alessa bor i Sundsvall tillsammans med sin vän Sandra .

Teresa har en gul klänning på sig. Hon känner sig jättefin i sin klänning och hennes mormor tycker också om klänningen.

Andrea har en dotter. Hon älskar sitt barn.

Filip fick ett nytt datorspel. Astrid vill spela med hans spel.

5

For example:

Varje dag lagar vi mat och äter tillsammans.

Ibland har han goda idéer men ofta glömmer han att skriva ner dem.

Susanne tycker om att gå till skolan och lära sig om matematik.

Om ont i magen blir värre ska man gå till läkaren.

26

Tro, tycka, tänka

Vissa människor tycker om att simma. De kan inte låta bli att åka till simhallen varje vecka för att ta sig ett dopp. Andra tycker bättre om att simma utomhus, då de tänker på hur klorvattnet i simhallen påverkar huden. En tredje grupp hatar simning. Jag tror att orsaken till att den tredje gruppen hatar simning kan bero på olika orsaker. Någon kanske tänker att han eller hon inte kommer att lära sig simma, andra kanske tänker på sin hälsa och vill inte utsätta sin hud för klorvattnet. Det kan också finnas personer som inte tycker om tanken att vara naken i omklädningsrummet eller duschen med andra av samma kön. De tror att de inte skulle klara av det. Det kanske är främmande för deras kultur.

3

Borsta inte tänderna!

Var inte rädd för grannarnas hund!

Oroa dig inte för dina barn!

Spela inget spratt med dina föräldrar!

Häng inte tavlan på denna vägg!

Bry dig inte om jobbet nu!

Tänk inte på andra!

Ring inte mig/ring mig inte om du är så här elak!

Gråt inte hela tiden!

Börja inte spelet utan mig!

4

klockan tre – i trettio minuter

för en månad sedan

för två veckor sedan

i natt – sedan klockan tre – i en halvtimme

(klockan) halv sju/klockan sex trettio – om tre timmar – för fem minuter sedan

tjugo minuter

på eftermiddagen – på kvällen

om tio minuter

i tjugofem minuter

om en halvtimme

i lördags

klockan tio över sju – klockan fem i nio

i somras

i en och en halvtimme

5

I Kiruna är det färre dagar med sol än i Stockholm. Därför behöver man längre byxor i Kiruna.

I Lysekil är det starkare vind än i Karlstad. Därför behöver man en varmare tröja i Lysekil.

I Riksgränsen är det kallare än i Malmö. Därför behöver man tjockare sockar i Riksgränsen.

I Åre snöar det mer än i Helsingborg. Därför behöver man bättre skor i Åre.

I Visby är det mer dimma än i Lund. Därför behöver man bättre glasögon i Visby.

Växjö har fler varma dagar än Jukkasjärvi. Därför behöver man en kortare T-tröja i Växjö.

6

Är det Mias lägenhet som ligger på tredje våningen?

Är det den där boken om spöken som du köpte?

Är det den första uppgiften som läraren menade är den svåraste?

Är det vårt tåg som avgår från perrong sex?

Är det biljetter till tåg eller flyg som du berättade om?

27

2

dina gråa skor

hans underbara grupp

hennes tunna hals

vår otroliga lycka

deras gamla telefoner

min ömtåliga kropp

era stökiga rum

våra lediga helger

hennes korta minne

dina viktiga tankar

hans spännande historier

5

1. Kiruna	2. Stockholm
3. morfar	4. orolig
5. mycket	6. sked
7. apelsinjuice	8. lördag
9. Lucia	10. allsång
11. Jag håller med	12. minst
13. tröja	14. norrsken
15. tolv spöken	

→ ALFREDS GUNGSTOL

Vocabulary Index

Numbers indicate exercises in the respective chapters dealing with the topic in question (e.g. 18/3 = chapter 18, exercise 3). Numbers in italics indicate the topic is explained/dealt with in the respective chapter.

Grammar Index

Grammar in a nutshell

Verbs

infinitiv	presens	preteritum	perfektum	imperativ
att prata	jag pratar	jag pratade	jag har pratat	prata!
	jag stänger	jag stängde	jag har stängt	stäng!
	jag tänker	jag tänkte	jag har tänkt	tänk!
	jag bor	jag bodde	jag har bott	bo!

Modal verbs:

jag vill	jag ville
jag måste	jag var tvungen att
jag kan	jag kunde
jag ska	jag skulle
jag bör	jag borde

!!! Jag vil ~~att~~ prata ...

... måste ~~att~~ prata ...

...

Pronouns

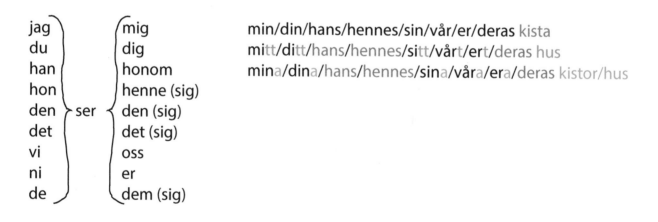

jag		mig	min/din/hans/hennes/sin/vår/er/deras kista
du		dig	mitt/ditt/hans/hennes/sitt/vårt/ert/deras hus
han		honom	mina/dina/hans/hennes/sina/våra/era/deras kistor/hus
hon		henne (sig)	
den	ser	den (sig)	
det		det (sig)	
vi		oss	
ni		er	
de		dem (sig)	

Nouns and Adjectives

en (stor) kista	(den stora) kistan	(stora) kistor	(de stora) kistorna
	dagen	dagar	dagarna
	familjen	familjer	familjerna

ett (stort) äpple	(det stora) äpplet	(stora) äpplen	(de stora) äpplena
	huset	hus	husen

Double -t ending:
* vitt
* rött
* blått

100 kr	200 kr	300 kr
dyr	dyrare	dyrast
spännande	mer spännande	mest spännande

Hon är snabb. (adjective)
Hon går snabbt. (adverb)

Sentences

Main clause:

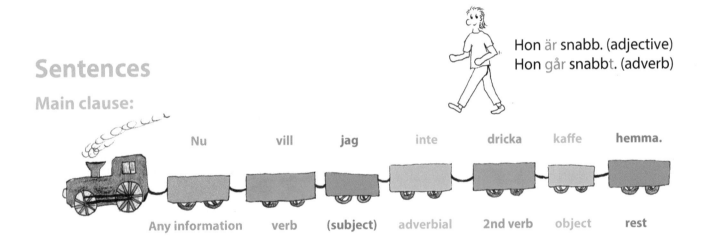

Nu	vill	jag	inte	dricka	kaffe	hemma.
Any information	verb	(subject)	adverbial	2nd verb	object	rest

Subordinate clause:

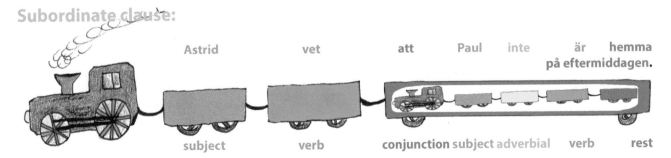

Astrid	vet	att	Paul	inte	är	hemma på eftermiddagen.
subject	verb	conjunction	subject	adverbial	verb	rest

So ...

What is going to happen to Alfred?

What will happen to the house?
Where will Alfred be?
Who is the man with the missing ear?

If you want to find out – keep on learning Swedish!

Alfred the Ghost – Part 2 – will be available from 2019.

The ISBN will be 978-3-945174-12-8.

Stay tuned:
www.skapago.eu/alfred/bonus

Would you like to learn more languages?

Skapago can help you even with other languages. What about learning **Chinese** with Jerry the horse, **Norwegian** with Nils the doll or **German** with Jens and Jakob, the sparrows from Berlin?
More information:
www.skapago.eu
and
www.skapago.media